AVIÕES DAS GRANDES GUERRAS

Álbum ilustrado com mais de 340 aviões de combate da Primeira e Segunda Guerra Mundial

Tomas Prieto

AVIÕES DAS GRANDES GUERRAS

Álbum ilustrado com mais de 340 aviões de combate da Primeira e Segunda Guerra Mundial

© Tomas Prieto

Diretor editorial
Marcelo Duarte

Diretora comercial
Patty Pachas

Diretora de projetos especiais
Tatiana Fulas

Coordenadora editorial
Vanessa Sayuri Sawada

Assistentes editoriais
Juliana Silva
Mayara dos Santos Freitas

Assistente de arte
Carolina Ferreira

Projeto gráfico e capa
Carolina Ferreira

Diagramação
Carla Almeida Freire

Preparação
Beatriz de Freitas Moreira
Beto Furquim

Revisão
Camile Mendrot | AB Aeterno

Impressão
RR Donnelley

CIP – BRASIL. CATALOGAÇÃO NA FONTE
SINDICATO NACIONAL DOS EDITORES DE LIVROS, RJ

Prieto, Tomas
 Aviões das Grandes Guerras / texto e ilustrações Tomas Prieto.
– 1. ed. – São Paulo: Panda Books, 2015. 232 pp.

ISBN 978-85-7888-531-1

1. Guerras. 2. Aviões. I. Título.

15-22740 CDD: 629
          CDU: 629.7

2015
Todos os direitos reservados à Panda Books.
Um selo da Editora Original Ltda.
Rua Henrique Schaumann, 286, cj. 41
05413-010 – São Paulo – SP
Tel./Fax: (11) 3088-8444
edoriginal@pandabooks.com.br
www.pandabooks.com.br
Visite também nosso Facebook, Instagram e Twitter.

Nenhuma parte desta publicação poderá ser reproduzida por qualquer meio ou forma
sem a prévia autorização da Editora Original Ltda. A violação dos direitos autorais é
crime estabelecido na Lei nº 9.610/98 e punido pelo artigo 184 do Código Penal.

Dedico este livro à minha mulher e aos meus filhos pelo apoio, incentivo e paciência. Agradeço a compreensão deles pelos meses em que me mantive em reclusão, quase monástica, dentro do *cockpit* imaginário do meu estúdio. Agora, com o projeto finalizado, desejo a todos voos cada vez mais altos em céu de brigadeiro.

INTRODUÇÃO

Quando se trata de aviação militar, poucas pessoas são indiferentes ao assunto, principalmente quando o enfoque é a participação do avião na Primeira e na Segunda Guerra Mundial, os dois maiores conflitos bélicos da história da humanidade.

Desde criança a aviação sempre me atraiu, tornando-me um ávido consumidor de publicações sobre o tema, como revistas, livros e comics. No decorrer da minha carreira de ilustrador, tive a oportunidade de fazer inúmeros desenhos de aeronaves militares em voo ou em cenas de combates aéreos. Continuei desenhando-as a princípio apenas por *hobby*, mas depois de ter várias ilustrações finalizadas percebi que elas poderiam se transformar em um livro.

Após um ano pesquisando e levantando boas referências sobre os principais aviões de combate construídos durante as duas Grandes Guerras, desenhei mais de 340 modelos para compor este livro. Nas ilustrações tentei respeitar ao máximo as características e detalhes de fuselagem, pintura, camuflagem, armamentos e insígnias de cada aeronave.

Para montar uma sequência histórica, selecionei os países que construíram modelos próprios de aviões de caça e bombardeio e os organizei cronologicamente conforme a entrada por país em combate durante os dois conflitos.

Em alguns casos considerei relevante incluir modelos de aviões pouco conhecidos – porém bastante curiosos –, que não conseguiram entrar em combate por terem sido construídos em número insuficiente ou porque ainda eram modelos de pré-produção quando suas fábricas foram destruídas ou ocupadas pelas forças inimigas ou porque houve o armistício dos países onde eram construídos. Também selecionei alguns modelos que foram desenvolvidos em países que se mantiveram neutros, como é o caso da Suécia, mas que tinham excelentes qualidades aeronáuticas.

Neste livro, você terá a oportunidade de conhecer diversos modelos de aviões de combate que participaram em maior ou menor escala de ambos os conflitos, quando esses aviões voaram pela primeira vez, quando entraram em serviço nas respectivas forças aéreas, qual função operacional exerciam em combate, qual a motorização que os impulsionava, que tipo de armamento de ataque e autodefesa possuíam e quantas unidades foram produzidas.

Ainda poderá conferir como foi o começo do uso militar do avião, que da simples função de observação aérea, menos de uma década depois do primeiro voo de um avião motorizado em 1906, passou a desempenhar funções de caça no combate aéreo, de ataque ao solo e bombardeio, a partir de 1914 na Primeira Guerra Mundial. Conhecerá a impressionante evolução dos projetos das aeronaves militares durante a Segunda Guerra Mundial, como o surgimento dos caças monoplanos construídos em metal, a entrada em serviço dos superbombardeiros estratégicos de longa distância e o surgimento dos primeiros caças a jato que mudariam a aviação do futuro.

Esta obra ilustrada, que segue a tradição dos almanaques, apresenta um interessante panorama histórico dos dois grandes conflitos mundiais sob uma nova perspectiva – a da aviação militar. Um tema que me acompanha desde criança e que agora compartilho com você.

Boa leitura!

Tomas Prieto

AVIÕES DE COMBATE DA PRIMEIRA GUERRA MUNDIAL – 1914 A 1918

A Primeira Guerra Mundial foi o primeiro conflito militar do século XX travado em grande escala. Começou em 28 de julho de 1914 e durou até 11 de novembro de 1918.

Os principais envolvidos no embate foram as grandes potências mundiais, organizadas em duas alianças opostas: os Aliados, com base na Tríplice Entente (Reino Unido, França e Império Russo), e os Impérios Centrais da Europa, originalmente Tríplice Aliança (Império Alemão, Império Austro-Húngaro e Itália).

O enfrentamento dos países levou a uma reorganização dessas alianças, fazendo com que a Itália acabasse lutando ao lado da Tríplice Entente, e, depois disso, mais nações entraram em guerra.

Assim, pela Tríplice Entente, além do Reino Unido, da França, do Império Russo e da Itália, também passaram a lutar Austrália, Nova Zelândia, Luxemburgo, Canadá, a colônia britânico-canadense Terra Nova, Índia Britânica, Rodésia do Sul, África do Sul, Estados Unidos, Japão, Sérvia, Bélgica, Grécia, Romênia, Países Baixos, Portugal, Brasil, Cuba e Costa Rica. Pelo lado dos Impérios Centrais da Europa, além do Império Alemão e do Império Austro-Húngaro, participaram da guerra o Império Turco-Otomano e a Bulgária.

Durante a Primeira Guerra Mundial o avanço tecnológico aeronáutico começou a se consolidar rapidamente, considerando que o primeiro voo de um avião motorizado tinha acontecido menos de uma década antes – naquela época, a tecnologia para a construção do avião ainda estava engatinhando. O desafio, do ponto de vista militar, era transformar o avião em uma máquina de combate aéreo e ataque ao solo, deixando de ser apenas uma máquina voadora para simples observação, como era utilizado pelos militares.

Para atender às solicitações dos Exércitos e das Marinhas de seus respectivos países de origem e de países aliados, era preciso transformar os projetos já existentes em aviões mais ágeis, rápidos e capazes de carregar armamentos, já que o objetivo era provocar a maior quantidade de baixas no lado inimigo. Para conseguir esse feito, os engenheiros e técnicos tiveram de desenvolver novas tecnologias, mesmo que limitados ao conhecimento e aos materiais existentes na época.

Para os padrões de construção aeronáutica modernos, muitos dos projetos iniciais seriam considerados bizarros e com aerodinâmica questionável. Entre os erros e os acertos na verdadeira miscelânea de projetos que essa limitação acarretou, pode-se dizer que praticamente todas as tecnologias e os conceitos sobre voo que perduram até hoje foram fundamentados no decorrer daquela contenda mundial.

RUMPLE-ETRICH "TAUBE"

O Taube ("Pomba", em alemão) foi o primeiro avião de combate construído na Alemanha. Era um monoplano desenvolvido no período anterior à Primeira Guerra, mas produzido e utilizado em massa pela Alemanha durante o conflito. Chamado pelos franceses de Avião Invisível devido às suas asas transparentes, praticamente não era percebido a 400 m de altitude, o que o qualificava para missões de observação.

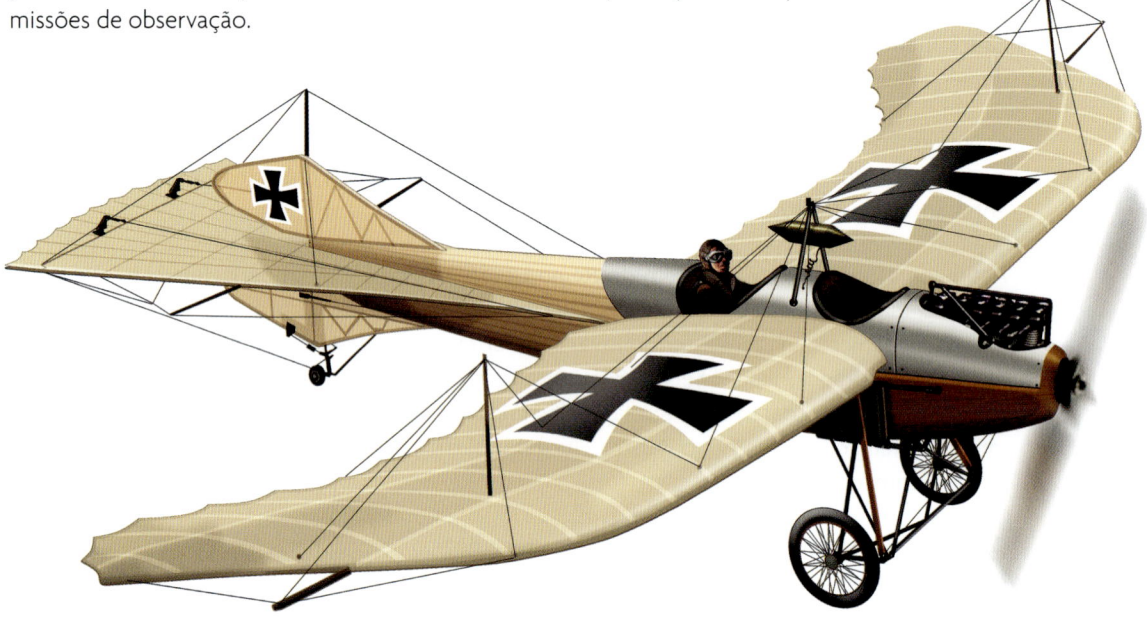

AGO C.II

Produzido em 1915 pela AGO (Aerowerke Gustav Otto), o AGO C.II era um avião de reconhecimento e observação, impulsionado por um motor Mercedes D.IV de oito cilindros em linha, refrigerado a água e com 217 hp de potência. Era armado com uma metralhadora Parabellum MG 14 de 7,92 mm. Foram produzidas 15 unidades apenas.

IMPÉRIO ALEMÃO

PFALZ E.I
Praticamente uma réplica do caça francês Morane-Saulnier H, era consideravelmente baixo e tinha o corpo e as pontas das asas retangulares. A tampa do motor era aberta em formato de ferradura e feita de alumínio. O Pfalz E.I era armado com uma metralhadora LMG 08/15 de calibre 7,92 mm, com mecanismo de sincronia de disparo através do arco da hélice.

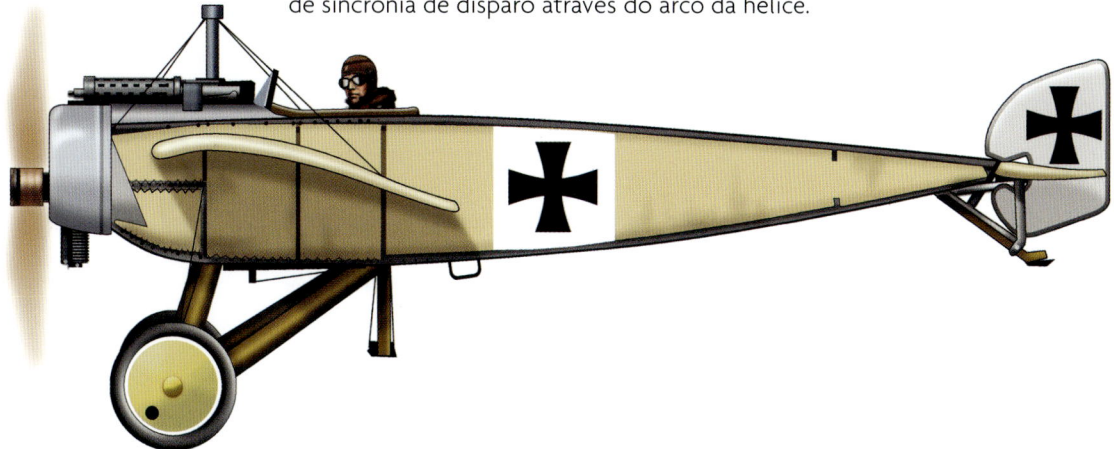

FOKKER E.III
Principal variante do caça monoplano alemão Fokker Eindecker, entrou em serviço a partir de dezembro de 1915. Era equipado com sincronizador, uma inovação revolucionária que mudou a face do combate aéreo. Com esse equipamento, era possível disparar uma metralhadora através de uma hélice girando sem danificá-la. Esse dispositivo melhorou drasticamente o desempenho da aeronave. O Fokker E.III também foi utilizado pelo Império Austro-Húngaro, pelo Império Otomano e pela Bulgária.

AVIATIK BI
Avião de reconhecimento aéreo em que o observador ficava sentado à frente do piloto, foi incorporado à Luftstreitkräfte em 1915. Usado também pelo Império Austro-Húngaro, era armado com duas metralhadoras montadas sobre trilhos em cada um dos lados da cabine do observador, o que favoreceu o ataque aos aviões inimigos. Versões posteriores foram produzidas em grandes quantidades. Era equipado com um motor Mercedes D.III de seis cilindros, refrigerado a água e com 160 hp de potência.

RUMPLER CI
Biplano de reconhecimento, foi introduzido na Luftstreitkräfte em 1915. Foi uma das aeronaves de sua classe com carreira mais longa na guerra, aposentado da linha de frente somente no início de 1918. Era impulsionado por um motor Mercedes D.III de seis cilindros, com 160 hp de potência, e armado com uma metralhadora LMG 08/15 Spandau de 7,92 mm e uma metralhadora Parabellum MG 14 de 7,92 mm na traseira. Podia transportar 100 kg de bombas.

IMPÉRIO ALEMÃO

L.V.G. CII
Biplano de reconhecimento e bombardeio leve, entrou em serviço na Luftstreitkräfte em 1915 e foi o primeiro de asa fixa a bombardear Londres, em 28 de novembro do mesmo ano. O L.V.G. CII era impulsionado por um motor Mercedes D.III 119 kW com 160 hp de potência. Era armado com uma metralhadora Parabellum MG 13 de 7,92 mm e uma LMG 08/15 interna. Podia transportar 69 kg de bombas. Foram produzidas cerca de trezentas unidades.

FOKKER D.V
Designação do Exército Alemão para o biplano Fokker M.22. Usado em combate entre dezembro de 1916 e julho de 1917, esse caça foi o último de uma série de biplanos Fokker geralmente insatisfatórios. Era motorizado com um Oberursel U.I de 110 hp de potência e armado com uma metralhadora LMG 08/15 de 7,92 mm. Também serviu no Império Austro-Húngaro. Sua produção total alcançou 216 unidades.

LFG ROLAND C.II
Caça biplano de reconhecimento e bombardeio leve introduzido em 1916 na Luftstreitkräfte. Em termos operacionais, era de pilotagem difícil, mas seu desempenho foi relativamente bom devido à disposição da tripulação (piloto e observador de artilharia) no *cockpit*, que propiciava uma excelente visibilidade para cima em detrimento da visibilidade para baixo, que era sofrível. Também foi usado como caça de escolta. Era impulsionado por um motor Mercedes D.III refrigerado a água, com 160 hp de potência, e seu armamento consistia em uma metralhadora Parabellum de 7,92 mm frontal e uma metralhadora Spandau de 7,92 mm flexível na torreta traseira. Transportava 50 kg de bombas sob a fuselagem.

LFG ROLAND DI
Caça monoposto incorporado em 1916 à Luftstreitkräfte. Sua fuselagem tinha um design incomum e por isso era apelidado de Tubarão por seus tripulantes. A produção do Roland DI foi interrompida não por problemas técnicos, mas por um incêndio na fábrica depois de apenas vinte unidades serem produzidas Era impulsionado por um motor Mercedes D.III 120 kW, com 160 hp de potência, e o armamento consistia em duas metralhadoras LMG 08/15 de 7,92 mm.

IMPÉRIO ALEMÃO

JUNKERS J.I
Avião da "classe J" feito para baixo nível de ataque ao solo e observação. Foi a primeira aeronave totalmente feita em metal a ser produzida em massa e contava com armadura eficaz contra pequenas armas de fogo, dando proteção aos tripulantes e ao motor. Entrou em combate em agosto de 1917 e participou da Frente Ocidental durante a ofensiva alemã na primavera de 1918. Motorizado com um Benz Bz.IV de 200 hp de potência, era armado com uma metralhadora Parabellum MG 14 de 7,92 mm. Foram produzidas 227 unidades.

FOKKER DR.I "DREIDECKER"
Caça triplano projetado por Reinhold Platz e construído pela fábrica de aviões Fokker. O modelo ganhou notoriedade ao ser pilotado pelo famoso Barão Vermelho, Manfred von Richthofen, quando as primeiras unidades chegaram ao *front* na Bélgica, em 1º de setembro de 1917. Nos dois dias seguintes, o Barão Vermelho abateu dois aviões inimigos. O Fokker DR.I era impulsionado por um motor Oberursel Ur.II de nove cilindros, com 110 hp de potência, e seu armamento era composto de duas metralhadoras LMG Spandau de 7,92 mm. Foram produzidas 320 unidades.

PFALZ D.III
Este caça biplano foi o primeiro grande projeto original da fábrica de aviões Pfalz. Apesar de geralmente ser considerado inferior aos caças Albatros e Fokker, foi extensivamente utilizado pelo Esquadrão de Caças Alemão desde o outono de 1917. A maior qualidade do D.III era a sua força e resistência. Era eficaz e seguro no ataque de mergulho em alta velocidade por ter asas duplas de menor tamanho. Por isso, foi muito usado no ataque a balões de observação britânicos. Era impulsionado por um motor Mercedes D.IIIa de seis cilindros, com 180 hp de potência, e armado com duas metralhadoras LMG 08/15 de 7,92 mm. Foram produzidas 1.010 unidades.

FRIEDRICHSHAFEN FF.41AT
Grande bimotor anfíbio com espaço para três tripulantes. Voou pela primeira vez em 1917, sendo utilizado principalmente como avião de reconhecimento e torpedeiro. Era impulsionado por dois motores Benz III de seis cilindros, refrigerados a líquido e com 150 hp de potência cada um. Seu armamento consistia em apenas uma metralhadora LMG 08/15 de 7,92 mm. Transportava 700 kg de bombas ou um torpedo. Foram produzidas apenas nove unidades.

IMPÉRIO ALEMÃO

FOKKER D.VII

Considerado o melhor caça biplano da Primeira Guerra, entrou em serviço em maio de 1918. A princípio subestimado pelos Aliados, provou em pouco tempo sua vantagem sobre outros caças alemães. Podia mergulhar sem provocar problemas em sua estrutura — diferente do que ocorria com o caça Albatros —, além de ter alta capacidade de manobra e docilidade nos comandos. Todas essas qualidades o faziam rivalizar diretamente com o caça francês Spad 13. O Fokker D.VII tinha um potente motor a pistão B.M.W III de 138 kW, com seis cilindros em linha, que lhe permitia alcançar a velocidade máxima de 200 km/h. Era armado com duas metralhadoras fixas LMG 08/15 de 7,92 mm com tiro frontal. A produção do D.VII chegou a 3.300 unidades.

FOKKER D.VI

Caça alemão construído em número limitado no fim da Primeira Guerra: apenas 59 exemplares. Além de enfrentar dificuldade de potência com o motor Oberursel Ur.II, a má qualidade e a falta do óleo de rícino reduziram drasticamente a vida útil do motor. Utilizado também pelo Império Austro-Húngaro, o D.VI vinha armado com duas metralhadoras LMG Spandau de calibre 7,92 mm.

FOKKER D.VIII

Monoplano de combate projetado por Reinhold Platz e construído pela fábrica de aviões Fokker, entrou em serviço na Luftstreitkräfte nos últimos meses da Primeira Guerra. Depois de vários acidentes fatais devido a falhas na asa, o avião foi modificado e renomeado, só então passando a se chamar Fokker D.VIII. Apelidado de Razor Flying pelos pilotos aliados, teve a distinção de marcar a última vitória aérea da guerra. Era impulsionado por um motor a pistão Oberursel UR.II de nove cilindros, com 110 hp de potência, e era armado com duas metralhadoras sincronizadas Spandau MG 08 de 7,92 mm. A produção do D.VIII chegou a 380 unidades.

ALBATROS D.V

Modelo final desenvolvido na bem-sucedida família de caças monopostos Albatros D.I., entrou em serviço na Luftstreitkräfte em 1917. Mais de 2.500 aeronaves Albatros dos modelos D.V e D.Va foram construídas antes que a produção fosse interrompida no início de 1918. Era motorizado com um Mercedes D.III radial com 200 hp de potência e seu armamento consistia em duas metralhadoras LMG 08/15 de 7,92 mm com tiro frontal.

IMPÉRIO ALEMÃO

ALBATROS DR.II
Caça triplano de assento único que mostrou excelentes qualidades de manobra e velocidade ao realizar seu primeiro voo na primavera de 1918. Em razão de o armistício ter sido firmado, não chegou a entrar em produção. Tinha um motor Benz Bz.IIIbo de oito cilindros, com 200 hp de potência, e era armado com duas metralhadoras sincronizadas LMG 08/15 Spandau de 7,92 mm.

HALBERTSTADT CL.II
Um dos aviões de ataque ao solo mais eficazes de toda a Primeira Guerra, tinha excelente capacidade de manobra para se desviar do fogo inimigo vindo do chão e permaneceu na Frente Ocidental até o fim das ofensivas alemãs em 1918. Era impulsionado por um motor Mercedes D.III de seis cilindros, com 160 hp de potência, e armado com uma metralhadora sincronizada LMG 08/15 Spandau de 7,92 mm e uma Parabellum MG 14 de 7,92 mm na traseira. Podia transportar 50 kg de bombas. Foram construídas aproximadamente novecentas unidades.

HANSA-BRANDENBURG W.19
Bem-sucedido hidroavião biplano de caça e reconhecimento de dois lugares, serviu na Marinha Imperial Alemã durante 1918 operando desde as bases de Boorkum e Zeebrugge durante as missões no Mar do Norte.
Impulsionado por um motor Maybach Mb.IV de seis cilindros, com 260 hp de potência, era armado com duas metralhadoras LMG 08/15 Spandau de 7,92 mm e uma metralhadora flexível Parabellum MG 14 atrás do *cockpit*. Foram produzidas 55 unidades.

HANSA-BRANDENBURG D.I
Conhecido como o KD (Kampf Doppeldecker), foi um caça biplano alemão que voou pela primeira vez em 1916. Apesar da fraca capacidade de manobra, foi construído principalmente para equipar o Serviço Aéreo do Império Austro-Húngaro e permaneceu em uso até o fim da guerra. O incomum arranjo de sustentação das asas deste caça deu origem ao apelido Aranha. Era impulsionado por um motor Austro-Daimler de seis cilindros refrigerado a ar, com 185 hp de potência, e armado com uma metralhadora Schwarzlose de 8 mm alojada dentro de um casulo sobre a asa superior. Sua produção chegou a 122 unidades.

IMPÉRIO ALEMÃO

JUNKERS CL.I
Monoplano de ataque ao solo desenvolvido em 1917 para a Luftstreitkräfte, apresentava uma fuselagem de metal com folhas onduladas de duralumínio. Poucos exemplares foram entregues antes do armistício. Depois da guerra, um ou dois CL.I foram convertidos para o serviço comercial, colocando a cabine traseira sob um dossel. Era motorizado com um Mercedes D.IIIa 134 kW, com 180 hp de potência, e seu armamento consistia em duas metralhadoras à frente e uma metralhadora na retaguarda. Foram construídas apenas 51 aeronaves.

ALBATROS D.XI
Caça biplano monoposto que voou pela primeira vez em fevereiro de 1918. Foi o primeiro projeto Albatros a usar um motor rotativo Siemens-Halske Sh.III com 160 hp de potência, o que exigiu o uso de uma hélice de grande diâmetro. Era armado com duas metralhadoras sincronizadas Spandau LMG 08/15 de 7,92 mm. Apenas dois protótipos chegaram a ser construídos e sua produção não foi continuada devido ao armistício.

SIEMENS-SCHUCKERT D.IV

Caça biplano que entrou em serviço em 1918. Graças às qualidades do projeto, foi considerado por muitos o melhor caça da época, mas, como chegou muito tarde e teve poucas unidades produzidas, não conseguiu mudar o curso da Primeira Guerra. Era impulsionado por um motor Siemens-Halske Sh.III de 11 cilindros e seu armamento consistia em duas metralhadoras LMG 08/15 de 7,92 mm. Foram finalizadas 123 unidades.

IMPÉRIO ALEMÃO

GOTHA GI
Bombardeiro pesado introduzido na Luftstreitkräfte no começo de 1915. Participou de apenas um pequeno número de missões, principalmente de reconhecimento, pois ao chegar à frente de combate já tinha se tornado um alvo fácil para os interceptadores. Era motorizado com dois Mercedes DI de 75 kW de 100 hp de potência cada e armado com uma metralhadora 7,92 mm no nariz. Os motores e a tripulação ficavam protegidos por 200 kg de armaduras de liga de cromo e níquel. Foram construídas cerca de vinte unidades.

RUMPLER G.I
Bombardeiro leve biplano que foi projetado em 1915 e entrou em produção em pequena escala no mesmo ano. De construção convencional, em madeira e tecido, comportava piloto, observador e artilheiro. Tinha os radiadores montados na extremidade dianteira das nacelas dos dois motores Mercedes D.IV de 260 hp de potência cada, colocados na posição invertida e cuidadosamente envoltos com carenagens de proteção, que se estendiam até a asa inferior. Dispunha de um armamento composto de uma metralhadora Parabellum de 7,92 mm no nariz (*cockpit*) e outra igual na traseira, operada pelo artilheiro. Foram construídas 220 unidades.

ZEPPELIN-STAAKEN R.VI

Bombardeiro quadrimotor pesado, biplano, construído em 1917 pela fábrica de dirigíveis Zeppelin-Staaken, que atuou nos Esquadrões de Aviões Gigantes desde a frente Oriental. Contava com sete tripulantes (comandante, piloto, copiloto, operador de rádio, dois técnicos de motores e um engenheiro de bordo). Entre 28 de setembro e 20 de maio de 1917, cinco R.VI realizaram 11 ataques à Grã-Bretanha. Até o fim da guerra restaram apenas seis. Era impulsionado por quatro motores a pistão Mercedes D.IVa de seis cilindros, com 250 hp de potência cada, e armado com quatro metralhadoras Parabellum MG 14 de 7,92 mm. Transportava até 2.000 kg de bombas. Foram construídas 18 unidades.

AEG G.IV

Bombardeiro biplano incorporado à Luftstreitkräfte no fim de 1917. Tinha capacidade de carga bélica considerada pouco adequada para um bom desempenho ofensivo, mas serviu até o final da guerra, alcançando algum sucesso operacional em papéis de reconhecimento e de combate. Tido como uma aeronave fácil de voar, chegou a executar até sete missões de combate em uma só noite no *front* italiano. Era impulsionado por dois motores Mercedes D.IVa de 260 hp de potência cada e armado com duas metralhadoras Parabellum MG 14 de 7,92 mm. Podia carregar 400 kg de bombas. Foram produzidas 320 unidades.

IMPÉRIO ALEMÃO

GOTHA G.V

Incorporado à Luftstreitkräfte em 1917, este bombardeiro pesado foi projetado para cumprir missões de longo alcance, principalmente noturnas. Era motorizado com dois Mercedes D.IVa de 260 hp de potência cada e contava com armamento de defesa que consistia em duas ou três metralhadoras Parabellum MG 14 de 7,92 mm. Carregava 350 kg de bombas. Foram produzidas 205 unidades.

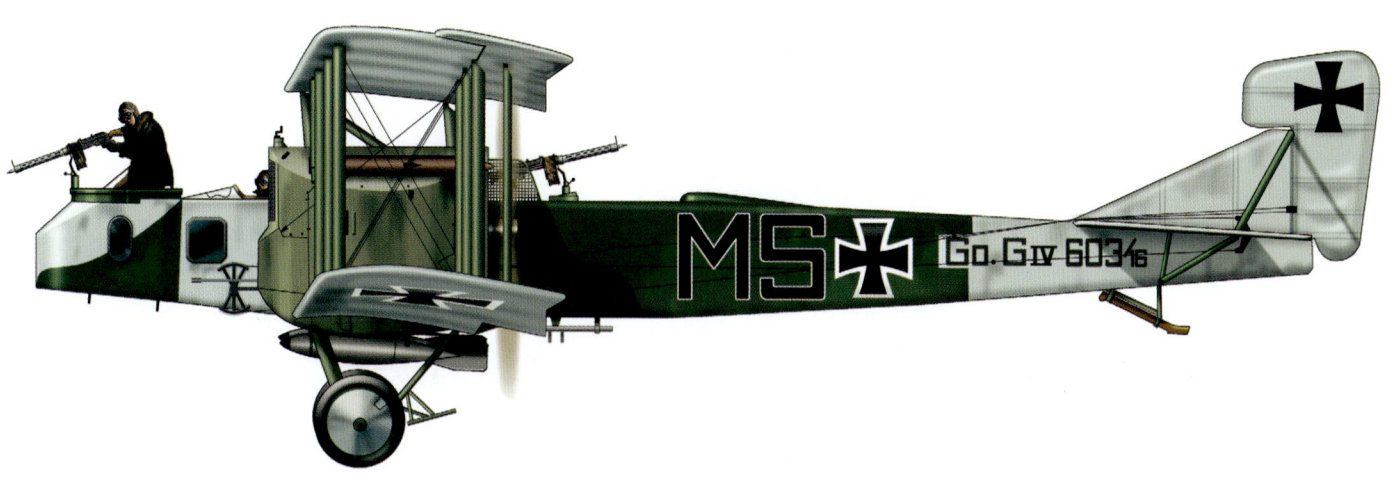

ZEPPELIN-STAAKEN R.VI TIPO "L"

O tipo "L" era a versão hidroavião do R.VI destinada à Marinha Alemã, que recebeu uma cabine reformulada e mudanças na estrutura da fuselagem e no posicionamento das asas e dos motores. Era equipado com grandes flutuadores de duralumínio que alcançavam 13 metros de comprimento. A motorização era a mesma do R.VI. Somente um protótipo foi construído, mas acabou destruído após um acidente.

IMPÉRIO ALEMÃO

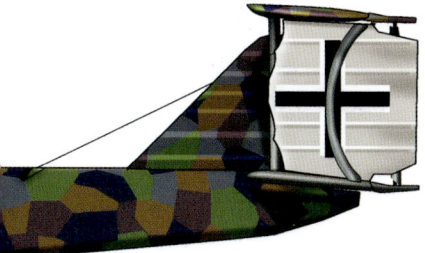

SIEMENS-SCHUCKERT R.VIII
Bombardeiro pesado, projetado e construído a partir de 1916. O projeto era singular por ter os seis motores Basse und Selve VBuS.Iva de seis cilindros, com 300 hp de potência cada, dentro da fuselagem, onde as hélices eram acionadas por engrenagens. Duas aeronaves foram construídas, mas, com o armistício, a produção foi encerrada.

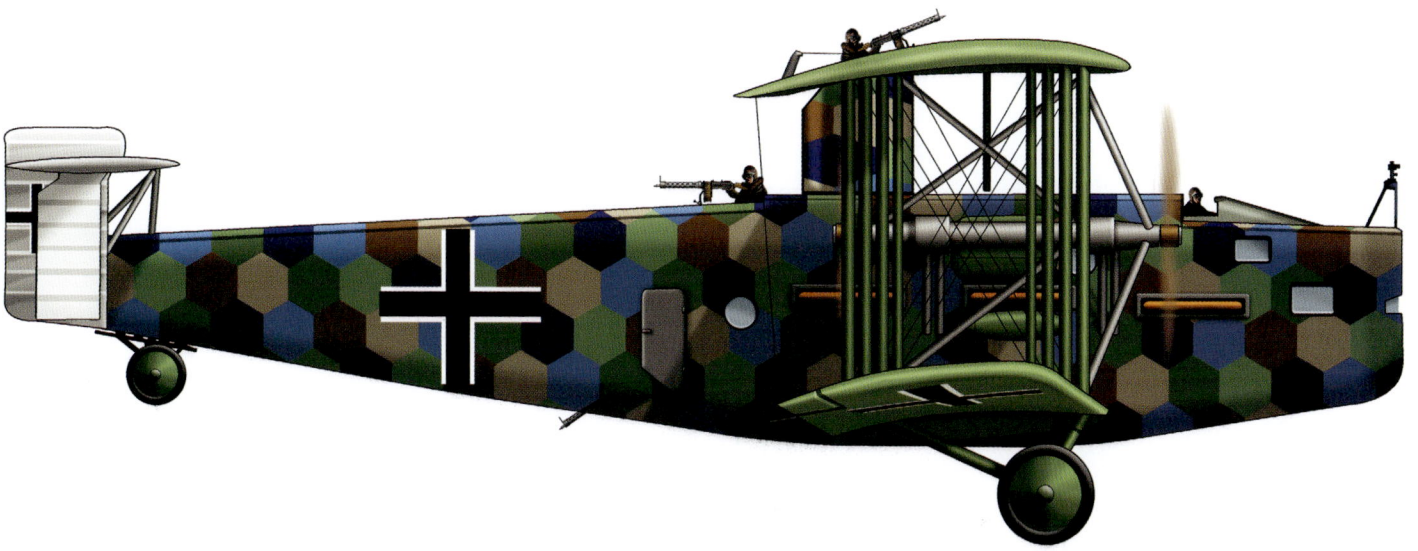

ZEPPELIN-STAAKEN R.VII
Bombardeiro pesado, era uma versão melhorada do R.IV. O R.VII tinha dois compartimentos para alojar bombas (*pods*) atrás dos conjuntos propulsores, grandes o suficiente para os mecânicos de bordo realizarem manutenções em pleno voo. Eles ficavam alojados no *cockpit* à frente dos motores e das hélices, com acesso às embreagens, às caixas de engrenagens e aos eixos. Outros dois motores foram montados no nariz da fuselagem para impulsionar uma única hélice. Seu primeiro voo ocorreu no início de 1917 e foi incorporado à Luftstreitkräfte em julho do mesmo ano, fazendo incursões em espaço aéreo inimigo em operações na Frente Oeste. Durante uma missão, o único R.VII fabricado apresentou uma avaria técnica e, por falha de um dos mecânicos de bordo, houve a queda do avião e a perda dos seis tripulantes.

HANSA-BRANDENBURG C.I
Caça biplano de reconhecimento armado e bombardeio leve, comportava dois tripulantes – o piloto e o observador. Com boas características de manobra, o C.I cumpriu missões de reconhecimento na observação de artilharia e bombardeio diurno do início de 1916 até o fim da Primeira Guerra. Tinha um motor Austro-Daimler refrigerado a água, com 160 hp de potência. Seu armamento era composto de uma metralhadora Schwarzlose de 8 mm na parte traseira operada pelo observador, mas em algumas aeronaves foi instalada uma metralhadora fixa dentro de um casulo, acima da parte superior da asa. A carga de bombas chegava a 100 kg.

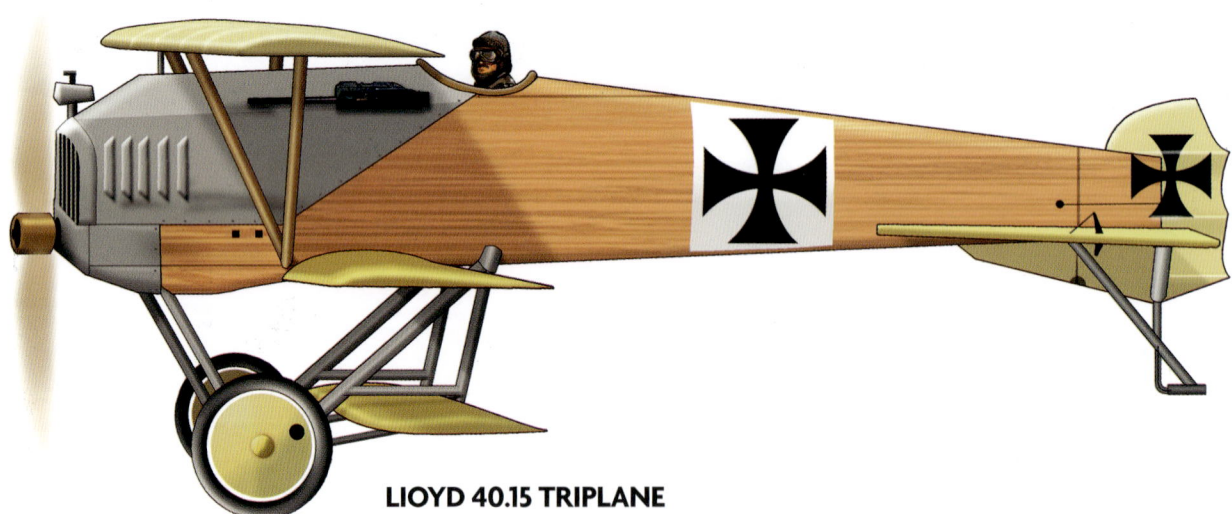

LIOYD 40.15 TRIPLANE
Caça triplano monoposto projetado em 1917 pela fabricante húngara Ungarische Lloyd, fez seu primeiro voo em 1918. Os austro-húngaros eram conhecidos por aviões bizarros e o 40.15 não fugiu à regra. O triplano tinha design deselegante, mas com características únicas: asas totalmente suspensas, sendo a inferior montada atrás do trem de pouso. Era motorizado com um Austro-Daimler (MAG) de seis cilindros em linha, refrigerado a líquido e com 185 hp de potência. O armamento era composto de duas metralhadoras Schwarzlose de 8 mm fixas na frente, com sincronismo de disparo. Somente um protótipo foi construído.

IMPÉRIO AUSTRO-HÚNGARO

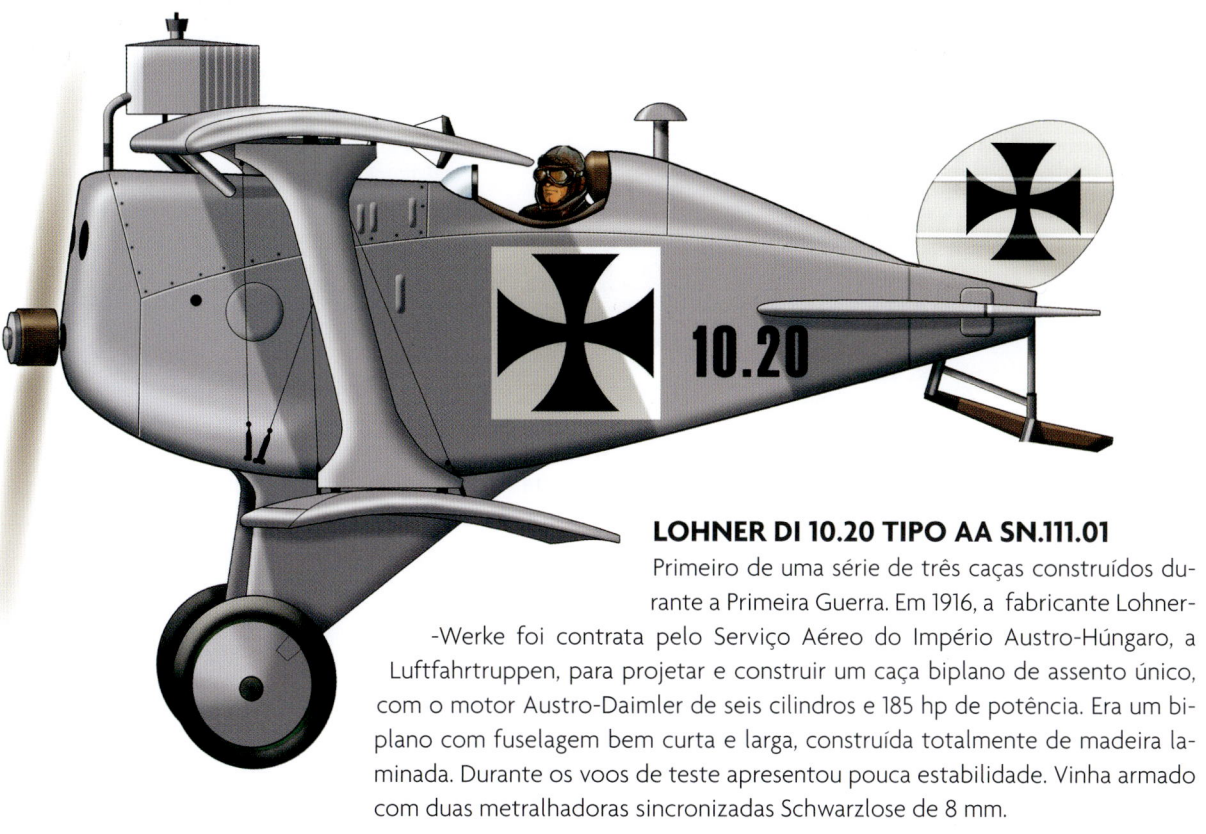

LOHNER DI 10.20 TIPO AA SN.111.01
Primeiro de uma série de três caças construídos durante a Primeira Guerra. Em 1916, a fabricante Lohner-Werke foi contrata pelo Serviço Aéreo do Império Austro-Húngaro, a Luftfahrtruppen, para projetar e construir um caça biplano de assento único, com o motor Austro-Daimler de seis cilindros e 185 hp de potência. Era um biplano com fuselagem bem curta e larga, construída totalmente de madeira laminada. Durante os voos de teste apresentou pouca estabilidade. Vinha armado com duas metralhadoras sincronizadas Schwarzlose de 8 mm.

LOHNER DI 10.20B SN.111.02
Segundo protótipo da série DI com significativas modificações se comparado ao modelo anterior, o DI 10.20 tipo AA. Era um biplano monoposto construído em 1917, com uma fuselagem totalmente feita de madeira laminada. Como o modelo anterior, os testes de voo comprovaram que o desempenho da aeronave não alcançava os resultados desejados. Era impulsionado pelo motor Austro-Daimler com 185 hp de potência, o mesmo do modelo AA sn.111.01. Apenas um protótipo foi construído.

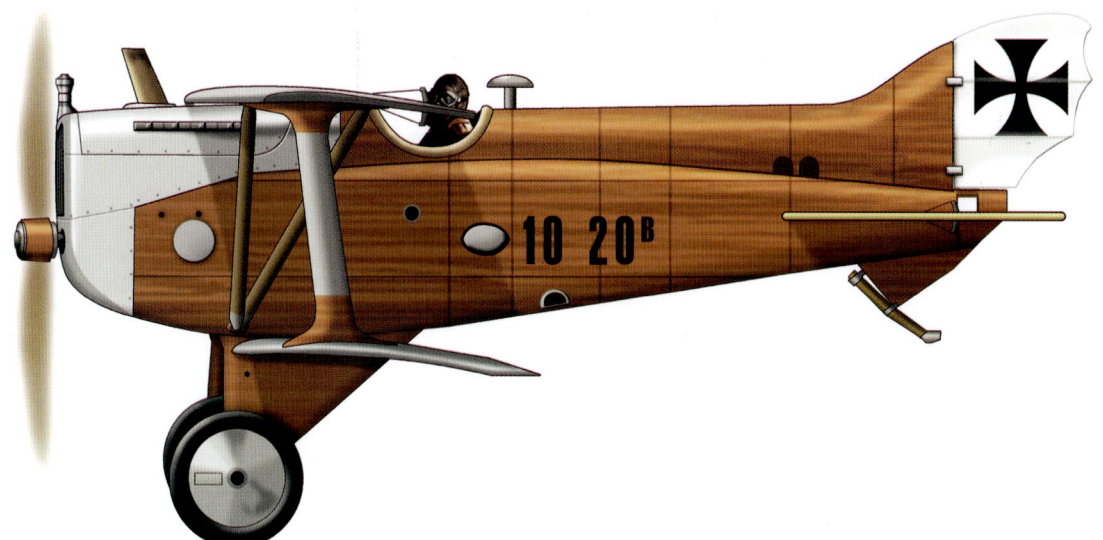

LOHNER DI 10.20 SN.111.03
Comparada ao modelo anterior, esta versão final da série Lohner DI tinha uma fuselagem mais simples, também construída de madeira laminada, mas com um leme menor. O protótipo passou por diversos testes, mas o desempenho da aeronave não alcançou destaque superior ao de outros aviões já em produção. Como resultado, a série Lohner DI 10.20 foi cancelada definitivamente. Foi construído somente um protótipo.

ALBATROS D-III SÉRIE 53 (OEFFAG)
As primeiras unidades da versão fabricada sob licença da Alemanha começaram a ser entregues à Luftfahrtruppen em 1917. Havia três versões principais, as séries 53, 153 e 253, com motores Austro-Daimler de 185 hp, 200 hp e 225 hp de potência, respectivamente. Os pilotos frequentemente retiravam o cone protetor da hélice, que tendia a cair em pleno voo. Assim, para a série 153, um novo cone foi projetado, corrigindo o problema e permitindo um aumento de 14,3 km/h na velocidade máxima do avião. O armamento era composto de duas metralhadoras Schwarzlose MG M.07/12 de 8 mm. Até o armistício, foram produzidas 526 unidades.

IMPÉRIO AUSTRO-HÚNGARO

LLOYD C.V
Avião de reconhecimento e bombardeio leve, compacto e simplificado, tinha uma estrutura de asa incomum e foi produzido para a Luftfahrtruppen durante a Primeira Guerra. Era motorizado com um Hiero de seis cilindros, com 185 hp de potência, e seu armamento consistia em duas metralhadora Schwarzlose de 8 mm, uma operada pelo observador e a outra fixa na frente. Podia transportar 90 kg de bombas. Foram produzidas 144 unidades.

PHÖNIX D.I
Caça biplano robusto, construído e incorporado à Luftfahrtruppen em 1917. Tinha boas características de voo, melhores que as do Aviatik (Berg) DI, e mostrou-se mais rápido que o Albatros D.III. Foram usados como caças de escolta, mas algumas unidades receberam modificações para carregar máquinas fotográficas para o serviço de reconhecimento. Tinha um motor Hiero de seis cilindros, refrigerado a líquido e com 200 hp de potência. Estava armado com duas metralhadoras sincronizadas Schwarzlose de 8 mm. Foram produzidas mais de duzentas unidades.

AVIATIK (BERG) DI BA.138
Caça biplano monoposto projetado por Julius vom Berg e incorporado à Luftfahrtruppen. "Berg" foi adionado ao nome do caça produzido pelos austro-húngaros para distingui-lo do avião construído pela empresa Aviatik alemã. Era rápido, com boas características de voo e manobra, podendo alcançar altitudes maiores do que muitos de seus adversários. Tornou-se um caça eficiente e lutou até o fim da Primeira Guerra. Tinha um motor Austro-Daimler de seis cilindros, refrigerado a líquido e com 200 hp de potência. Era armado com duas metralhadoras sincronizadas Schwarzlose, de 8 mm. Foram produzidas cerca de setecentas unidades.

AVIATIK (BERG) D.I
Também conhecido como Berg Lutador, este caça biplano monoposto foi o primeiro avião de combate fabricado localmente para a Luftfahrtruppen, que o incorporou em 1917. Com bom desempenho, era razoavelmente rápido e tinha excelentes características de voo e manobra, podendo chegar a altitudes mais elevadas que os adversários. Tinha um *cockpit* espaçoso, com bom campo de visão. Era impulsionado por um Austro-Daimler de seis cilindros, com 200 hp de potência, e armado com duas metralhadoras fixas Schwarzlose de 8 mm. Foram construídas mais de setecentas unidades.

IMPÉRIO AUSTRO-HÚNGARO

HANSA-BRANDENBURG L.16

Caça monoposto com configuração triplana de asas, fez seu primeiro voo em 1917. Vários arranjos do radiador de arrefecimento foram avaliados, sem resultados satisfatórios. Depois de vários testes, o L.16 provou não ter qualidade suficiente para justificar sua produção em série, tendo o seu projeto abandonado. Era impulsionado por um motor Austro-Daimler de seis cilindros refrigerado a água, com 185 hp de potência, e o armamento proposto para o L.16 consistia em duas metralhadoras Schwarzlose sincronizadas de 7,92 mm.

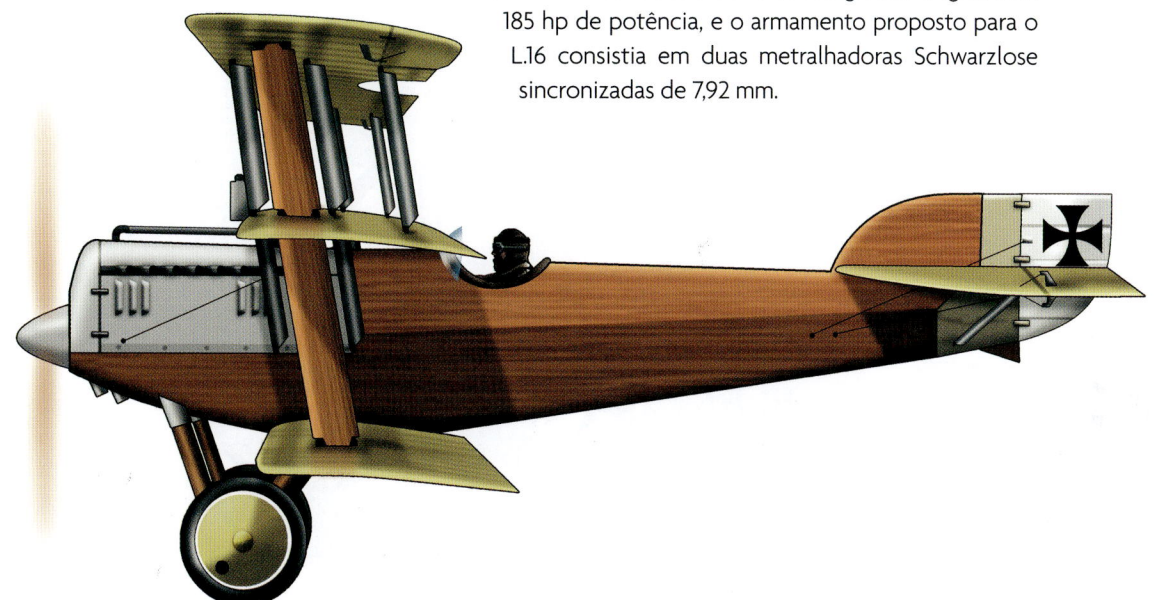

HANSA-BRANDENBURG W.18

Caça biplano e hidroavião monoposto, foi construído em pequena quantidade para a Marinha Austro-Húngara em 1915 e teve um exemplar usado pela Marinha Alemã. Era motorizado com um Benz Bz III de 200 hp de potência. O armamento normalmente tinha uma metralhadora Parabellum MG 14 de 8 mm, mas poderia receber mais duas metralhadoras Schwarzlose de 8 mm nas laterais. A produção chegou a 47 unidades.

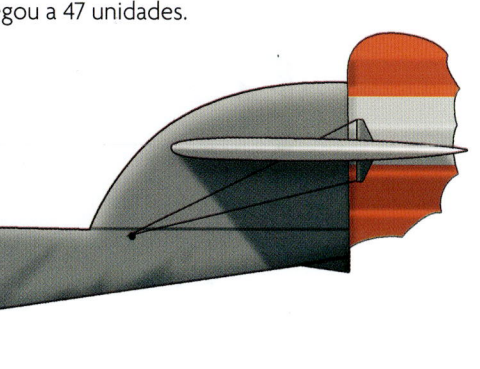

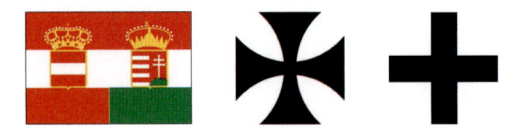

LOHNER C.I

Caça biplano de reconhecimento e ataque leve incorporado à Luftfahrtruppen em 1915. Era motorizado com um Austro-Daimler refrigerado a líquido, com 160 hp de potência. O armamento era composto de uma metralhadora Schwarzlose de 8 mm em suporte flexível na traseira do *cockpit*. Foram produzidas quarenta unidades.

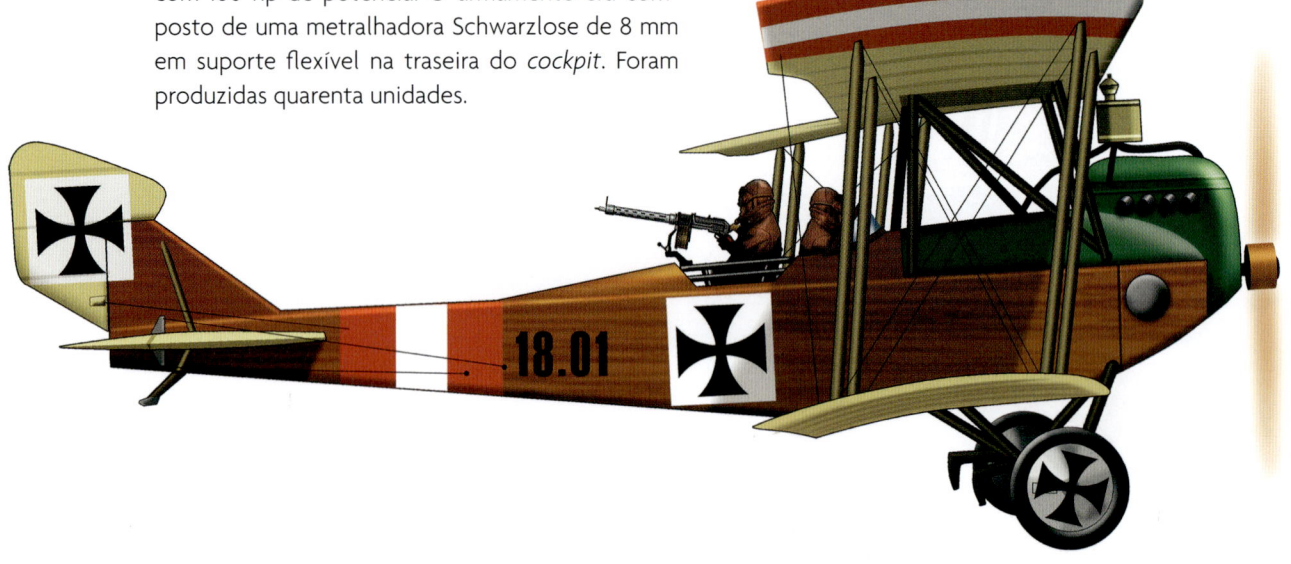

IMPÉRIO AUSTRO-HÚNGARO

LLOYD FJ 40.05

Caça biplano de reconhecimento e bombardeio leve projetado pela Ungarische Lloyd, fez seu primeiro voo em 1916. Com os testes, vieram os defeitos: incapacidade de atirar frontalmente pela falta de uma hélice sincronizada com as metralhadoras; seção do nariz hiperdimensionada, ocupando o espaço entre as asas; visão do piloto sacrificada, pois o observador ficava no alto, atrás do bordo de fuga da asa superior. Com os defeitos, o programa foi encerrado.

HANSA-BRANDENBURG G.I

Bombardeiro biplano construído em 1917 para equipar o Serviço Aéreo Austro-Húngaro na Primeira Guerra, participou de três esquadrões de bombardeio, tendo sido apenas um deles bem-sucedido. Com isso, os relatórios de pilotos começaram a não ser favoráveis ao G.I quando comparado ao alemão Gotha G.IV, e ele rapidamente foi relegado para funções de treinamento. Tinha dois motores Austro-Daimler de seis cilindros, com 160 hp de potência, e o armamento de defesa era composto por duas metralhadoras Schwarzlose de 8 mm, canhões Skoda de 50 mm e 70 mm montados no nariz, na posição do artilheiro e, no dorso, um canhão Skoda de 35 mm. Foram construídas aproximadamente cinquenta unidades.

GRIGOROVICH M-16

Hidroavião biplano desenvolvido a partir do projeto do M-9 para ser empregado como caça de reconhecimento e bombardeio leve nas operações de inverno. Seu principal usuário foi a Marinha Russa, que ficou satisfeita com o modelo por suas boas qualidades aerodinâmicas. Era impulsionado por um motor Salmson de 150 hp de potência e seu armamento consistia em uma metralhadora MG. Ao todo, foram construídas quarenta unidades.

GRIGOROVICH M-9

Caça hidroavião biplano projetado em 1915, fez seu primeiro voo em 9 de janeiro de 1916. Durante a Primeira Guerra foi usado pelo Serviço Aéreo Imperial Russo como caça bombardeiro até 1917. Já na Revolução Russa, participou ativamente da defesa aérea de Baku, jogando cerca de 6.000 kg de bombas. Também foi empregado no reconhecimento fotográfico, no direcionamento de artilharia e no combate aéreo. Era impulsionado por um motor radial Salmson de 150 hp de potência e seu armamento era composto de uma metralhadora de 7,7 mm.

IMPÉRIO RUSSO

ANATRA DS
Caça biposto de reconhecimento e ataque, fez o primeiro voo em 1916 e foi encomendado pelo Serviço Aéreo Imperial Russo em 1917. Assim que a revolução soviética começou, cerca de setenta unidades tinham sido construídas e foram usadas por ambos os lados. Era impulsionado por um motor radial Salmson de 150 hp e em seu armamento tinha uma metralhadora frontal Vickers de 7,7 mm, de tiro sincronizado com a hélice, e uma metralhadora Lewis de 7,7 mm. Carregava 50 kg em bombas. No total foram construídas 184 unidades.

RED STAR – ANATRA ANADWA

Concebido para ser um avião biposto de reconhecimento e bombardeio, foi desenvolvido a partir do caça Anatra DS. A construção do Anadwa utilizava duas fuselagens do Anatra, unidas por um novo conjunto de asas, e era impulsionado por dois motores radiais de 150 hp Salmson. O artilheiro ficava em uma barquinha ligada ao centro da estrutura da asa superior, proporcionando excelente visão de defesa. Os primeiros voos de teste começaram em 9 de julho de 1916 e foram muito favoráveis, mas com o início da Revolução Russa poucos protótipos estavam prontos e não chegou a entrar em produção continuada.

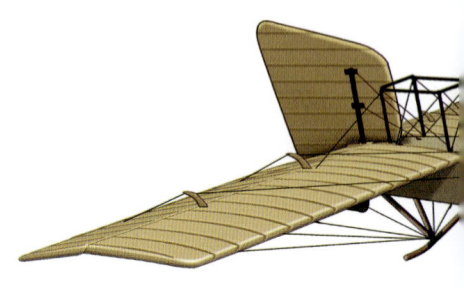

SIKORSKY ILYA MUROMETS

Projeto revolucionário que voou pela primeira vez em 1913, foi destinado ao serviço comercial de transporte de carga e passageiros e tinha um espaçoso salão e banheiro. Na Primeira Guerra foi transformado no primeiro bombardeiro de quatro motores e, no início, não havia nenhum outro avião capaz de rivalizá-lo até o aparecimento do alemão Zeppelin-Staaken R.VI, em 1917. O Ilya Muromets tinha quatro motores Crusader de oito cilindros e 148 hp de potência cada. Com diversas combinações de armas em diferentes pontos da fuselagem, tinha metralhadoras e canhões sem recuo Maxim, Lewis, Madsen, Colt e Leonid Kurchevsky, de 12,7 mm, 15,3 mm, 7,62 mm, 25 mm e 35 mm. Transportava 656 kg de bombas. Foram produzidas mais de 85 unidades.

IMPÉRIO RUSSO

SIKORSKY S-16

Caça biplano biposto projetado por Igor Sikorsky entre 1914 e 1915. Desenvolvido para ser um caça de escolta para o bombardeiro pesado Ilya Moromets, voou pela primeira vez em 1915, teve 18 unidades entregues ao governo russo em 1916 e participu da Revolução Russa em 1917. Embora altamente manobrável, tinha desempenho pobre devido à insuficiência de seu motor, um Le Rhone/80hp de 100 hp e refrigerado a ar. Foi um dos primeiros a ter sincronização de disparo através da hélice e e era armado com uma metralhadora Vickers ou Lavrov de 7,7 mm com quarenta cartuchos.

ESTADOS UNIDOS

THOMAS-MORSE S-4

Caça biplano para treinos avançados do Exército e da Marinha dos Estados Unidos, foi o avião de treinamento monoposto mais popular produzido no país durante a Primeira Guerra. Entrou no serviço em 1917, teve uma longa carreira mesmo depois da guerra, mas nunca foi enviado para a Europa. Era motorizado com um Le Rhône 9C rotativo refrigerado a ar, com 80 hp de potência, e armado com uma metralhadora Marlin de calibre .30. Foram produzidas mais de 460 unidades.

PACKARD LEPERE LUSAC 11

Projetado em 1917 pelo francês Georges LePere, que trabalhava para o Exército dos Estados Unidos, o LUSAC 11 foi o resultado do esforço americano em construir um caça para combater na Europa o mais rápido possível. Projetado para ser um caça que combinaria bombardeio leve e reconhecimento, era armado com duas metralhadoras Marlin calibre .30 e duas Lewis calibre .30 articuladas, operadas pelo observador de artilharia. Com apenas sete unidades entregues, não conseguiu entrar em combate antes do armistício. Ao fim da guerra, 28 aeronaves tinham sido construídas.

ITÁLIA

ANSALDO A.1 BALILLA

Caça biplano italiano introduzido ao serviço no fim de 1917. Resultado de esforços continuados da empresa Ansaldo para criar um caça interceptador, não demostrou ser tão manobrável quanto os caças franceses nos voos de ensaio. Depois de modificações, alcançou melhor rendimento. Embora o aumento de velocidade o tenha deixado um tanto instável, foi encomendado para modernizar os esquadrões italianos, mas entrou em combate apenas uma vez antes do armistício. Era impulsionado por um motor a pistão SPA 6 com 220 hp de potência e armado com duas metralhadoras Vickers sincronizadas de 7,7 mm. Sua produção alcançou 250 unidades, sendo fabricado mesmo depois da guerra.

ANSALDO SVA.5

Caça bombardeiro e avião de reconhecimento, fez seu primeiro voo em 1917. Inicialmente projetado como caça interceptador, alcançava uma impressionante velocidade, tornando-se pouco manobrável e inadequado para combate aéreo. Assim, foi direcionado para outra função. Além da Itália, a Força Expedicionária Americana o empregou na Primeira Guerra. Era impulsionado por um motor SPA 6A com 200 hp de potência e armado com duas metralhadoras Vickers sincronizadas de 7,7 mm. Carregava 90 kg de bombas e, mesmo depois da guerra, continuou a ser produzido, totalizando 1.245 unidades. Diversas forças militares utilizaram o SVA.5, inclusive a Marinha do Brasil.

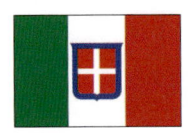

CAPRONI CA.4

Bombardeiro triplano desenvolvido em 1917 e introduzido na Regia Aeronautica em 1918. Apesar da aparente fragilidade, sua estrutura era bem-projetada e, embora mais alto, as dimensões de suas asas não eram superiores a de outros bombardeiros. Sua capacidade de carregar bombas era maior que de outros modelos, sendo superada apenas pelo Zeppelin-Staaken R.VI alemão. Inicialmente a Regia Aeronautica usou-os para bombardear alvos no território austro-húngaro. Em abril de 1918, seis Ca.4 foram encomendados pelo Serviço Aéreo da Marinha Britânica para equipar o 227º esquadrão, mas nunca chegaram a ser usados em combate – depois do armistício, foram devolvidos para a Itália. Três Ca.4 foram enviados para os Estados Unidos para avaliação. Era impulsionado por três motores a pistão Liberty L-12 de 12 cilindros, refrigerados a água e com 400 hp de potência cada. O armamento era composto de quatro metralhadoras Fiat-Revelli de 6,5 mm e transportava 1.450 kg de bombas. Foram produzidas cerca de cinquenta unidades.

ITÁLIA

CAPRONI CA.3

Bombardeiro pesado incorporado ao Exército Italiano em 1916, foram empregados pela Regia Aeronautica no bombardeio a alvos no Império Austro-Húngaro. Três esquadrões foram enviados para a França e em 1918 também foram destinados à Líbia para operar no 12º Esquadrão de Bombardeio. Durante a Primeira Guerra, foi utilizado pela Itália, pela França e pela Força Expedicionária Americana. Era impulsionado por três motores a pistão Isotta-Fraschini V.4B de seis cilindros, refrigerados a água e com 150 hp de potência cada um. Seu armamento de defesa consistia em duas metralhadoras Fiat-Revelli de 6,5 mm ou de 7,7 mm. Transportava até 800 kg de bombas. Foram produzidas cerca de trezentas unidades.

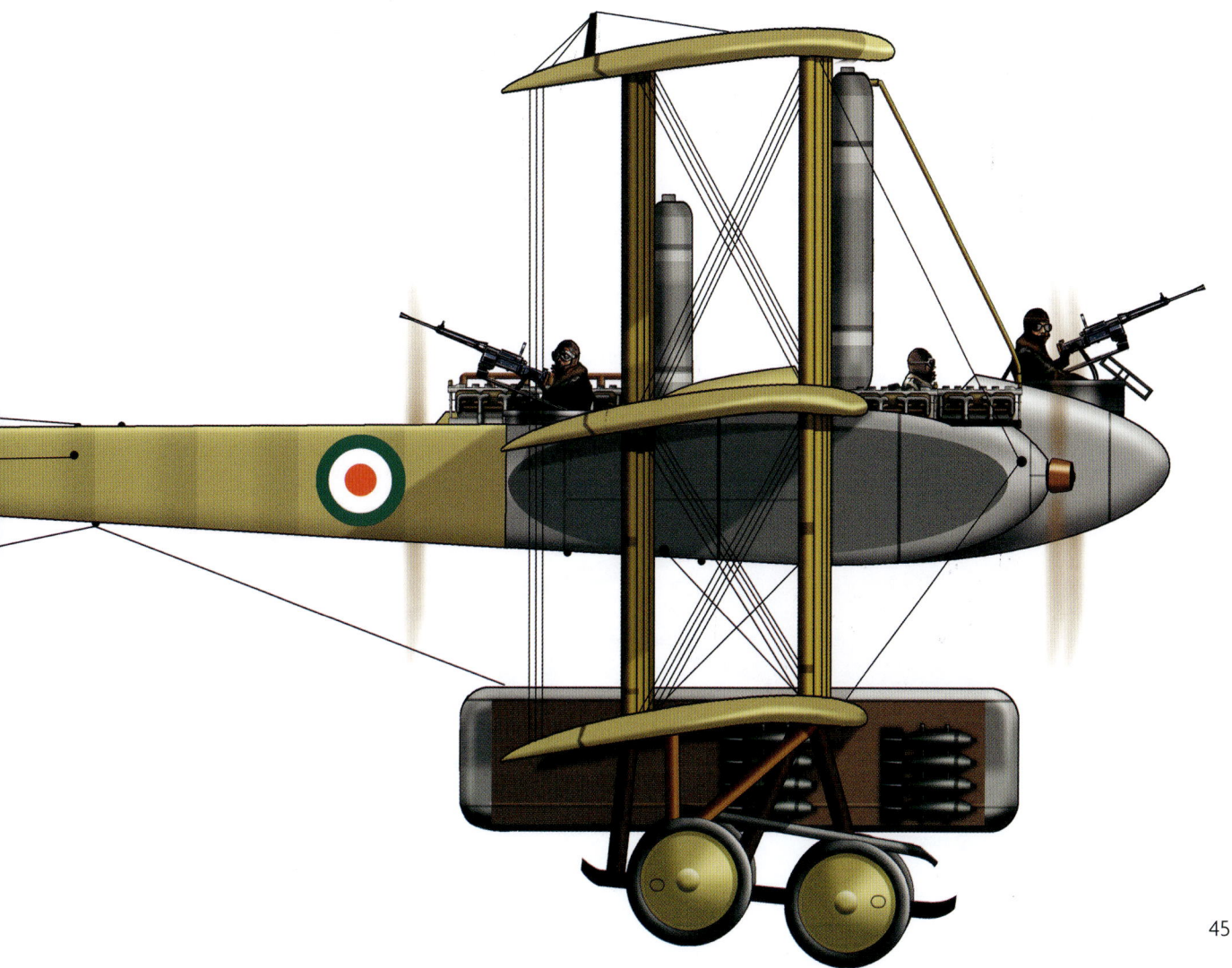

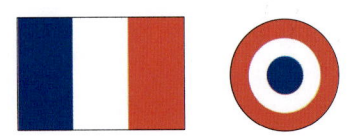

BLÉRIOT XI

Primeiro avião "mais pesado que o ar" a cruzar o Canal da Mancha, em 25 de julho de 1909. Também foi o primeiro a ter emprego militar, sendo enviado para o Norte da África em 1910. Na Primeira Guerra, teve função de reconhecimento e bombardeio leve. Era impulsionado por um motor Anzani de três cilindros, refrigerado a água e com 25-30 hp de potência. Transportava 25 kg de bombas e foi produzido até o início da Primeira Guerra.

CAUDRON G.III

Biplano monomotor construído em 1913, foi amplamente utilizado na Primeira Guerra. No começo, estava adaptado para missões de reconhecimento, sendo confiável e resistente. Pela baixa potência dos motores e pelo fraco armamento, tornou-se muito vulnerável para a linha de frente e foi retirado de serviço em 1916. A Itália o empregou como avião de reconhecimento, e a Força Aérea Real Britânica, para ataque ao solo, com metralhadoras e lançamento de bombas leves. Era motorizado por um Gnome-Rhône com 80 hp de potência.

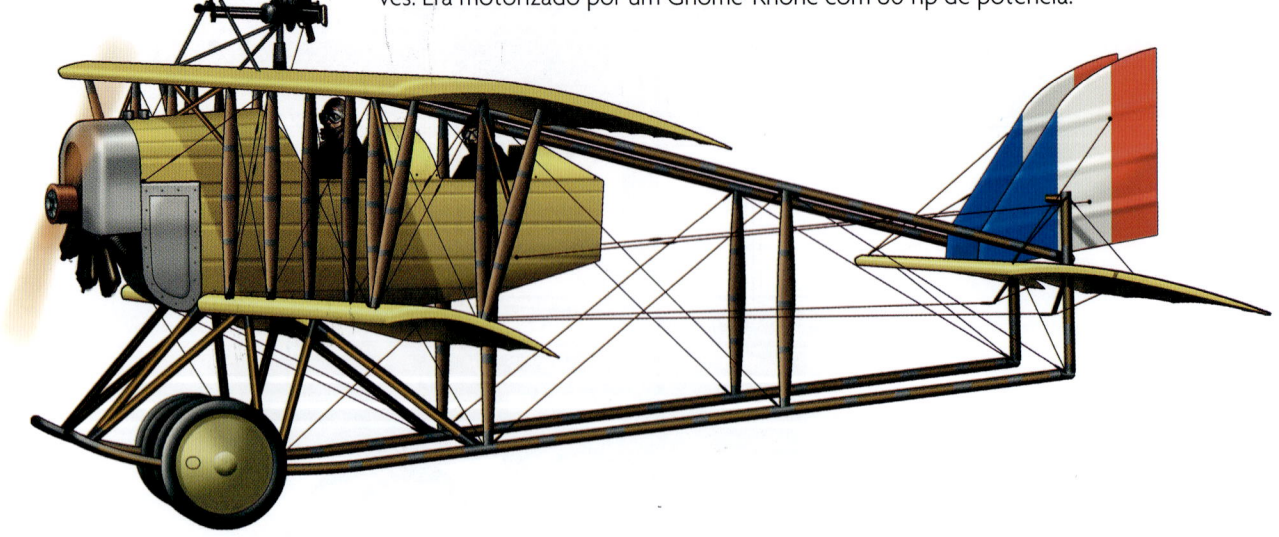

FRANÇA

VOISIN III (LA)

Caça bombardeiro biplano leve de dois lugares introduzido em 1914. Sua estrutura de aço o tornava resistente para operar em pistas de aviação temporárias. No início da guerra, foi o bombardeiro mais utilizado pelas forças Aliadas. Muitos foram adquiridos pelo Força Aérea Francesa e pelo Serviço Aéreo Imperial Russo. Cumpriu missões de múltiplo uso: reconhecimento aéreo, observação para artilharia, treinamento, bombardeios diurnos e noturnos e ataque ao solo. Foi o primeiro avião a vencer um combate aéreo na guerra, abatendo um avião inimigo. Era impulsionado por um motor radial Salmson refrigerado a água, com 130 hp de potência, e era armado com uma metralhadora Lewis de 7 mm ou com uma Mauser de 8 mm. Transportava 91 kg de bombas.

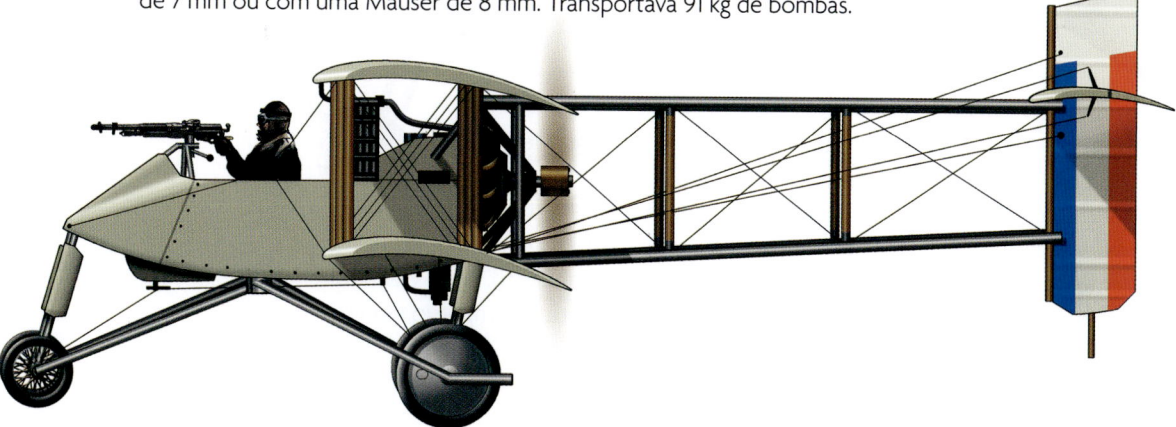

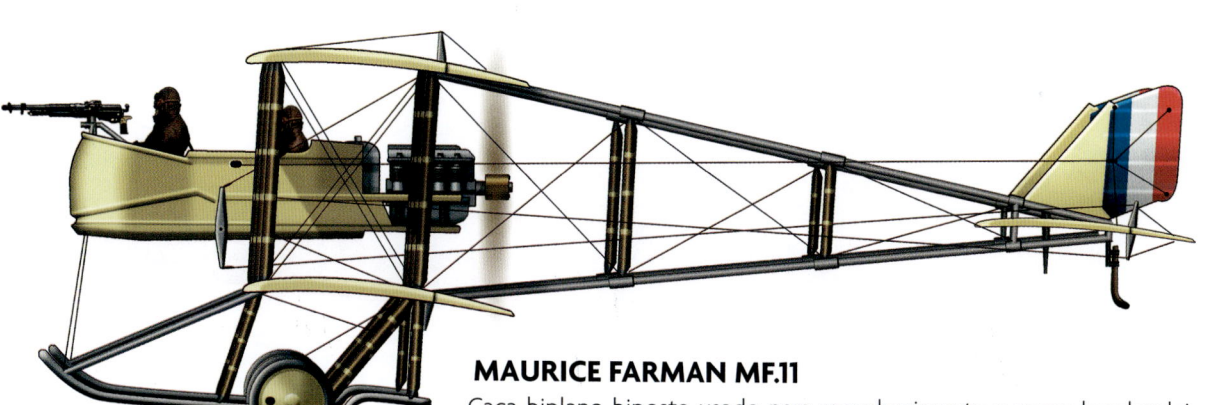

MAURICE FARMAN MF.11

Caça biplano biposto usado para reconhecimento e como bombardeiro leve. Voou pela primeira vez em 1913 e foi incorporado à Força Aérea Francesa, Força Aérea Britânica, Marinha Francesa e Marinha Britânica. No começo da guerra foi enviado para a Frente Ocidental para missões de reconhecimento. Foi o primeiro avião a realizar um bombardeio na Primeira Guerra, em 21 de dezembro de 1914, quando o Serviço Aéreo da Marinha Britânica atacou a artilharia alemã na Bélgica. Seu motor propulsor ficava atrás da barca da tripulação. Tinha um motor Renault de oito cilindros em linha, refrigerado a ar. Seu armamento era composto de uma metralhadora de 7,62 mm e transportava 130 kg de bombas.

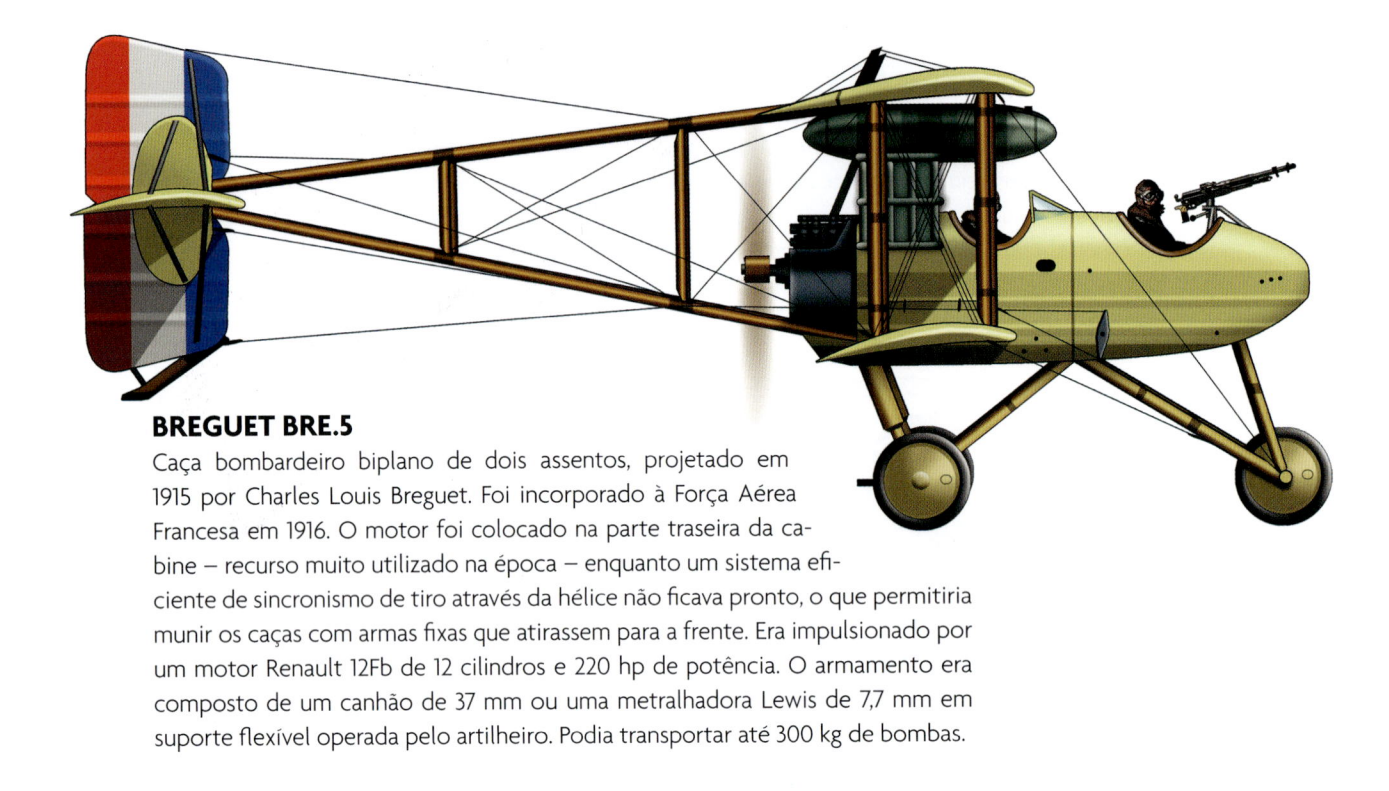

BREGUET BRE.5

Caça bombardeiro biplano de dois assentos, projetado em 1915 por Charles Louis Breguet. Foi incorporado à Força Aérea Francesa em 1916. O motor foi colocado na parte traseira da cabine – recurso muito utilizado na época – enquanto um sistema eficiente de sincronismo de tiro através da hélice não ficava pronto, o que permitiria munir os caças com armas fixas que atirassem para a frente. Era impulsionado por um motor Renault 12Fb de 12 cilindros e 220 hp de potência. O armamento era composto de um canhão de 37 mm ou uma metralhadora Lewis de 7,7 mm em suporte flexível operada pelo artilheiro. Podia transportar até 300 kg de bombas.

SPAD A.II

Caça biplano, voou pela primeira vez em 1915. A hélice impulsionada pelo motor ficava logo atrás do observador, e o risco de acidentes graves era muito elevado. Além disso, os acidentes de capotamento no pouso eram letais para o observador por causa da hélice e, depois de alguns danos em combate, a gôndola podia ser perdida em pleno voo com o observador dentro. Era impulsionado por um motor Le Rhône-9J de 80 hp de potência e armado com uma metralhadora Lewis MG de 7,7 mm em suporte flexível na gôndola do artilheiro. Podia transportar 23 kg de bombas.

FRANÇA

MORANE-SAULNIER L

Avião monoplano com asa tipo guarda-sol e capacidade para um ou dois lugares. Projetado para reconhecimento, voou pela primeira vez em 1915. Tornou-se um dos primeiros caças de sucesso na guerra por ser equipado com uma metralhadora Lewis de 7,7 mm que disparava através do arco da hélice. Sua eficácia impulsionou o desenvolvimento de novos interceptadores e logo o caça ficou obsoleto. Utilizado pela França, Grã-Bretanha e Rússia, tinha um motor rotativo Le Rhône 9C de nove cilindros e 80 hp de potência. Foram construídos seiscentos exemplares.

MORANE-SAULNIER BB

Avião biplano de observação militar com dois assentos, voou pela primeira vez em 1915. Foi usado pela França e pela Royal Flying Corps (Força Aérea Britânica na Primeira Guerra) para ataques de varredura contra tropas terrestres depois da instalação da segunda metralhadora sobre a asa superior. Era impulsionado por um motor Le Rhône 9JA com 110 hp de potência e seu armamento consistia de uma metralhadora Lewis de 7,7 mm em suporte flexível na retaguarda, sendo alguns armados com mais uma metralhadora Lewis sobre a asa superior. Foram construídos 94 exemplares.

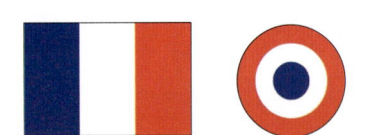

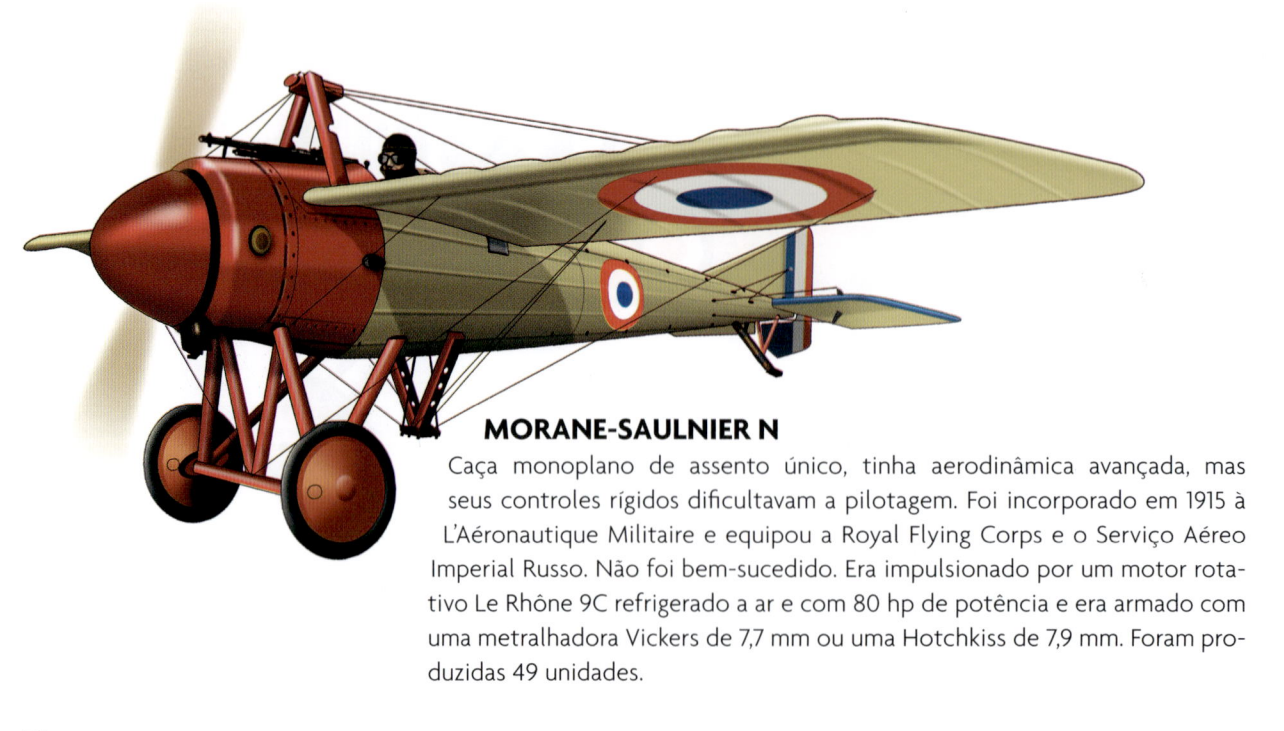

NIEUPORT 11 "BÉBÉ"
Caça biplano monomotor de um só lugar, voou pela primeira vez em 1915. Foi incorporado à Força Aérea Francesa e adquiriu fama como um dos aviões que ajudaram a encerrar o período conhecido como Flagelo Fokker. Foi utilizado por várias forças aéreas Aliadas. Deu origem a uma série de outros modelos de caças Nieuport e permaneceu em serviço até o fim do conflito como avião de treinamento. Era impulsionado por um motor radial giratório Le Rhône-9C de nove cilindros e 80 hp de potência e era armado com uma metralhadora Hotchkiss de 7,92 X 57 mm ou Lewis de 7,92 X 63,35 mm.

MORANE-SAULNIER N
Caça monoplano de assento único, tinha aerodinâmica avançada, mas seus controles rígidos dificultavam a pilotagem. Foi incorporado em 1915 à L'Aéronautique Militaire e equipou a Royal Flying Corps e o Serviço Aéreo Imperial Russo. Não foi bem-sucedido. Era impulsionado por um motor rotativo Le Rhône 9C refrigerado a ar e com 80 hp de potência e era armado com uma metralhadora Vickers de 7,7 mm ou uma Hotchkiss de 7,9 mm. Foram produzidas 49 unidades.

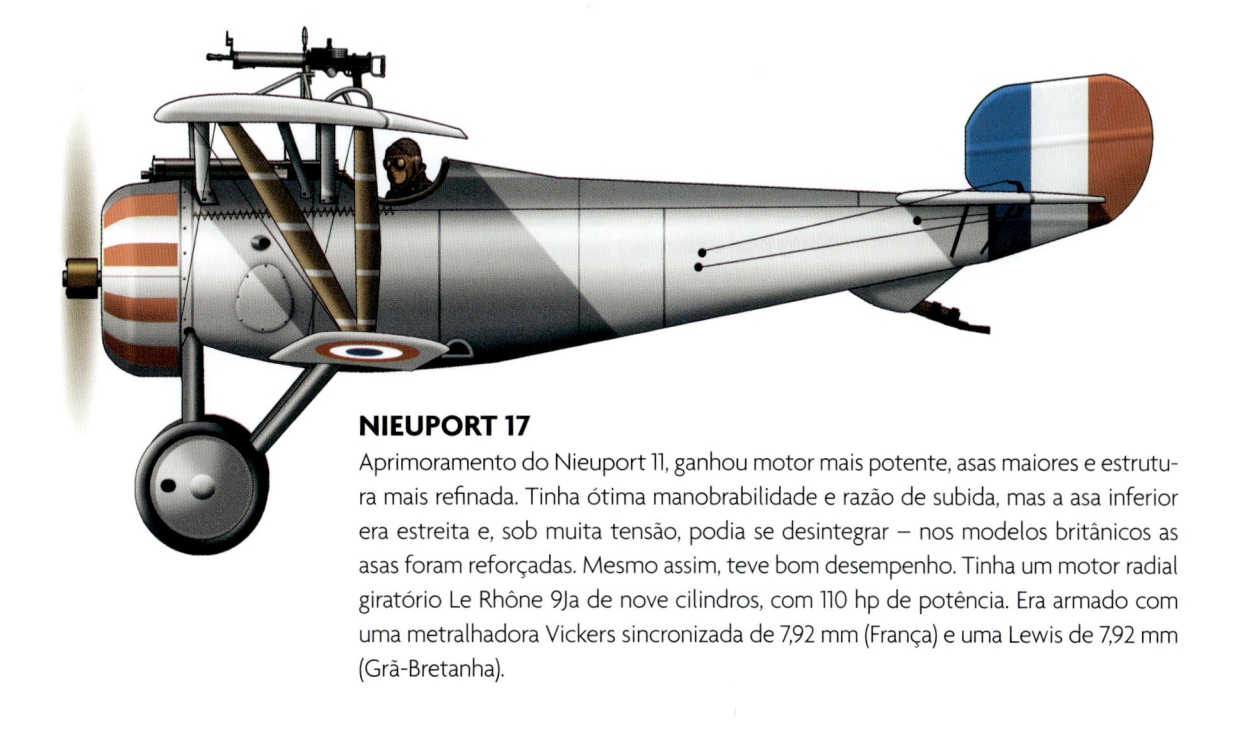

FRANÇA

NIEUPORT 12
Caça biplano monomotor de dois assentos, voou pela primeira vez em 1915. Foi usado como caça, avião de reconhecimento e de instrução pela França, Rússia, Grã-Bretanha e Estados Unidos. Tinha um motor giratório Clerget 9Z de nove cilindros, com 110 hp de potência. Seu armamento consistia em duas metralhadora Lewis de 7,92 mm, uma sobre a asa superior e outra em suporte flexível na traseira. Foram produzidas mais de trezentas unidades.

NIEUPORT 17
Aprimoramento do Nieuport 11, ganhou motor mais potente, asas maiores e estrutura mais refinada. Tinha ótima manobrabilidade e razão de subida, mas a asa inferior era estreita e, sob muita tensão, podia se desintegrar – nos modelos britânicos as asas foram reforçadas. Mesmo assim, teve bom desempenho. Tinha um motor radial giratório Le Rhône 9Ja de nove cilindros, com 110 hp de potência. Era armado com uma metralhadora Vickers sincronizada de 7,92 mm (França) e uma Lewis de 7,92 mm (Grã-Bretanha).

HANRIOT H.D.1

Caça biplano de assento único que voou pela primeira vez em 1916. Foi rejeitado pelo Corpo Aeronáutico Militar Francês em favor do caça SPAD. Alguns foram encomendados pela Marinha Francesa, mas depois foram repassados para a Marinha dos Estados Unidos. Também foi fornecido para as forças aéreas da Bélgica e da Itália, e nelas foi muito bem-sucedido. Dos 1.200 exemplares construídos, 831 foram produzidos sob licença por empresas italianas. Era impulsionado por um motor rotativo Le Rhône 9J, com 110 hp de potência. O armamento era composto de uma ou duas metralhadoras sincronizadas Vickers de 7,7 mm.

SPAD S.XIII

Caça biplano desenvolvido pela Société Pour L'Aviation et ses Dérivés (SPAD) em 1917. Equipado com um potente motor, tinha velocidade elevada e fazia mergulhos praticamente na vertical sem o risco de perder as asas por ter excelente manobrabilidade, projeto estrutural e construção. Equipou quase todos os esquadrões de caça franceses e também foi usado pela Grã-Bretanha, Estados Unidos, Bélgica, Grécia, Rússia e Itália. Tinha um motor Hispano-Suiza 8Be em V, com oito cilindros e 220 hp de potência. Era armado com duas metralhadoras Vickers de 7,7 mm e teve 8.472 unidades produzidas.

FRANÇA

BREGUET BR.14
Caça bombardeiro biplano com projeto inovador criado em 1916, foi utilizado pelos serviços aéreos franceses, belgas e americanos durante toda a guerra. Um dos primeiros a usar o duralumínio na fuselagem, era robusto e versátil. Foi produzido em massa em diversas versões, sendo as principais a B2 (bombardeio) e a A2 (reconhecimento), incluindo um modelo de hidroavião. Considerado um dos melhores bombardeiros franceses da Primeira Guerra, era impulsionado por um motor Renault 12 Fox de 12 cilindros, com 300 hp de potência. Era armado com uma metralhadora Vickers fixa de 7,7 mm e duas metralhadoras Lewis de 7,7 mm flexíveis. Transportava 300 kg de bombas e foi produzido até 1926, chegando a 5.500 unidades.

HANRIOT HD.3
Caça biplano compacto de dois lugares, voou pela primeira vez em outubro de 1917. Passou a fazer parte do Corpo Aeronáutico Militar Francês em abril de 1918 e logo depois também foi introduzido no Corpo Aéreo da Marinha Francesa. A produção foi interrompida devido ao armistício: dos trezentos Hanriot encomendados, aproximadamente cem tinham sido entregues. Tinha um motor radial Salmson Canton-Unne 9Za de 260 hp de potência. O armamento era composto de duas metralhadoras Vickers de 7,7 mm, fixas e sincronizadas, e duas metralhadoras Lewis de 7,7 mm instaladas em suporte flexível atrás do *cockpit*.

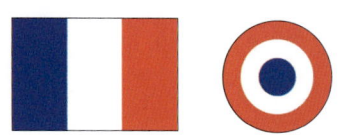

MORANE-SAULNIER AI
Caça monoplano com asa tipo guarda-sol de assento único, era um refinamento do Morane-Saulnier N para substituir o Nieuport 17 e o SPAD VII na França. Esquadrilhas foram criadas para ele, mas em 1918 muitos foram substituídos pelo SPAD XIII e comprados pela Força Expedicionária Americana, que os transformou em treinadores de intercepção. Tinha um motor Gnome Monosoupape 9N com 150 hp de potência e era armado com uma metralhadora de tiro frontal sincronizado Vickers de 7,7 mm. Foram construídas 1.210 unidades.

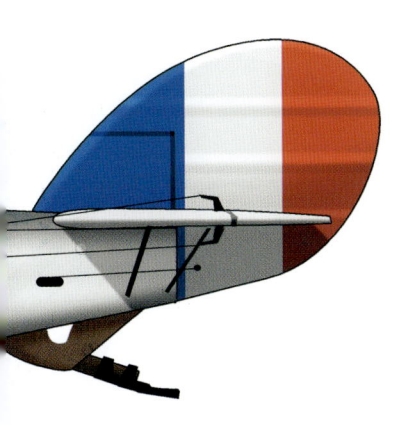

FRANÇA

NIEUPORT 24
Caça monomotor biplano de assento único, projetado para substituir o Nieuport 17. Seu desempenho era um pouco melhor que o de seu antecessor, por corrigir defeitos estruturais da asa e ter um motor mais potente. Desenvolvido em 1916, foi incorporado aos esquadrões franceses, britânicos e russos, servindo nos treinos avançados para pilotos de caça da Força Expedicionária Americana na França. Teve bom desempenho durante a guerra, permanecendo em serviço até o armistício. Tinha um motor rotativo Le Rhône 9J com 130 hp de potência e era armado com uma metralhadora sincronizada Vickers de 7,92 mm ou uma Lewis montada em suporte tipo Foster sobre a asa superior.

NIEUPORT 28
Biplano monoposto, leve e com alta manobrabilidade. Voou pela primeira vez em 1917 e é o último de uma bem-sucedida linha que incluía o Nieuport 17. Foi produzido para suprir a demanda dos esquadrões dos Estados Unidos na Frente Ocidental, em 1918, já que o SPAD XIII estava em falta. Equipou quatro esquadrões americanos com 297 exemplares entre março e agosto de 1918. Desse modo, tornou-se a primeira aeronave em serviço operacional nos esquadrões de caça americanos na Primeira Guerra. Era impulsionado por um motor rotativo Gnome Monosoupape 9N com 160 hp de potência. Seu armamento consistia em duas metralhadoras sincronizadas Vickers de 7,7 mm.

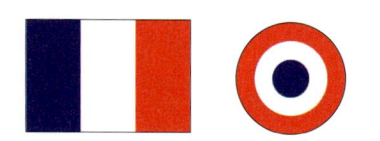

CAUDRON G.IV

Bombardeiro biplano com dois motores, foi fabricado em 1915 na França, Inglaterra e Itália e usado como bombardeiro de reconhecimento profundo no espaço aéreo alemão. Mais tarde, quando a Alemanha desenvolveu sua força de caça, a aeronave atuou como bombardeiro noturno e atacou dirigíveis nas bases alemãs instaladas na Bélgica ocupada. O G.IV foi amplamente usado na Primeira Guerra pela Bélgica, França, Finlândia, Itália, Reino Unido, Império Russo e Estados Unidos. Era impulsionado por dois motores radiais Le Rhône de 80 hp de potência cada. Era armado com uma metralhadora e podia transportar 113 kg de bombas. Foram produzidas mais de 1.440 unidades.

SALMSON 2

Caça biplano de dois assentos projetado para fazer missões de reconhecimento e bombardeio leve, voou pela primeira vez em 1917. Robusta e confiável, tornou-se a principal aeronave de reconhecimento durante a guerra usada pela França e pelo Corpo Expedicionário Americano, que chegou a comprar setecentas unidades. Tinha motor a pistão radial Salmson 9Za com 230 hp de potência e vinha armado com uma metralhadora sincronizada Vickers de 7,7 mm e duas metralhadoras Lewis de 7,7 mm em suporte flexível na traseira do *cockpit*. Sua produção alcançou 3.200 unidades.

FRANÇA

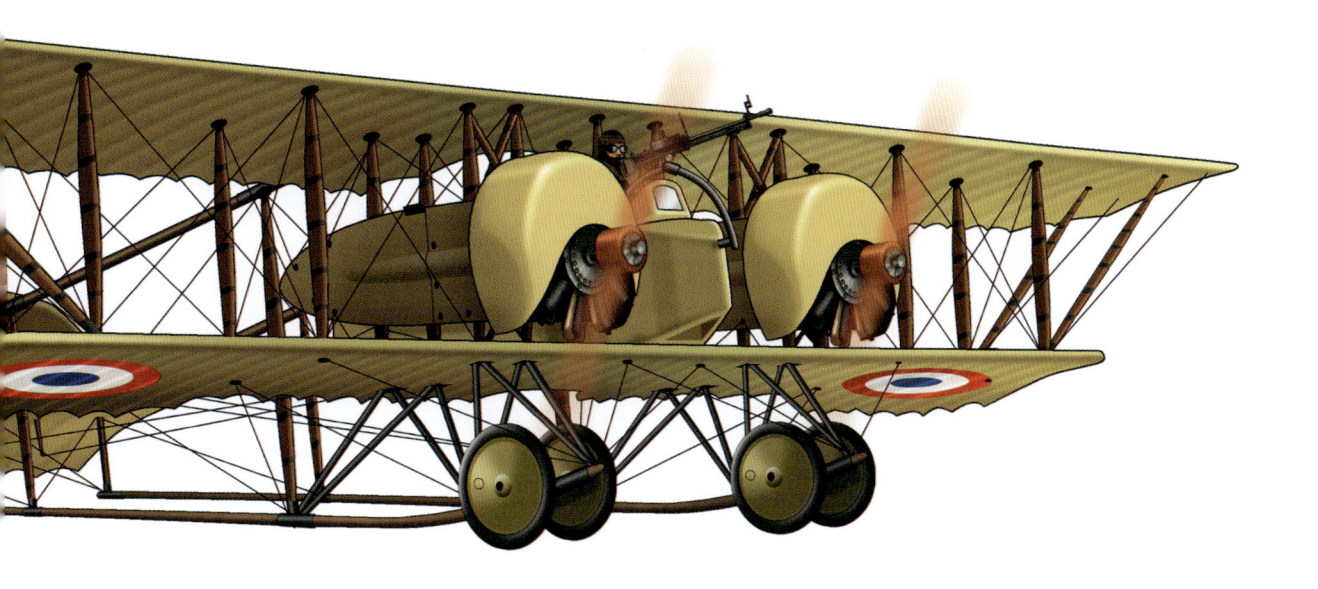

CAUDRON G.VI
Projetado para ser um avião de reconhecimento, também foi usado como bombardeiro. Entrou em operação no Corps d'Armée de l'Air francês em 1916. Era impulsionado por dois motores Le Rhône 9JB e seu armamento de autodefesa era composto por duas metralhadoras Lewis de 7,7 mm em montagem flexível, operadas pelos observadores. Podia transportar 100 kg em bombas. Até o armistício, 512 dessas aeronaves foram produzidas.

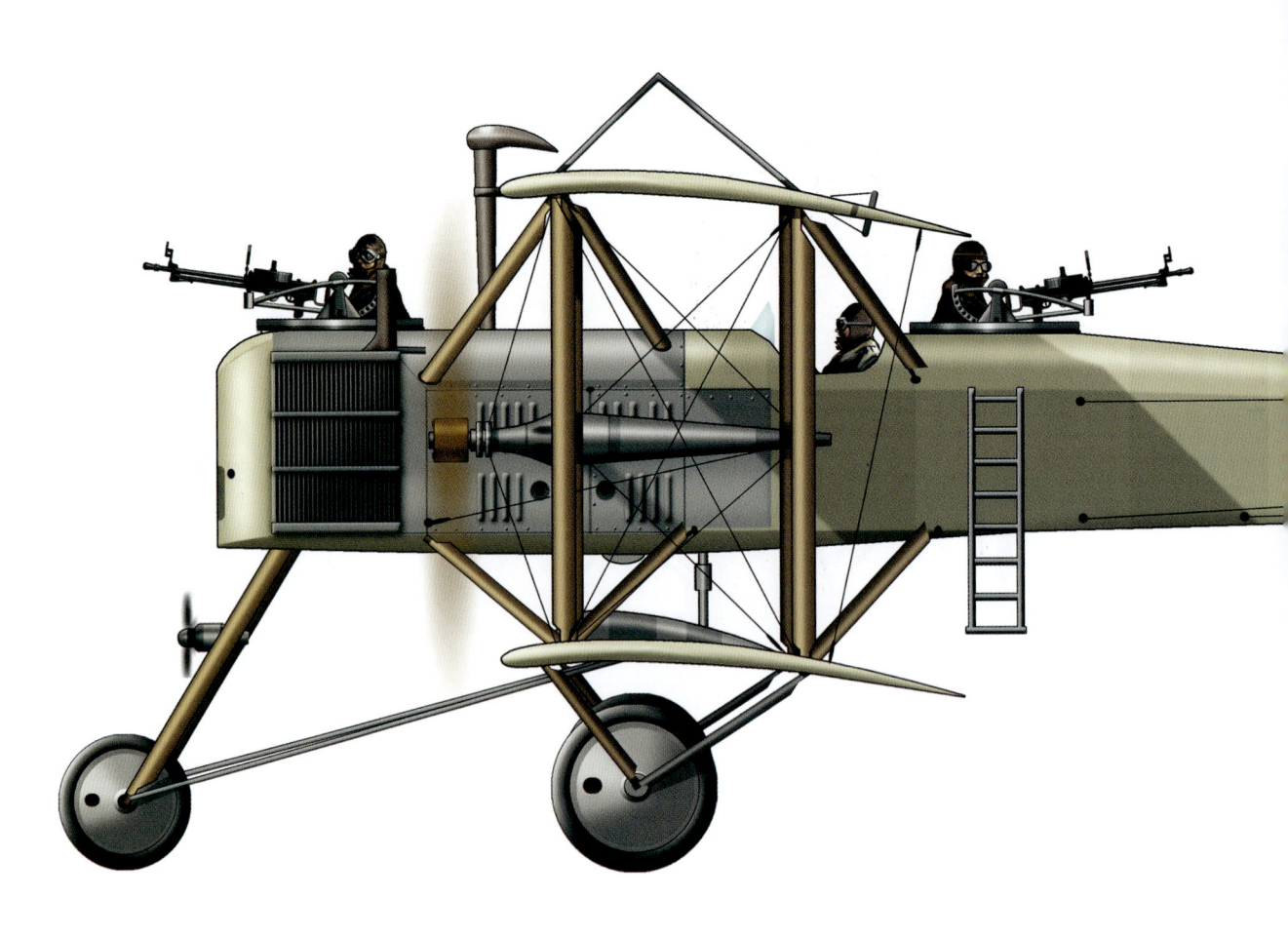

CAUDRON R.11

Projetado como bombardeiro e originalmente destinado a cumprir funções de reconhecimento no Corps d'Armée de l'Air francês, o R.11 foi usado como avião de escolta no fim da guerra e foi o último bombardeiro francês a ser construído naquele período. Era impulsionado por dois motores a pistão Hispano-Suiza 8Bba refrigerados a água, com 215 hp de potência cada. Seu design se assemelhava ao do Caudron R.4, mas tinha nariz mais pontudo e cauda muito maior. O armamento de defesa era composto por cinco metralhadoras Lewis de 7,7 mm e transportava 120 kg de bombas. Sua produção começou em 1917 e o Exército Francês encomendou 1 mil unidades. Contudo, até o armistício, a produção chegou a apenas 370 aviões.

FRANÇA

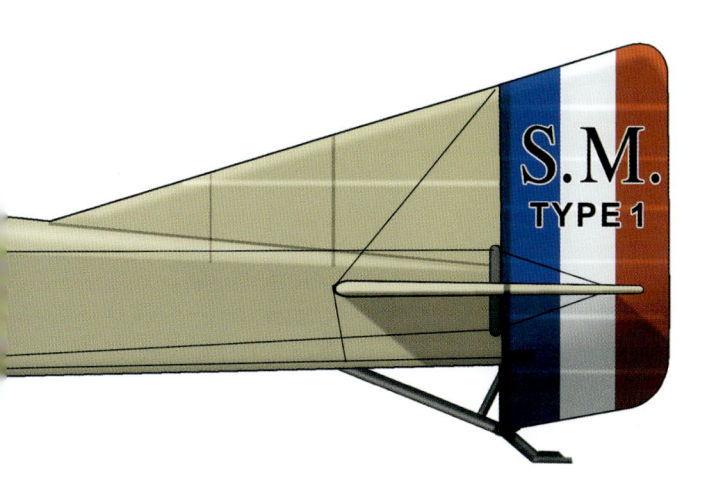

SALMSON-MOINEAU SM.1
Biplano de três lugares usado como avião de reconhecimento e bombardeio. Tinha motor radial refrigerado a líquido disposto transversalmente no corpo do avião que impulsionava duas hélices localizadas entre as asas. Este projeto peculiar reduziu o arrasto e abriu espaço para dois observadores, um colocado na frente da fuselagem e outro atrás do piloto. Foi considerado um avião com performance bastante satisfatória para a função. Entretanto, em serviço, a aeronave não teve muito sucesso, apresentando constantes problemas no trem de pouso do nariz, que entrava em colapso. Também teve problemas com o sistema de acionamento de hélices, que era muito complexo e de difícil manutenção. Sua produção começou em 1916 e mais de 150 exemplares foram construídos.

VICKERS FB.5

O Gunbus foi o primeiro avião a ser usado para o combate ar-ar, uma ideia que havia nascido em 1912. Usava o conceito francês de uma barca com artilheiro na frente e o piloto atrás. Voou pela primeira vez em 1914 e meses depois já servia na Royal Flying Corps. Seu primeiro embate na Primeira Guerra aconteceu contra um monoplano Taube alemão. Ficou na linha de frente até 1915. Era impulsionado por um motor Gnome Monosoupape de nove cilindros, com 100 hp de potência, e armado com uma única metralhadora Lewis de 7,7 mm. Foram produzidas 224 unidades.

AVRO 504K

Caça bombardeiro que voou pela primeira vez em 1913. Comprado pela Royal Flying Corps e pelo Royal Naval Air Service antes da guerra, foi o primeiro avião britânico abatido pelos alemães. Era impulsionado por um motor Le Rhône 9J Rotary com 110 hp de potência e armado com uma metralhadora Lewis de 7,7 mm na parte superior da asa. Foi o avião mais produzido da Primeira Guerra: 8.970 unidades. Após o conflito, a produção continuou, chegando ao total de 10 mil unidades no período de 1913 a 1932.

GRÃ-BRETANHA

BRISTOL SCOUT

Caça biplano de assento único projetado como um avião de corrida. Voou pela primeira vez em 1914. A princípio foi usado para reconhecimento pelo Royal Naval Air Service e pela Royal Flying Corps. Depois foi transformado em um dos primeiros aviões monoposto a ser usado como caça. Por falta de um dispositivo eficiente de sincronismo de tiro, não foi possível equipá-lo com armamento de tiro frontal. Era impulsionado por um motor Le Rhône 9C com 80 hp de potência e armado com uma metralhadora, Vickers ou Lewis, de 7,7 mm. Sua produção alcançou 374 unidades.

FE-2D

Caça biplano de dois assentos que utilizava o projeto francês Farman Experimental 2 de motor propulsor colocado atrás da fuselagem. Seu primeiro voo ocorreu em 1914 e foi o terceiro caça do tipo FE-2 a ser operado como bombardeiro diurno e noturno pela Royal Flying Corps na guerra. Foi fundamental para acabar com o Flagelo Fokker. Entrou em serviço no começo de 1915 para reconhecimento, depois foi usado para combate aéreo e bombardeio. Era impulsionado por um motor a pistão Beardmore de seis cilindros e 160 hp de potência, e armado por duas metralhadoras Lewis de 7,7 mm, operadas pelo observador de artilharia e pelo piloto. Transportava 235 kg de bombas. Foram produzidas 1.939 unidades.

AIRCO D.H.2

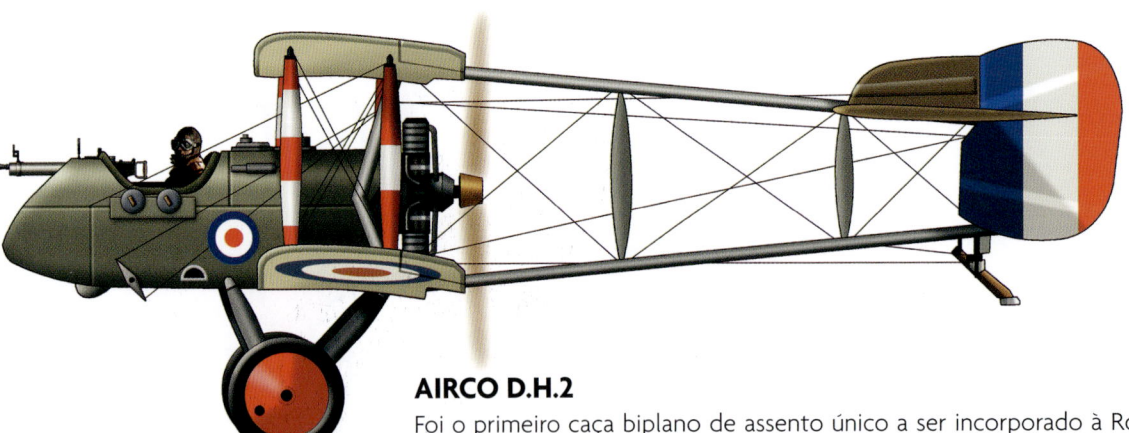

Foi o primeiro caça biplano de assento único a ser incorporado à Royal Flying Corps para combater os caças Fokker Eindecker alemães. Antes de ter um sistema eficaz de sincronização de tiro de metralhadora através da hélice, os caças britânicos usavam o sistema de fuselagem tipo barca, com o propulsor invertido atrás da fuselagem. Com os novos caças alemães, como o Halbertstadt D.II e o Albatros DI, tornou-se obsoleto. Era impulsionado por um motor Gnome Monosoupape com 100 hp de potência e armado com uma metralhadora Lewis de 7,7 mm. Teve 453 unidades construídas.

AIRCO D.H.4

Foi o primeiro bombardeiro biplano leve britânico, o primeiro a ter armamento defensivo. Voou pela primeira vez em 1916 e entrou na Royal Flying Corps em 1917. Considerado o melhor bombardeiro monomotor da Primeira Guerra, seu projeto lhe permitia, mesmo quando carregado, ter um ótimo desempenho. Foi usado pelo Serviço Aéreo do Exército dos Estados Unidos até os anos 1930. Era impulsionado por um motor a pistão Rolls-Royce Eagle VII, com 375 hp de potência. Estava armado com uma metralhadora Vickers de 7,7 mm sob o motor e duas Lewis de 7,7 mm em suporte flexível na traseira. Carregava 210 kg de bombas. Foram produzidos 1.449 na Grã-Bretanha e 4.846 nos Estados Unidos.

GRÃ-BRETANHA

AIRCO D.H.5

Caça biplano monoposto, projetado para substituir o Airco D.H.2. Entrou em operação na Royal Flying Corps em 1917 e foi um dos primeiros caças britânicos a usar sistemas mais rápidos e confiáveis de sincronismo de disparo de metralhadora através da hélice. Embora tivesse boa manobrabilidade, seu desempenho era inferior a outros caças pela tendência de rapidamente perder altitude em combate, tornando-se impopular. Contudo, a robustez, o bom desempenho em baixa altitude e o bom campo de visão frontal para o piloto, faziam dele um excelente caça para ataque ao solo. Era impulsionado por um motor Le Rhône 9J de nove cilindros, com 110 hp de potência. Era armado com uma metralhadora Vickers de 7,7 mm e carregava 40 kg em bombas. Foram produzidas 552 unidades.

BRISTOL F2 B

Caça bombardeiro biplano e avião de reconhecimento, foi incorporado à Royal Flying Corps em 1916, mas teve um início quase desastroso devido a táticas inadequadas. Depois da correção na visão tática, mostrou-se ágil e capaz de realizar manobras de combate próprias de um caça monoposto, apesar de ser biposto. Teve uma longa carreira no pós-guerra, mantendo-se em uso até 1930. Era motorizado com um Rolls-Royce Falcon III de 12 cilindros, refrigerado a líquido e com 275 hp de potência. Foram construídas 5.329 unidades.

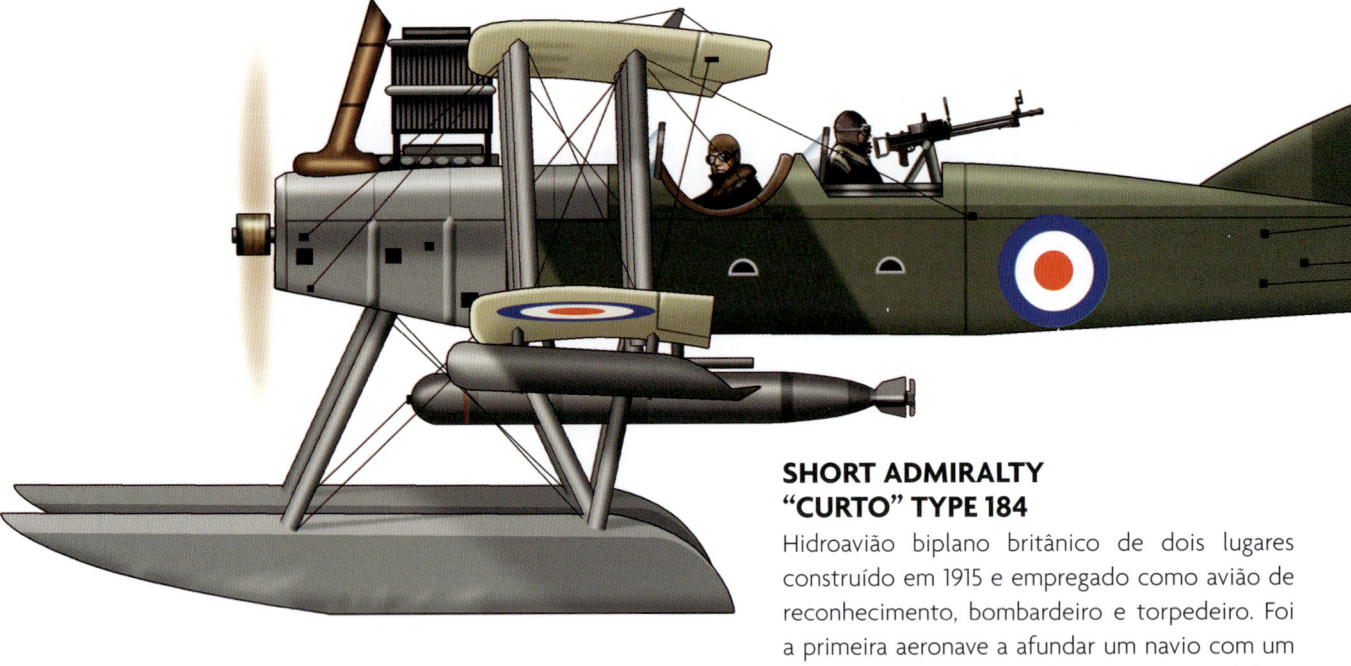

SHORT ADMIRALTY "CURTO" TYPE 184

Hidroavião biplano britânico de dois lugares construído em 1915 e empregado como avião de reconhecimento, bombardeiro e torpedeiro. Foi a primeira aeronave a afundar um navio com um torpedo e a única a participar da batalha naval de Jutland. Suas asas eram dobráveis para embarcar em navios Royal Navy e permaneceu em serviço até depois do armistício. Primeiro, teve um motor Curto Admiralty tipo 166, com 160 hp de potência. Depois, um motor Sunbeam Mohawk com 225 hp de potência. Estava armado com uma metralhadora Lewis de 7,7 mm e podia transportar um torpedo de 356 mm ou 236 kg de bombas. Foram produzidas 936 unidades.

GRÃ-BRETANHA

BRISTOL M1
Caça monoplano de assento único feito de madeira e tecido, tinha asas montadas no ombro da fuselagem. Fez seu voo inicial em 1916 e foi adquirido pelo Ministério da Guerra. No teste oficial teve desempenho incrível: alcançou 206 km/h na subida a 3.000 m em 8min30s. Apesar disso, foi rejeitado para o combate na Frente Ocidental pela velocidade de pouso elevada para os pequenos aeroportos franceses. Era impulsionado por um motor rotativo Le Rhône 9J com 110 hp de potência e armado com uma metralhadora Vickers de 7,7 mm. Já a versão M1C, encomendada em 1917, foi equipada com um novo motor rotativo e uma metralhadora Vickers montada centralmente na fuselagem, à frente do piloto. Foram construídas 130 unidades.

MARTINSYDE G.100 "ELEPHANT"
Caça bombardeiro biplano de assento único produzido em 1915, ganhou o apelido de Elephant por seu tamanho e pela falta de manobrabilidade. Foi projetado como um caça de longo alcance, mas com seu tamanho e peso, foi classificado como bombardeiro diurno. Embora não tenha sido tão popular, foi usado na pela Royal Flying Corps na França e no Oriente Médio e realizou muitas missões bem-sucedidas de bombardeios a longa distância. Tinha um motor Beardmore de seis cilindros e 120 hp de potência. Estava armado com uma metralhadora Lewis de 7,7 mm sob a asa superior e podia transportar até 120 kg de bombas. Foram construídas 270 unidades.

MARTINSYDE RG

Construído como uma variante mais aprimorada do G-100 "Elephant", este caça voou pela primeira vez em 1916. Depois de testes oficiais em 1917, foi submetido a várias modificações. No segundo teste na nova configuração alcançou um desempenho superior a vários modelos da mesma classe. Mesmo assim, a produção do RG acabou descontinuada em favor dos modelos F3 e F4, que eram superiores. Foi equipado com um motor Rolls-Royce Falcon I de 12 cilindros, refrigerado a água e com 190 hp de potência. O armamento compreendia uma metralhadora Vickers de 7,7 mm.

MARTINSYDE F3 E F4 "BUZZARD"

Em 1916, o caça biplano Martinsyde F3 foi desenvolvido e logo 150 unidades foram encomendadas pela Royal Flying Corps. O modelo era motorizado com um Rolls-Royce Falcon de 12 cilindros, o mesmo do Bristol F2, mas a elevada demanda e baixa oferta desse motor fizeram com que os engenheiros buscassem alternativas. Depois das modificações, o Martinsyde F4 "Buzzard" foi apresentado com um motor Hispano-Suiza 8Fb e duas metralhadoras sincronizadas Vickers de 7,7 mm, voando pela primeira vez em 1918. De um pedido de 1.450 unidades, a Royal Flying Corps só recebeu 57 antes do fim da guerra. Mesmo pouco utilizado no *front*, o F4 obteve sucesso e foi vendido para 12 forças aéreas e se manteve em uso até 1939. Foram construídas 370 unidades.

GRÃ-BRETANHA

SOPWITH ONE AND HALF STRUTTER
Caça biplano multitarefas biposto, fez seu primeiro voo em 1915. Equipado com excelente armamento, realizava patrulhamentos de grande incursão no território ocupado pelos alemães. Ao ficar ultrapassado como caça, foi usado para reconhecimento de longo alcance, resistindo até 1918. A L'Aéronautique Militaire foi sua maior usuária, sendo empregado também pela Grã Bretanha, Bélgica, Rússia e Estados Unidos. Tinha um motor giratório Clerget 9B com 130 hp de potência e era armado com uma metralhadora Vickers de disparo sincronizado de 7,7 mm na frente e uma Lewis de 7,7 mm na traseira do *cockpit*. Transportava 60 kg de bombas. Foram construídas 5.939 unidades.

SOPWITH PUP
Caça biplano monoposto, entrou na Royal Flying Corps e no Royal Naval Air Service em 1916. Era um caça leve, tinha voo agradável, boa capacidade de manobra e foi bem-sucedido em combate. A boa área de asa favorecia a taxa de subida e o reforço na instalação dos *ailerons* garantia excelente agilidade. Deixou de ser usado em 1917, quando foi ultrapassado pelos caças alemães. Era impulsionado por um motor rotativo Le Rhône refrigerado a ar e armado com uma metralhadora sincronizada Vickers de 7,7 mm. Foram produzidas 1.170 unidades.

VICKERS FB.19

Caça biplano de combate com assento único, que voou pela primeira vez em 1916. Na Rússia obteve muito sucesso, conseguindo várias vitórias na frente de combate. Depois da Revolução Russa, foi usado pelo Exército do Povo contra os levantes antibolcheviques. Também foi usado para a defesa de Londres até o final de 1917, pela Royal Flying Corps. Tinha um motor rotativo a pistão Gnome Monosoupape, com 100 hp de potência, e era armado com uma metralhadora Vickers de 7,7 mm. Foram construídos 62 FB.19.

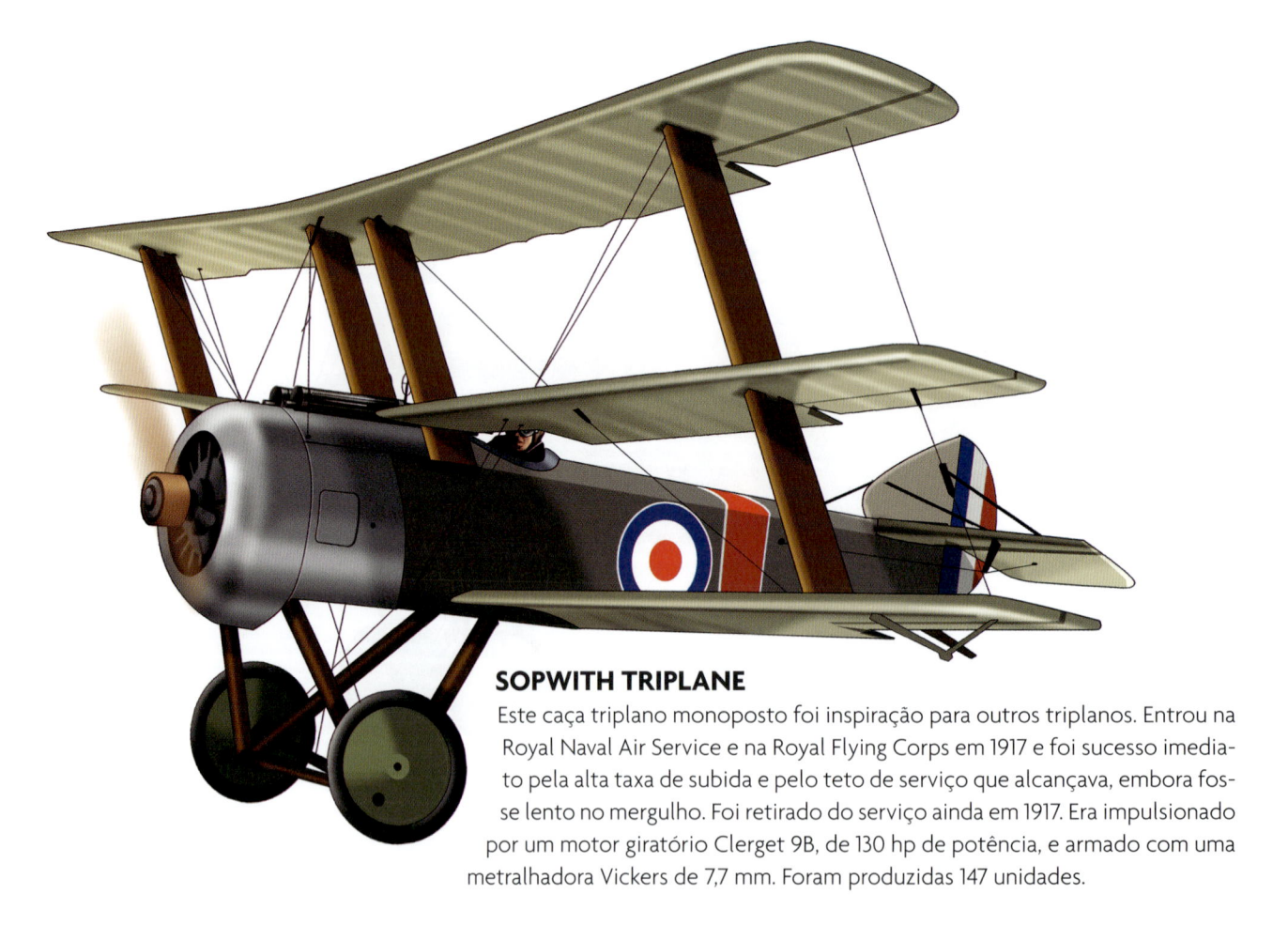

SOPWITH TRIPLANE

Este caça triplano monoposto foi inspiração para outros triplanos. Entrou na Royal Naval Air Service e na Royal Flying Corps em 1917 e foi sucesso imediato pela alta taxa de subida e pelo teto de serviço que alcançava, embora fosse lento no mergulho. Foi retirado do serviço ainda em 1917. Era impulsionado por um motor giratório Clerget 9B, de 130 hp de potência, e armado com uma metralhadora Vickers de 7,7 mm. Foram produzidas 147 unidades.

GRÃ-BRETANHA

SOPWITH CAMEL
Caça biplano monoposto introduzido na Royal Flying Corps em 1917. Com maneabilidade ímpar, tornou-se um caça interceptador superlativo. Abateu 1.294 aviões inimigos – muito mais que qualquer outro caça Aliado. Quando ficou ultrapassado, serviu para ataque ao solo. Era impulsionado por um motor rotativo Clerget 9B de nove cilindros e estava armado com duas metralhadoras sincronizadas Vickers de 7,7 mm. Foram construídas 5.490 unidades.

AIRCO DH.9
Bombardeiro biplano monomotor projetado em 1917, mostrou-se pouco potente e seu desempenho foi um desastre, acarretando consecutivas perdas. Em 1918, dois esquadrões que voavam na Frente Ocidental perderam 54 unidades em combate e outras 94 em acidentes. Foi bem-sucedido no ataque contra os turcos no Oriente Médio. Era impulsionado por um motor Armstrong Siddeley Puma, com 230 hp de potência, e armado com uma metralhadora Vickers de 7,7 mm e uma ou duas metralhadoras Lewis de 7,7 mm em suporte flexível na traseira. Transportava 209 kg de bombas. Foram produzidas 4.091 unidades.

SOPWITH 5F.1 "DOLPHIN"

Caça biplano de assento único, voou pela primeira vez em 1917. Foi incorporado à Royal Flying Corps em 1918 e enviado à Frente Ocidental, onde provou ser formidável. Seu início foi marcado por incidentes em que britânicos e belgas se atacaram, confundindo o Dolphin com um caça alemão. Era popular entre os pilotos por ser uma aeronave rápida, manobrável e fácil de voar. Era motorizado com um Hispano-Suiza 8 B de 200 hp de potência. O armamento consistia em duas metralhadoras Vickers de 7,7 mm e podia carregar até quatro bombas de 11 kg cada. Foram produzidas 2.072 unidades.

VICKERS "VAMPIRE" FB.26

Biplano de assento único que fez seu primeiro voo em 1917. Depois de testes, a Royal Flying Corps fez uma avaliação desfavorável: o desempenho era apenas satisfatório e suas qualidades de manejo, deficientes. Chegou a ser encomendado com modificações, mas o Sopwith Salamander já estava sendo produzido, e o projeto do Vickers foi abandonado. Era impulsionado por um motor Hispano-Suiza 8Er de oito cilindros, refrigerado a água e com 200 hp de potência. Vinha armado por duas metralhadoras Lewis de 7,7 mm.

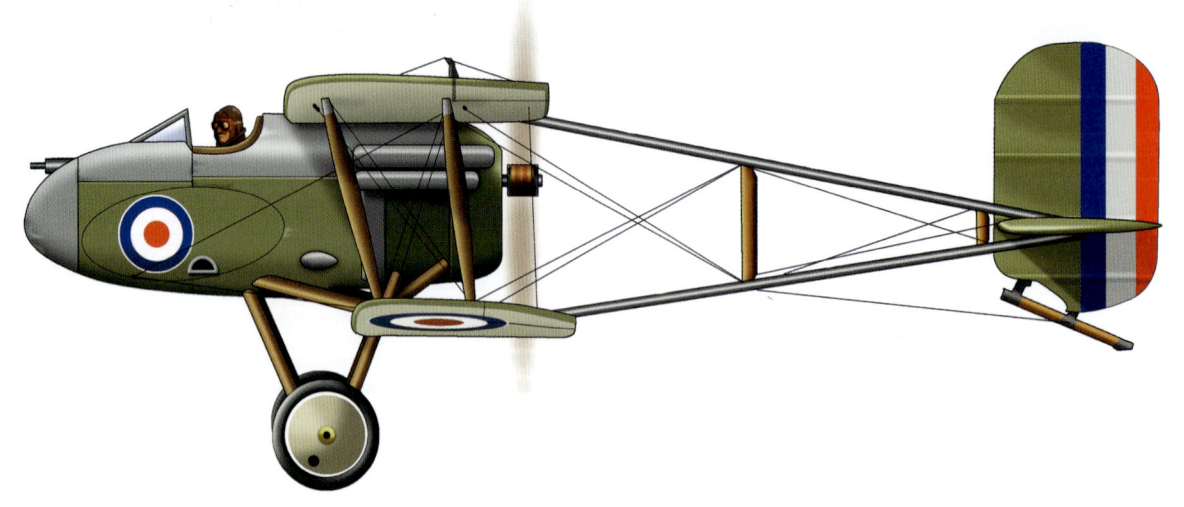

GRÃ-BRETANHA

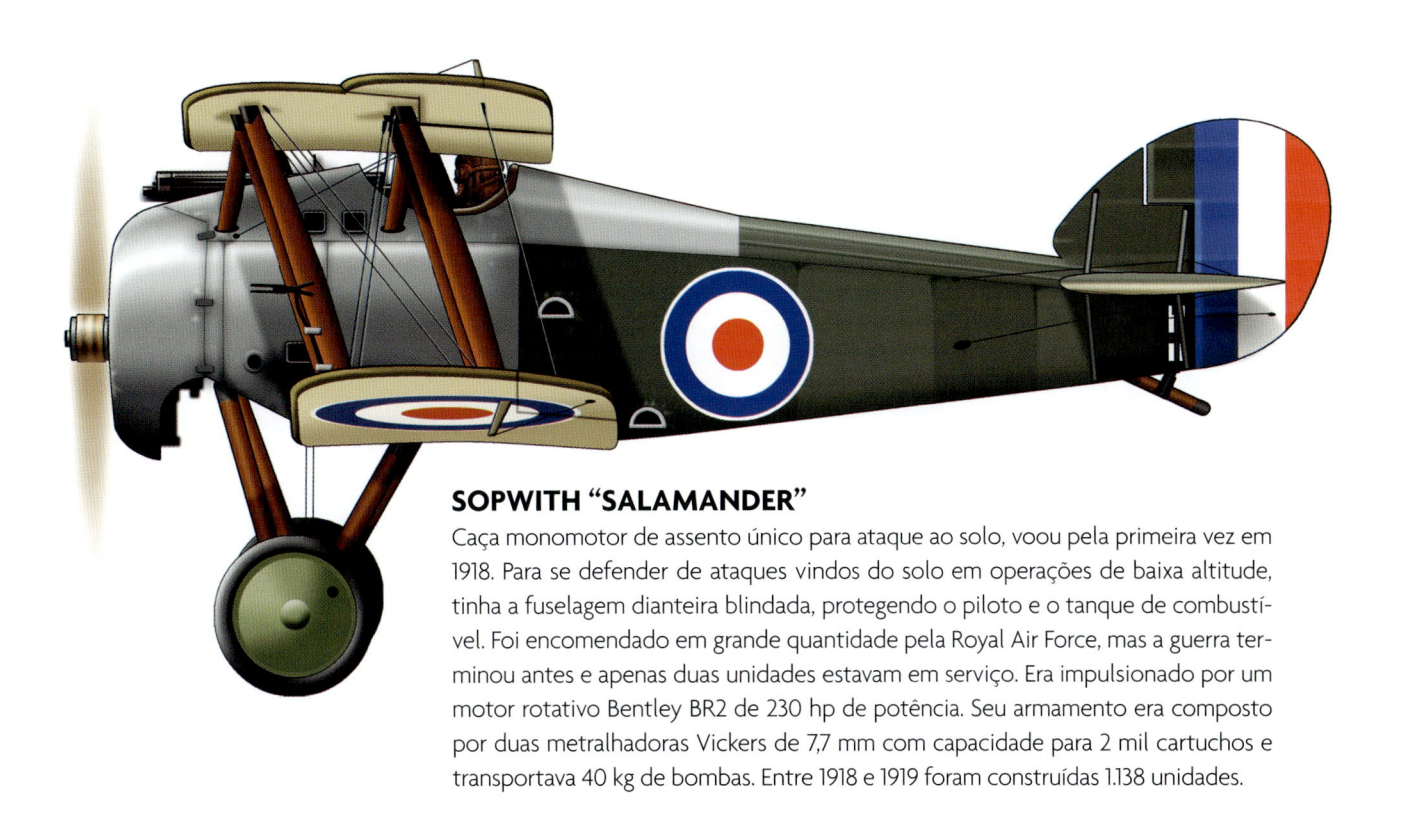

SOPWITH "SALAMANDER"

Caça monomotor de assento único para ataque ao solo, voou pela primeira vez em 1918. Para se defender de ataques vindos do solo em operações de baixa altitude, tinha a fuselagem dianteira blindada, protegendo o piloto e o tanque de combustível. Foi encomendado em grande quantidade pela Royal Air Force, mas a guerra terminou antes e apenas duas unidades estavam em serviço. Era impulsionado por um motor rotativo Bentley BR2 de 230 hp de potência. Seu armamento era composto por duas metralhadoras Vickers de 7,7 mm com capacidade para 2 mil cartuchos e transportava 40 kg de bombas. Entre 1918 e 1919 foram construídas 1.138 unidades.

RAF AUSTIN SE.5A

Caça biplano de assento único, voou pela primeira vez em 1916. Entrou em serviço em 1917, mas fez poucas missões até 1918 por problemas no motor. Em combate, foi apreciado por ser robusto e ter ótima performance. Era impulsionado por um motor Hispano-Suiza 8 ou um Wolseley Viper de 200 hp de potência. Vinha armado com uma metralhadora de tiro frontal Vickers de 7,7 mm e uma Lewis de mesmo calibre montada sobre a asa superior. Transportava quatro bombas de 11 kg cada. Foram fabricadas 5.205 unidades.

SHORT BOMBER

Bombardeiro de longo alcance biplano de dois lugares, fez seu primeiro voo em 1915. Para atender à demanda, sua fabricação foi partilhada por mais quatro fábricas além da Short Brothers. Foi incorporado ao Royal Naval Air Service e à Royal Flying Corps em 1916 e usado como avião de reconhecimento, bombardeiro e torpedeiro. Era impulsionado por um motor Rolls-Royce Águia de 12 cilindros, refrigerado a líquido e com 250 hp de potência. Tinha uma metralhadora Lewis de 7,7 mm como armamento de defesa e podia transportar 508 kg de bombas. Sua produção chegou a 83 unidades.

VICKERS VIMY

Bombardeiro pesado biplano que voou pela primeira vez em 1917. Foi bem-sucedido na Royal Air Force por sua versatilidade, mas poucos tinham sido entregues quando aconteceu o armistício. Após a Primeira Guerra teve sucesso como avião militar e civil, estabelecendo recordes em voos de longa distância. Foi o principal bombardeiro pesado da RAF durante a década de 1920. Era impulsionado por dois motores a pistão Rolls-Royce Águia VIII, com 360 hp de potência cada um. O armamento de defesa era composto de duas metralhadoras Lewis 7,7 mm. Podia transportar 1.123 kg de bombas. Foram produzidas 239 unidades.

GRÃ-BRETANHA

AIRCO DH.9A
Bombardeiro leve monomotor, foi projetado em 1918 e era uma versão melhorada do malsucedido bombardeiro Airco DH.9 – sua estrutura foi reforçada e vinha com um motor mais potente que o do antecessor. Entrou em serviço em 1918, em missões de bombardeio estratégico. Apesar do desempenho superior comparado ao antecessor, sofreu perdas elevadas durante as missões de bombardeio de longo alcance sobre o território alemão. Perto do fim da guerra passou a voar em missões de patrulha costeira. Era motorizado com um Liberty 12A de 12 cilindros e 400 hp de potência. O armamento era composto por uma metralhadora Lewis de 7,7 mm fixa com disparo frontal e duas em suporte flexível na traseira do *cockpit*. Transportava 336 kg de bombas e sua produção chegou a 1.997 unidades.

HANDLEY PAGE O/100/400
Bombardeiro biplano pesado que fez seu primeiro voo em 1915. Na época, foi o maior avião construído no Reino Unido e um dos maiores do mundo. Os primeiros O/100 enviados para a França foram recebidos pelos esquadrões do Royal Naval Air Service no final de 1916. O O/400, uma versão melhorada do O/100, entrou em serviço em 1918, permitindo o reequipamento de esquadrões e apoiando as forças terrestres na Frente Ocidental. Os O/400 serviram em praticamente todos os teatros de operação da Primeira Guerra. Eram motorizados com dois Rolls-Royce Águia VIII, com 360 hp de potência cada, e armados com cinco metralhadoras Lewis de 7,7 mm em escotilhas no nariz, no dorso e no ventre. Transportava 907 kg de bombas.

AIRCO D.H.10 "AMIENS"

Bombardeiro bimotor biplano médio projetado e usado perto do fim da Primeira Guerra. Voou pela primeira vez em março de 1918 e em novembro foi entregue à Royal Air Force. Fez uma única missão de bombardeio antes do armistício. Depois da guerra, o D.H.10 passou a fazer serviço de correio para o Exército Britânico de Ocupação no Reno e foi enviado para a Índia, dando suporte e garantia à fronteira noroeste da Índia Britânica, sendo usado em operações de bombardeio na Terceira Guerra Anglo-Afegã. Era impulsionado por dois motores Liberty 12A com 400 hp de potência cada um. O armamento era composto por duas metralhadoras de 7,7 mm. Transportava até 417 kg de bombas. Foram produzidas 258 unidades.

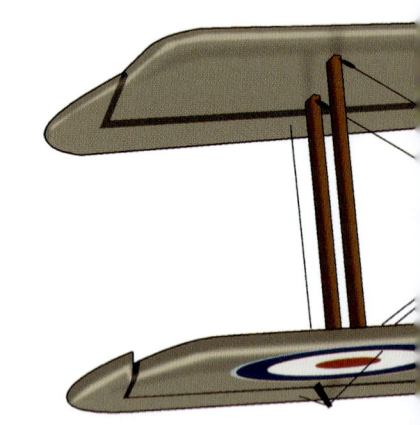

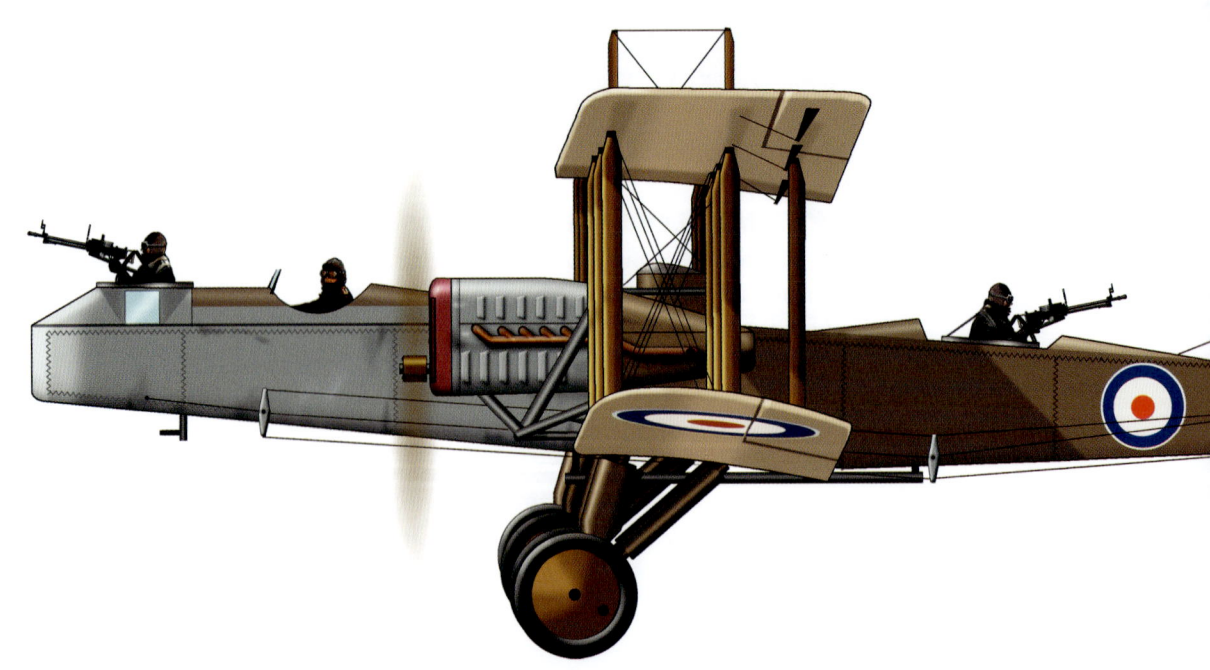

GRÃ-BRETANHA

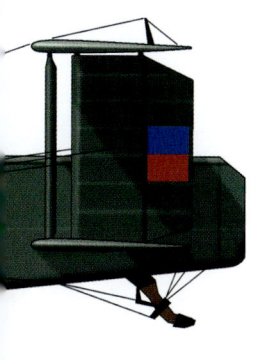

HANDLEY PAGE V/1500
Bombardeiro quadrimotor pesado para voos noturnos incorporado à Royal Air Force em 1918. Em outubro, três aviões decolariam à noite para bombardear Berlim, voar até Praga, reabastecer e, no retorno, bombardear Düsseldorf, mas ao se preparem para decolar, a missão foi suspensa com o armistício. O fim da guerra diminuiu sua produção e, depois dela, uma única aeronave fez o primeiro voo entre a Inglaterra e a Índia e depois bombardeou Cabul na Terceira Guerra Anglo-Afegã. Tinha quatro motores a pistão Rolls-Royce Águia VIII de 12 cilindros, refrigerados a água e com 375 hp de potência cada. Era armado com três metralhadoras Lewis de 7,7 mm no nariz, no dorso e na cauda e transportava 3.400 kg de bombas. Foram produzidas 63 unidades.

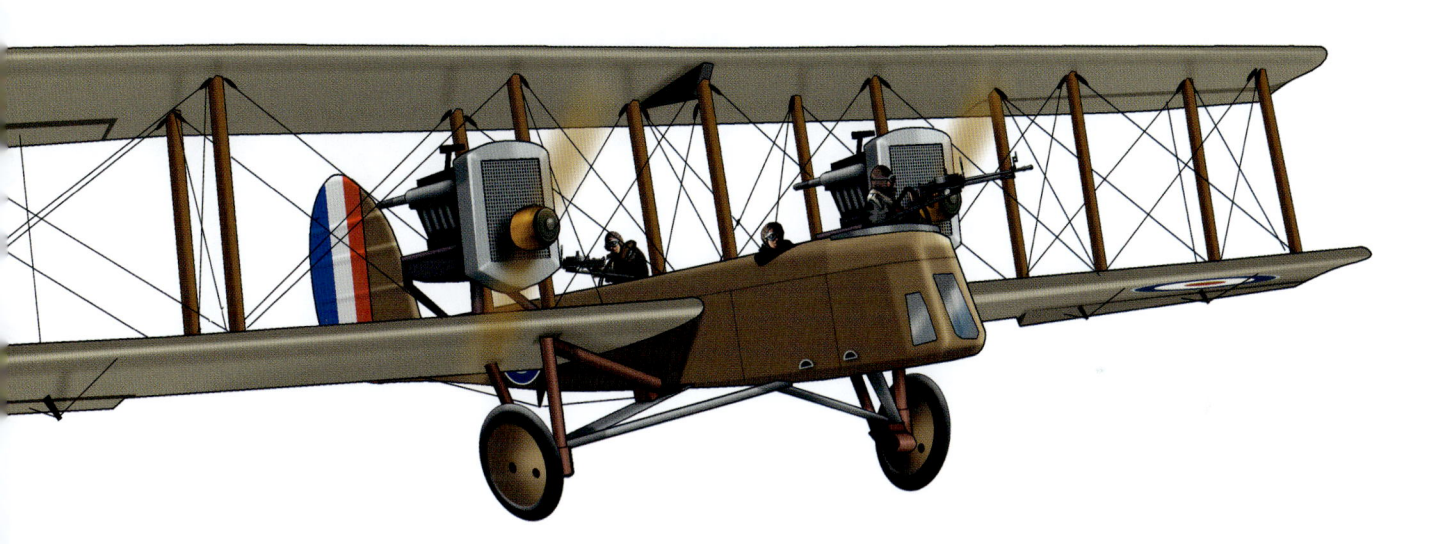

BLACKBURN R.T.1 "KANGAROO"
Biplano pesado, atuou como avião de reconhecimento, bombardeiro e torpedeiro. Voou pela primeira vez em 1918 e seus resultados foram decepcionantes pela fuselagem traseira tender a entortar, afetando o controle. Teve missões de patrulha e bombardeio nos últimos seis meses da guerra, quando afundou um U-Boat e danificou outros quatro. Continuou em atividade até 1929. Era impulsionado por dois motores Rolls-Royce Falcon II de 12 cilindros e com 250 hp de potência cada. Era armado com duas metralhadoras Lewis de 7,7 mm e transportava 417 kg de bombas.

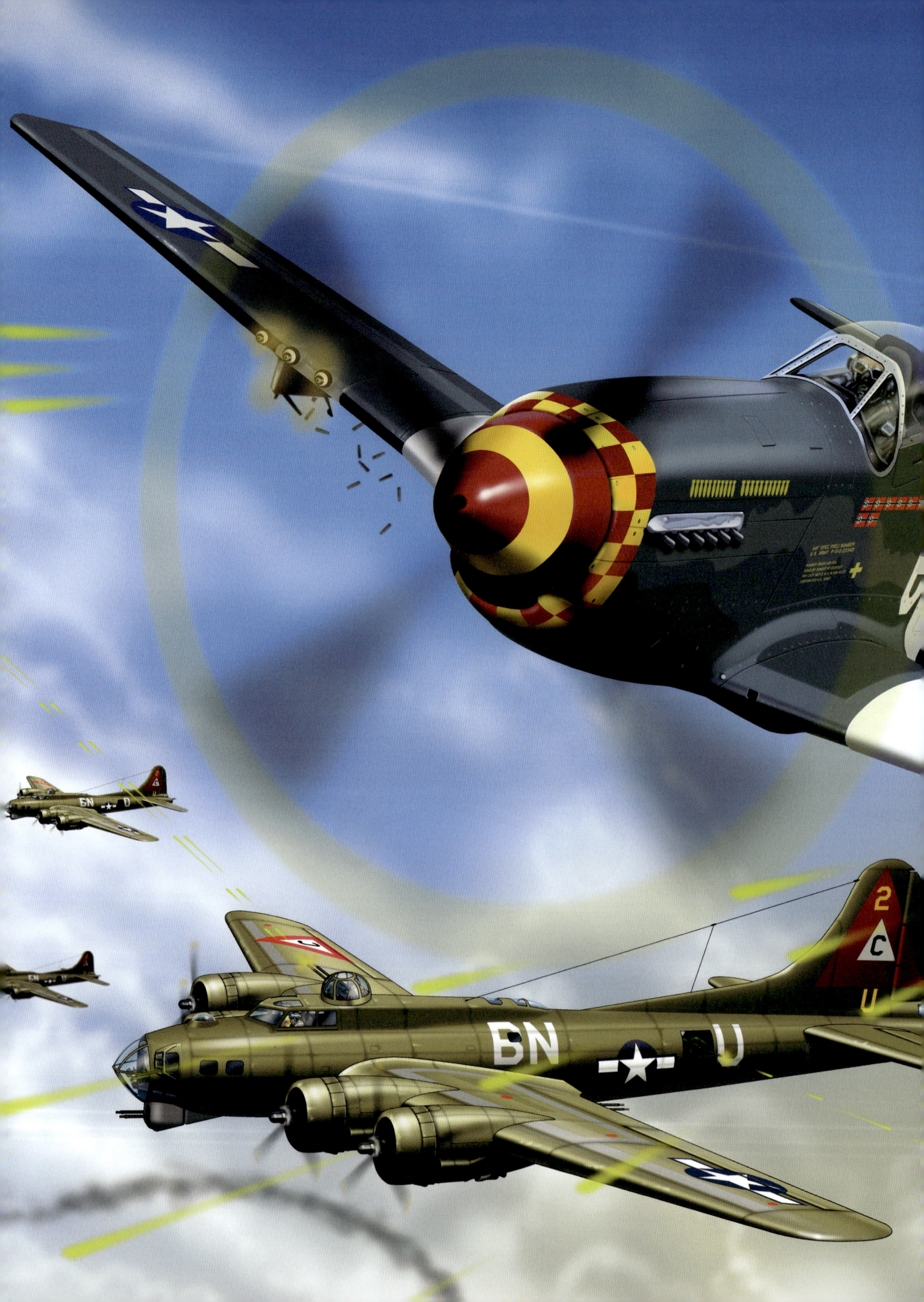
BN U
2
C
U

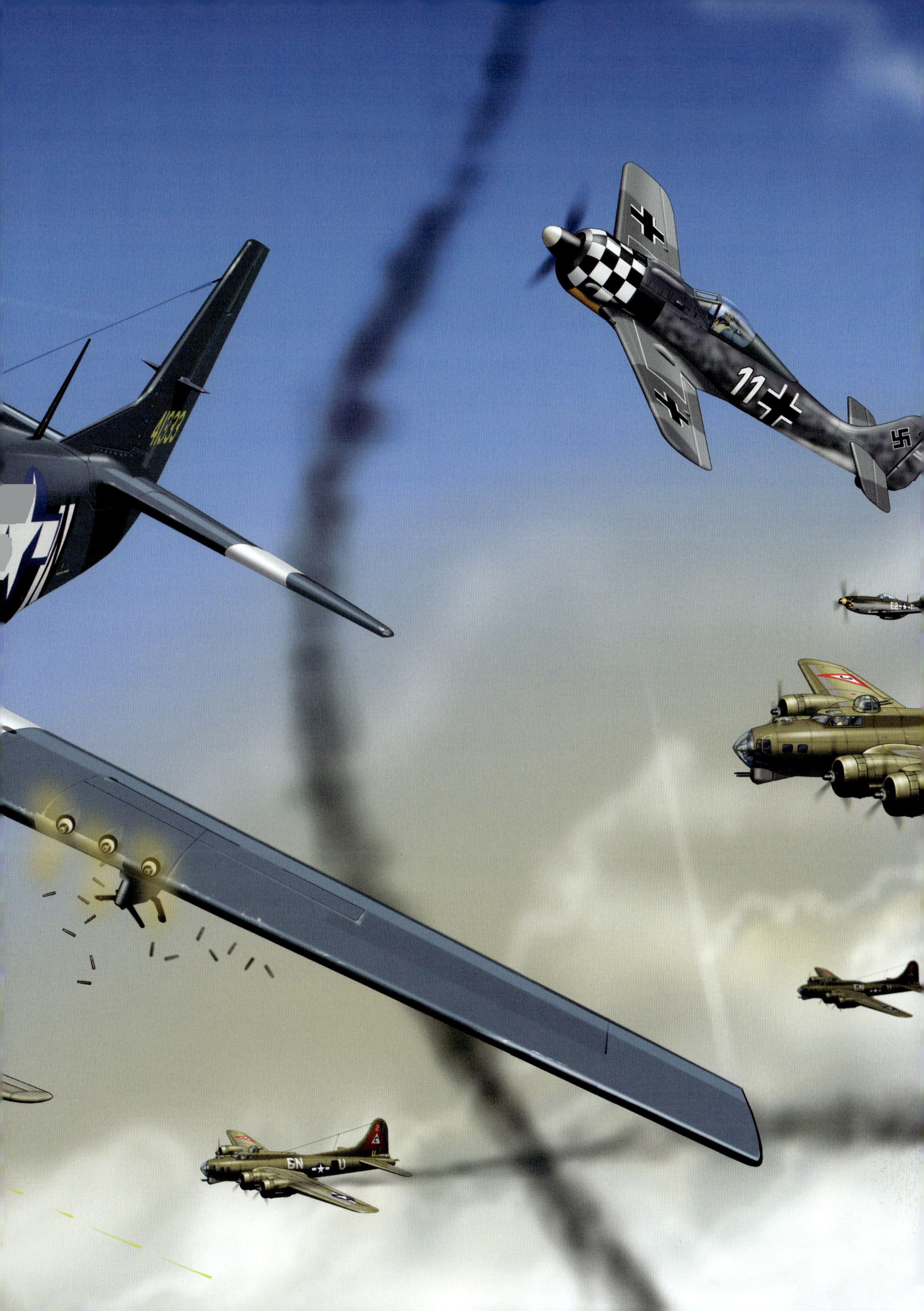

AVIÕES DE COMBATE DA SEGUNDA GUERRA MUNDIAL – 1939 A 1945

A Era de Ouro da Aviação, o período entreguerras, foi marcado por aviadores que impressionaram o mundo com seus feitos e habilidades com recordes em distância e velocidade. Na aeronáutica, avanços importantes ocorreram: o alumínio substituiu a madeira e o tecido, os motores ganharam aumento de potência e as comunicações por rádio se desenvolveram. Com isso, novas companhias e rotas aéreas surgiram e a aviação entrou em expansão.

Com a quebra da bolsa de Nova York, em 1929, centenas de empresas ruíram e milhões de trabalhadores ficaram desempregados. Essa conturbação econômica e social mundial desacreditou governos democráticos e abriu portas para regimes nacionalistas e ditatoriais.

Benito Mussolini implantou o fascismo na Itália, e Adolf Hitler, o nazismo na Alemanha. Na Espanha, Francisco Franco deflagrou um levante contra o governo socialista, acarretando a Guerra Civil Espanhola (1936-1939). Alemanha e Itália apoiaram Franco e forneceram material bélico, pilotos e aviões, testando suas aeronaves em combate real.

Alguns países, receosos das intenções da Alemanha, começaram a produzir novos aviões para se defender de um ataque. Outros apostaram na diplomacia ou que os tratados de paz seriam respeitados por Hitler. Em 1939, porém, a Alemanha invadiu a Polônia, provocando a Segunda Guerra Mundial.

Envolvendo quase todas as nações do mundo, os países divididos entre Eixo e Aliados colocaram toda sua capacidade econômica, industrial, civil e científica no esforço de guerra e empenharam mais de 100 milhões de militares. O período foi caracterizado pelo crescimento da produção de aviões em larga escala e desenvolvimento da comunicação por rádio, do radar e da tecnologia de metais para a aviação.

A guerra deixou um enorme rastro de devastação, provocando a maior letalidade da história, com mais de 70 milhões de mortes. Contudo, a alteração do alinhamento político e da estrutura social mundial levou à criação da Organização das Nações Unidas (ONU) para estimular a cooperação global e evitar conflitos como a Segunda Guerra. Na aviação, os avanços foram importantes para nortear os rumos do desenvolvimento tecnológico na construção aeronáutica, melhorando a performance e a segurança dos aviões.

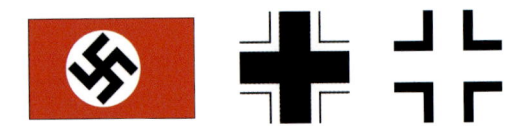

HEINKEL HE 112
Aeronave de combate, voou pela primeira vez em 1935. Foi um dos quatro aviões projetados para a licitação "Caça 1933", realizada para a substituição dos caças biplanos da Luftwaffe e que foi vencida pela Messerschmitt com o Bf 109/Me 109. Mesmo assim, 104 unidades foram construídas, sendo utilizadas pela Luftwaffe e, depois, vendidas para Espanha, Hungria, Romênia e Japão. Tinha um motor Junkers Jumo 210 Ga, com 700 hp de potência, e era armado com duas metralhadoras MG de 7,92 mm nas laterais do capô do motor e dois canhões MG FF de 20 mm nas asas.

MESSERSCHMITT BF 109/ME 109
O Me 109 venceu a concorrência para a substituição de caças biplanos da Luftwaffe e voou pela primeira vez em 1935. Combateu na Guerra Civil Espanhola, em 1937, comprovando suas qualidades. Outros países o adquiriram, entre eles Finlândia, Croácia, Romênia, Hungria e Suíça. Depois da Segunda Guerra, também serviu na Força Aérea Israelense nos primeiros embates contra os árabes. Foi uma das aeronaves mais produzidas na história da aviação, com 33 mil unidades. Com o Me 109, o alemão Erich Hartmann conseguiu o maior número de vitórias da guerra: 352.

ALEMANHA

MESSERSCHMITT BF 110
Caça bimotor pesado desenvolvido em 1930, era impulsionado por dois motores Daimler-Benz DB 601 B-1 refrigerados a líquido, com 1.085 hp de potência cada. Era armado poderosamente com dois canhões de 20 mm, quatro metralhadoras MG 15 de 7,92 mm no nariz e uma na traseira da cabine. Foi empregado pela primeira vez na Guerra Civil Espanhola e, com diversas versões, inclusive com radar para ataque noturno, esteve em uso em todas as frentes da Luftwaffe até o fim da guerra. Foram produzidas 6.170 unidades.

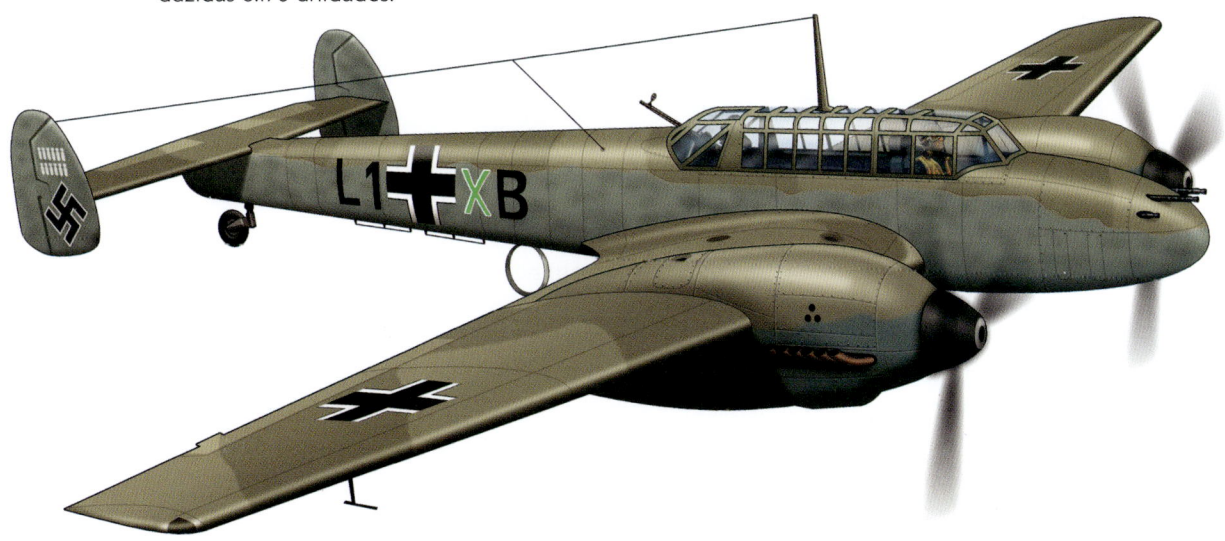

FOCKE-WULF FW 190
Caça multifunções de asa baixa, entrou em serviço na Luftwaffe em 1941. Era motorizado com um BMW 801 C-0 ou com um C-1 1560 PS. Seu armamento era composto de quarto metralhadoras MG 17 de 7,92 mm, embutidas na parte superior da fuselagem e nas asas. Ao lado do Messerschmitt Bf 109, foi um dos principais caças da Luftwaffe durante a Segunda Guerra, lutando em todos os teatros de operação nos quais ela atuou. Desempenhou o papel de caça com superioridade aérea, escolta e interceptação, bem como caça bombardeiro no apoio próximo às unidades em terra. Foram construídas 10.600 unidades.

FOCKE-WULF FW 189

Avião bimotor de reconhecimento aéreo noturno, apoio e caça bombardeiro leve, construído para substituir os antigos biplanos de reconhecimento da Luftwaffe. Tinha uma cabine central envidraçada que dava visão total e facilitava as missões de reconhecimento. Era impulsionado por dois motores Argus As 410, com 465 hp de potência cada, e era armado com duas metralhadoras MG 17 de 7,92 mm e uma MG 15 de 7,92 mm. Transportava 200 kg de bombas. Foram fabricadas 864 unidades, que operaram durante todo o conflito.

HEINKEL HE 219 UHU (CORUJA)

Caça bimotor projetado para defesa noturna que contava com importantes inovações – foi o primeiro caça operacional a ser equipado com assentos ejetáveis, o primeiro caça alemão da Segunda Guerra a ter um trem de pouso triciclo, além de ter um avançado radar de interceptação Lichtenstein SN-2. Entrou em serviço na Luftwaffe em 1943 e era um excelente caçador de bombardeiros. Tinha dois motores Daimler-Benz DB 603 refrigerados a líquido e seu armamento era composto por seis canhões MG 151 de 20 mm (quatro embutidos dentro de uma carenagem destacável sob a fuselagem e dois na raiz das asas) e dois canhões automáticos MK 108 de 30 mm. Foram construídos até o final da guerra apenas 294 He 219, de todos os modelos.

ALEMANHA

MESSERSCHMITT ME 410

Derivado do projeto do Me 210, de 1939, o Me 410 entrou em serviço em 1943 e a principal mudança neste modelo foi a introdução de motores Daimler-Benz 603 DB, mais potentes. A capacidade de carga também foi aumentada com maior compartimento de bombas sob a fuselagem, chegando a transportar quatro casulos com 21 foguetes não guiados sob as asas e até 1.000 kg em bombas. Seu armamento era composto por duas metralhadoras MG 17 de 7,92 mm e dois canhões MG 151 de 20 mm localizados na frente e duas metralhadoras MG 131 operadas remotamente para trás instaladas em torretas laterais na fuselagem. Foram produzidas 1.189 unidades.

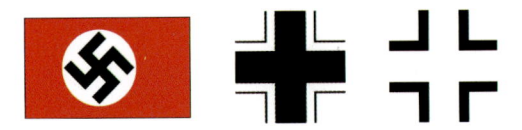

FOCKE-WULF FW TA 152

Caça interceptor considerado um dos melhores da Segunda Guerra, o Ta 152 foi um aprimoramento do Fw 190, projetado em três versões: Ta 152H, para combates a grande altitude (os primeiros entraram em combate pela Luftwaffe em 1945); Ta 152C, para combates a média altitude; e Ta 152E, para ataque ao solo. O projeto atendia à demanda da Luftwaffe por caças para combates em grande altitude e para enfrentar as formações de bombardeiros pesados. Mesmo com excelente desempenho, por falta de matéria-prima e de combustível, apenas 43 unidades ficaram prontas.

HENSCHEL HS 129

Caça de ataque ao solo desenvolvido em 1939, sua principal função era atacar carros de combate e tropas mecanizadas. Para isso, recebeu pesada blindagem e um poderoso armamento. Contudo, a motorização deixou a desejar, prejudicando seu desempenho operacional. Tinha dois motores radiais Gnome-Rhône 14M 04-05 de 14 cilindros, com 690 hp de potência cada, e era armado com duas metralhadoras MG 17 de 7,92 mm e dois canhões MG 151 de 20 mm. Transportava duas bombas de 50 kg ou 48 bombas de fragmentação. Foram construídas 865 unidades entre 1942 e 1944.

ALEMANHA

HEINKEL HE 280 V3
Inspirado nas pesquisas de Ernst Heinkel sobre alta velocidade, foi o primeiro caça turbojato do mundo e voou pela primeira vez em 1940. Apesar do design avançado, fatores técnicos e políticos fizeram com que fosse preterido em favor do Me 262. Assim, o Ministério da Aeronáutica do Terceiro Reich decidiu abandonar o projeto. Era impulsionado por dois turbojatos Heinkel He com cerca de 2.200 hp de empuxo cada, e armado com três canhões MG 151 de 20 mm. Apenas nove exemplares foram produzidos.

MESSERSCHMITT ME 262 "SCHWALBE"
Foi o primeiro caça a jato a entrar em operação e o mais rápido da guerra. Seu projeto foi iniciado antes da Segunda Guerra, mas teve seu desenvolvimento atrasado. Estava anos à frente em termos de projeto e desempenho, mas por não ter recebido a devida prioridade pela Luftwaffe e pela interferência de Hitler (que queria usá-lo como bombardeiro leve), só em 1944 foi utilizado em sua real função de interceptador. Era impulsionado por dois motores turbojatos Junkers Jumo 004B-1, que alcançavam 870 km/h. Fortemente armado com quatro canhões MK 108 de 30 mm, transportava duas bombas de 250 kg e 24 foguetes R4M de 55 mm. Foram construídas 1.430 unidades.

MESSERSCHMITT ME 163 "KOMET"

Avião-foguete concebido como interceptador sem cauda, entrou em operação em 1944 para combater bombardeiros. Tinha um motor de foguete Walter HWK 109-509A-2 que lhe permitia chegar a 959 km/h, mas o combustível era altamente reativo e causou uma série de acidentes. Para evitá-los, uma operação especial era feita a cada abastecimento. O Komet alcançava rapidamente velocidade e altitude espantosas para o ataque, mas sua autonomia (de cerca de oito minutos) era muito pequena. Por isso, após a investida, voltava em voo planado, momento em que se tornava alvo fácil. Seu pesado armamento podia abater um B-17 com apenas três disparos, mas sua elevada velocidade de aproximação dificultava a operação. Vinha armado com dois canhões Rheinmetall Borsig MK 108 de 30 mm. Foram construídas 370 unidades.

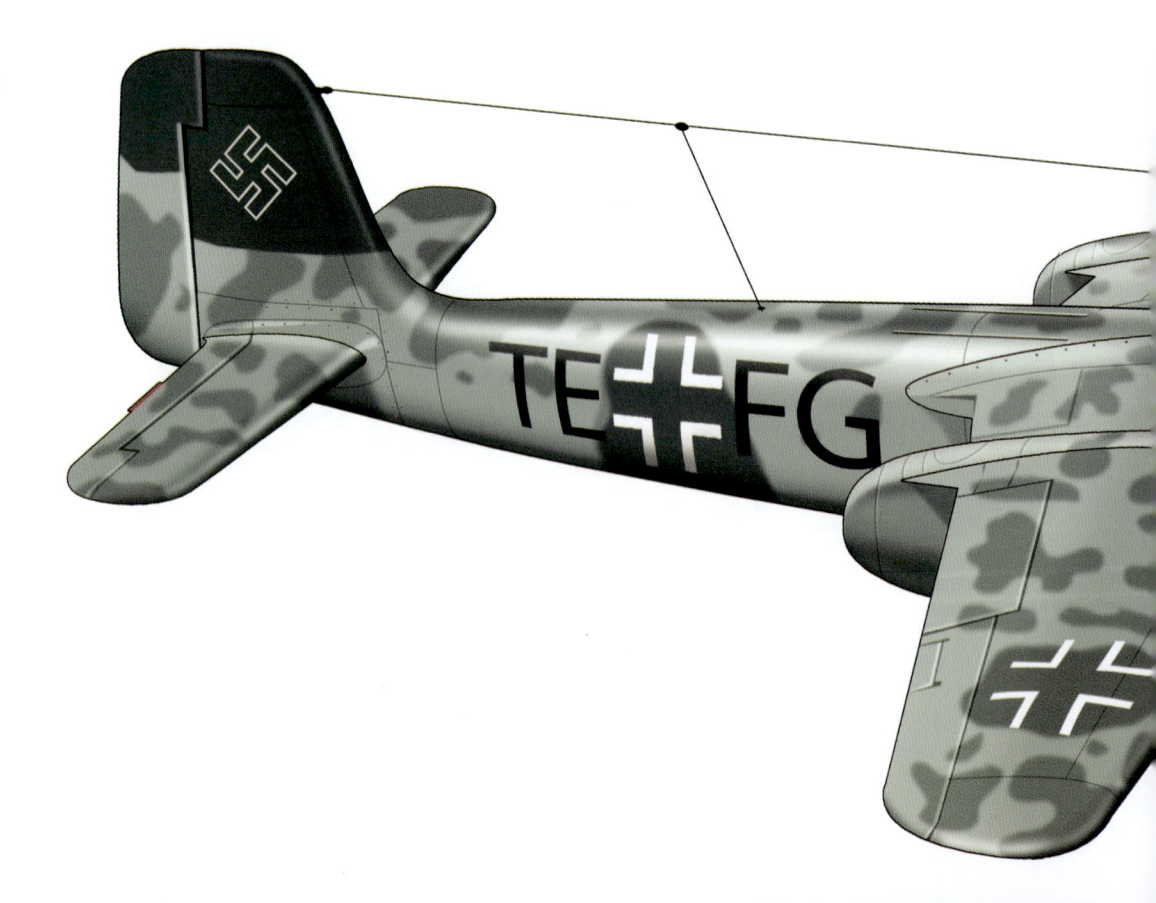

ALEMANHA

HEINKEL HE 162 "VOLKSJÄGER"
Caça monoposto a jato projetado em 1944. Fazia parte de um programa da Luftwaffe e do Partido Nazista para ter caças baratos, simples, com pouca matéria-prima e impulsionados por uma turbina a jato para fazer frente aos caças Aliados. Tinha um design único, com a ponta das asas viradas para baixo e o motor a jato sobre a fuselagem para facilitar a tomada de ar e a saída dos gases. Equipado com um assento ejetável, já que no método tradicional de abandono do avião o piloto poderia ser sugado para dentro do motor. Era impulsionado por um turbojato BMW 003A-1 e armado com dois canhões Rheinmetall MK108 de 30 mm ou Mauser MG 151 de 20 mm. Foram construídas 170 unidades.

FOCKE-WULF TA 154 "MOSKITO"
Caça bimotor de alta velocidade para uso noturno. Projetado em 1943 por Kurt Tanque, foi produzido por Focke-Wulf no fim da guerra. Apenas algumas unidades foram produzidas por falta de recursos, mas, ao entrar em combate, os caças não alcançaram o mesmo desempenho dos protótipos. Tinha dois motores Junkers Jumo 211N de 12 cilindros, refrigerados a líquido e 1.066 hp de potência cada. Vinha armado com dois canhões MG 151 de 20 mm e dois canhões MK 108 de 30 mm. No total, apenas cinquenta foram construídos.

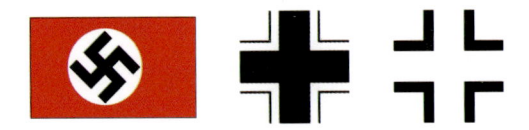

DORNIER DO 335

Apelidado de Pfeil ("Flecha") ou Ameisenbär ("Tamanduá", por seu longo "nariz") foi um caça usado pela Luftwaffe no fim da guerra. Voou pela primeira vez em 1943 e surpreendeu por sua velocidade e capacidade de manobra. Tinha dois Daimler-Benz DB603E de 12 cilindros, o motor a pistão mais veloz já fabricado, dispostos na fuselagem, invertidos e independentes. Vinha armado com dois canhões de 30 mm ou dois de 20 mm e carregava 500 kg de bombas. Foram construídas noventa unidades, mas apenas vinte foram entregues a tempo.

JUNKERS JU 87 "STUKA"

Caça biposto em tandem (piloto e artilheiro na traseira) para bombardeio e ataque ao solo, símbolo do poder aéreo alemão. Tinha asas de gaivota, trem de pouso fixo e sirenes que eram acionadas no mergulho para despejar as bombas. Estreou em 1936, na Guerra Civil Espanhola. Era impulsionado por um motor Junkers Jumo 211D de 1.184 hp de potência e era armado com duas metralhadoras MG 17 de 7,92 mm nas asas e uma metralhadora MG 15 de 7,92 mm na parte traseira da cabine. Carregava uma bomba de 250 kg debaixo da fuselagem e quatro bombas de 50 kg nas asas. Estima-se que cerca de 6.500 foram construídos entre 1936 e 1944.

ALEMANHA

GOTHA GO 229 OU HORTEN HO 229

Avião experimental do fim da Segunda Guerra, apresentava design revolucionário. Seu primeiro voo, em 1945, demonstrou excelentes características aerodinâmicas, mas chegou tarde para ser produzido e integrado à Luftwaffe. Tinha dois motores a reação Junkers Jumo 004B que alcançavam 977 km/h. Vinha armado com dois canhões MK 108 de 20 mm e transportava duas bombas de 500 kg cada. No fim do conflito, os Ho 229 que estavam na fábrica foram capturados e enviados para os Estados Unidos para estudos.

HENSCHEL HS 123

Bombardeiro de mergulho e ataque ao solo desenvolvido em 1935, foi operado pela Legião Condor na Guerra Civil Espanhola e participou ativamente na Segunda Guerra, provando ser robusto, durável e eficaz em condições severas. Manteve-se em serviço na Luftwaffe até 1944 e também foi usado pela China nacionalista e pela Espanha. Era impulsionado por um motor BMW 132 Dc de nove cilindros e vinha armado com duas metralhadoras MG 17 de 7,92 mm. Carregava quatro bombas de 50 kg ou uma de 250 kg. Entre 1935 e 1938 foram produzidas cerca de 250 unidades.

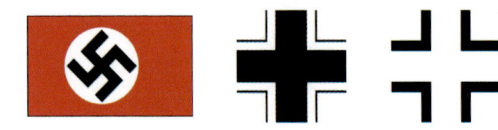

DORNIER DO 215

Bombardeiro leve, fez seu primeiro voo em 1938. Assim que incorporado pela Luftwaffe em 1939, passou a ser usado em missões de reconhecimento aéreo e mais tarde como caça noturno. Herdou de seu antecessor, o Dornier Do 17, o título de Lápis Voador por causa de sua fuselagem estreita e também foi usado pela Força Aérea Húngara durante a Segunda Guerra. Tinha dois motores em linha Daimler-Benz DB 601 Ba com 12 cilindros e 159 hp de potência cada. Seu armamento consistia em seis metralhadoras MG 15 de 7,92 mm e transportava até 1.000 kg de bombas. Foram construídas 105 unidades.

JUNKERS JU 88

Bombardeiro médio bimotor multifunções, foi usado também como bombardeiro de mergulho, caça noturno, torpedeiro, avião de reconhecimento, caça pesado e até como bomba voadora. Ao entrar na Luftwaffe, tornou-se um dos mais versáteis aviões de combate. Foi adotado também pela Bulgária, Finlândia, Hungria, Espanha, Itália e Romênia. Tinha dois motores Junkers Jumo 211 J de 1.420 hp de potência cada. O armamento era composto de cinco metralhadoras MG 81J de 7,92 mm e transportava até 1.400 kg de bombas. Foram produzidas mais de 16 mil unidades com dezenas de variações entre 1936 e 1945.

ALEMANHA

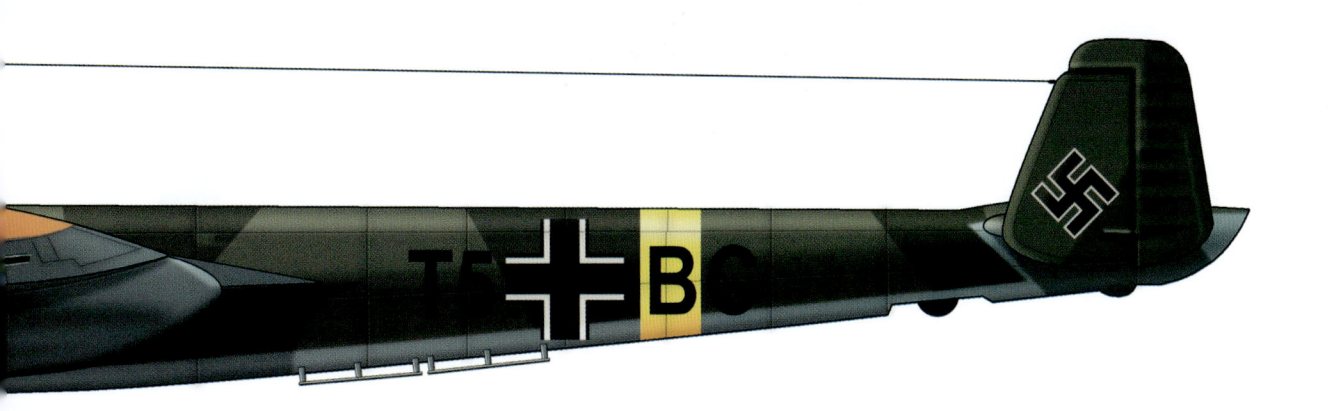

JUNKERS JU 86 E-1

Bombardeiro monoplano criado na década de 1930 para a Luftwaffe, inicialmente usado para transporte de passageiros. Teve muito sucesso na Guerra Civil Espanhola, mas era vulnerável ao ataque dos caças biplanos. Na Segunda Guerra participou da invasão da Polônia. Algumas unidades foram modificadas para a versão Ju 86P e usadas para bombardeios de grande altitude e reconhecimento aéreo. Também foi empregado pela Suécia, Espanha, Portugal, Áustria, Romênia e Hungria. Tinha dois motores a diesel Junkers Jumo 207 B-3/V com 1.000 hp de potência cada. Vinha armado com três metralhadoras MG 15 de 7,92 mm e transportava 1.000 kg de bombas.

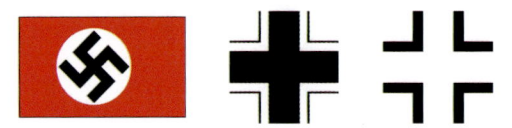

DORNIER DO 17

Bombardeiro médio projetado em 1933, entrou em serviço na Luftwaffe em 1937 e, por sua fuselagem estreita, ficou conhecido como Lápis Voador. Foi empregado em combate pela primeira vez na Guerra Civil Espanhola. O Do 17 foi um dos principais bombardeiros da Luftwaffe nos três primeiros anos da Segunda Guerra e participou ativamente da Batalha da Inglaterra, mas, devido às grandes perdas diante dos caças Aliados, foi relegado a funções secundárias. Tinha dois motores radiais Bramo Fafnir 323P de nove cilindros, com 1.000 hp de potência cada. Vinha armado com seis metralhadoras MG 42 de 7,92 mm e transportava 1.000 kg de bombas.

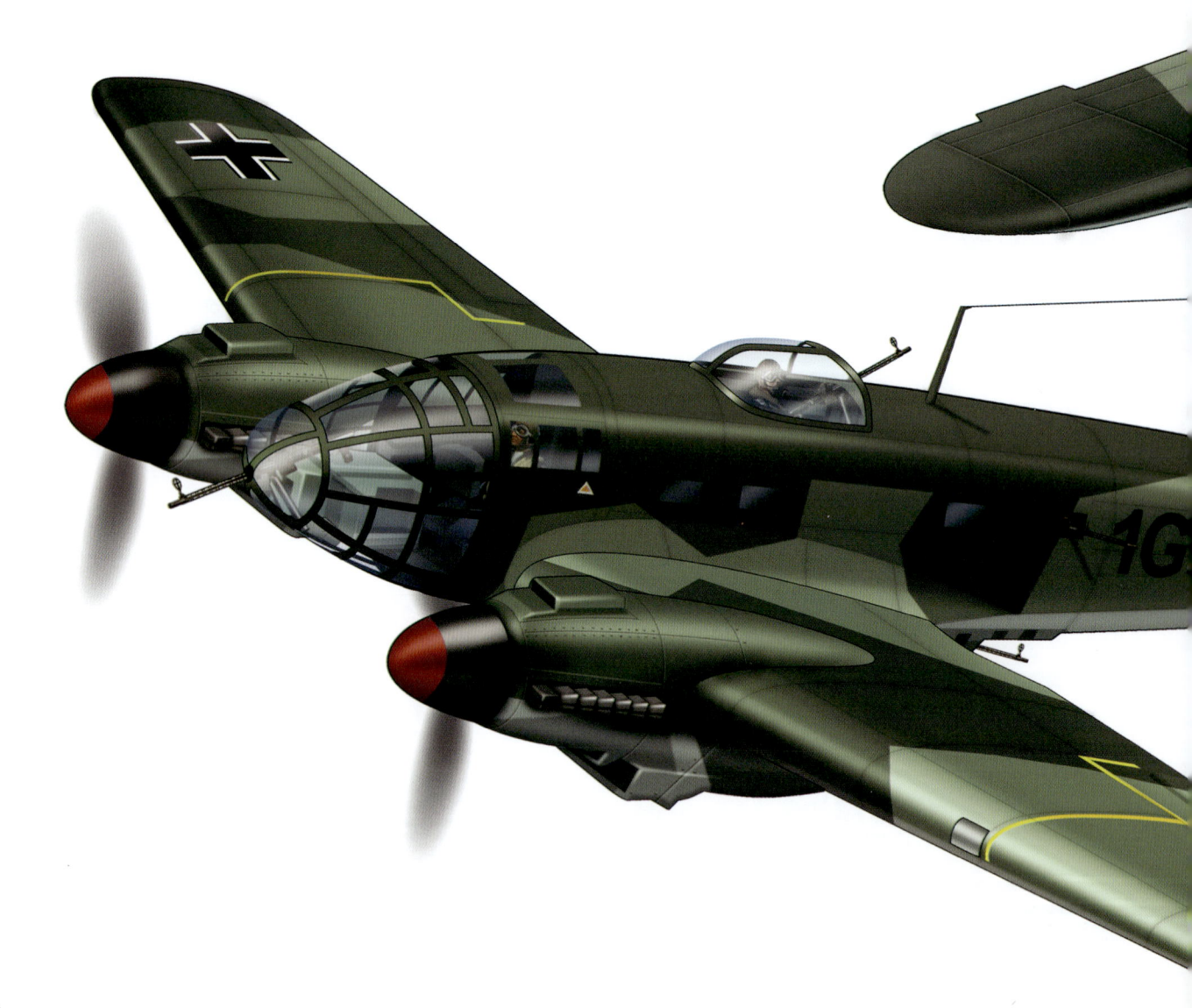

ALEMANHA

HEINKEL HE 111

Bombardeiro médio bimotor, foi inicialmente projetado para transporte de passageiros e correio aéreo ligeiro. Na época era tendência alemã projetar aviões para uso civil, prevendo alterações fáceis que permitissem o uso militar. Seu primeiro voo ocorreu em 1935, alcançando um recorde mundial de velocidade. Seu batismo de fogo se deu na Legião Condor, combatendo na Guerra Civil Espanhola, em 1936. Era impulsionado por dois motores Junkers Jumo 211D de 1.200 hp de potência cada. Seu armamento de defesa era composto de cinco metralhadoras Rheinmetall MG 15 de 7,92 mm e podia carregar 2.000 kg de bombas.

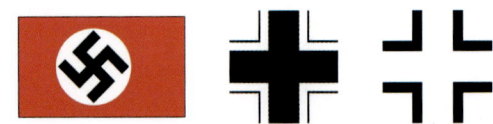

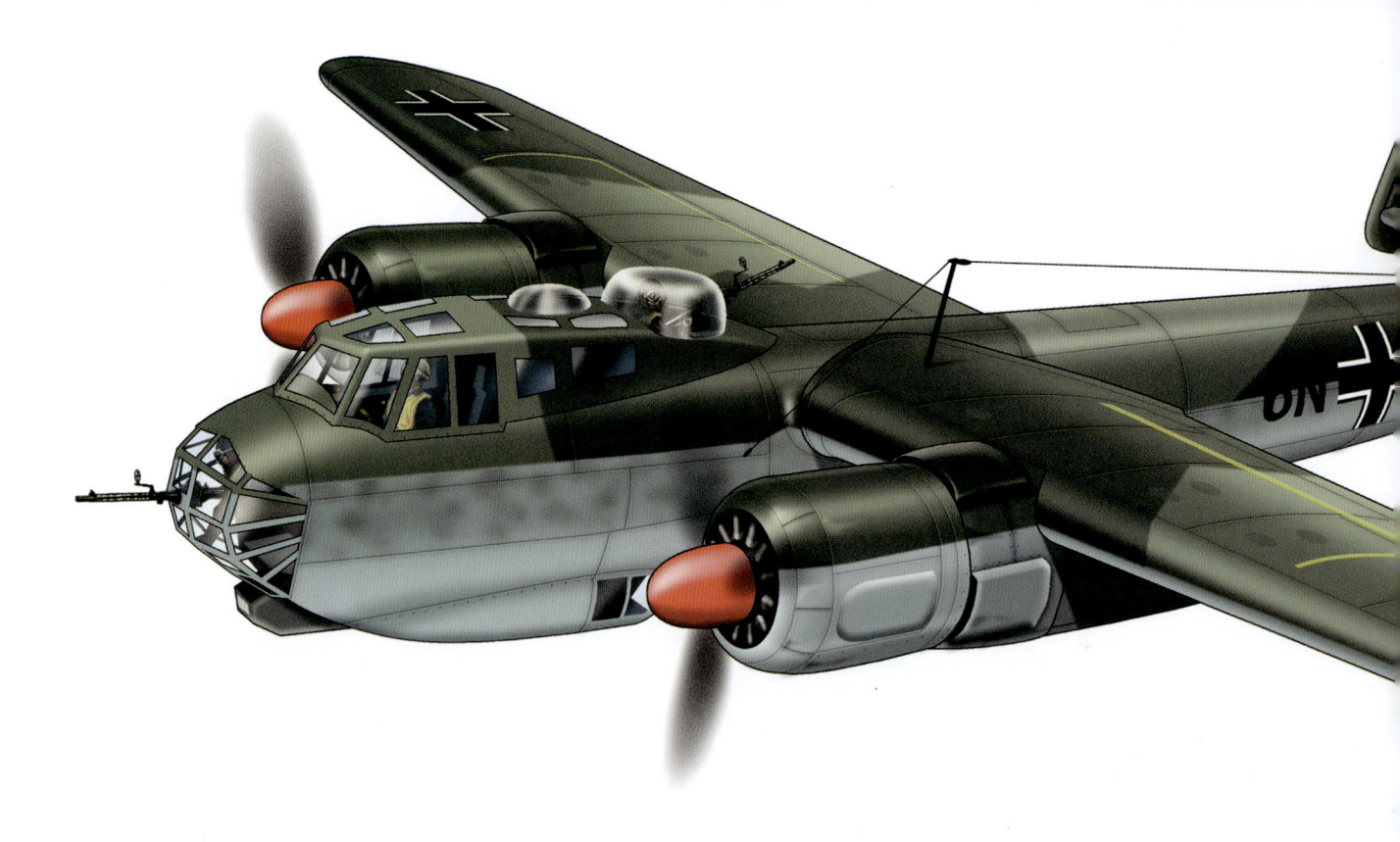

HEINKEL HE 115

Hidroavião para bombardeio leve com três assentos, foi usado como torpedeiro e lança-minas e seu primeiro voo ocorreu em 1937. No início, soltou minas de paraquedas em águas britânicas, nas proximidades dos portos de tráfego mais intenso e no rio Tâmisa. Teve seu melhor momento nos ataques contra os comboios de transporte que não dispunham de escolta e que navegavam do Ártico até a Inglaterra e a Irlanda. Tinha dois motores BMW 132k radiais de nove cilindros e 947 hp de potência cada. O armamento consistia inicialmente em duas metralhadoras MG 15 de 7,92 mm, uma no nariz e uma em posição dorsal. Mais tarde, foram equipados com um canhão MG fixo de 15 mm ou de 20 mm na frente e duas metralhadoras MG 17 de 7,92 mm nas nacelas do motor. Transportava um torpedo de 800 kg ou 920 kg de bombas ou minas.

ALEMANHA

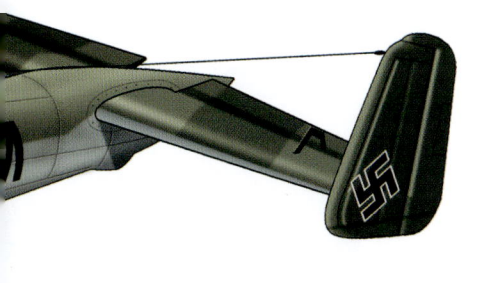

DORNIER DO 217

Bombardeiro pesado desenvolvido entre 1937 e 1938, porém sem autonomia para missões de longa distância. Entrou em serviço no início de 1941 e atuou em todos os teatros de operação da Luftwaffe. Unidades foram modificadas para operar como bombardeiros de mergulho para alvejar navios, obtendo bastante sucesso. Na Frente Ocidental e Oriental atuou como bombardeiro estratégico, bombardeiro de torpedos e aeronave de reconhecimento. Também foi modificado para ataque noturno, lutando pela defesa do Reich. Tinha dois motores Daimler-Benz DB 601 e seu armamento de defesa era composto de quatro metralhadoras MG de 7,92 mm e duas de 13 mm. Transportava até 4.000 kg de bombas. Foram construídas 1.925 unidades.

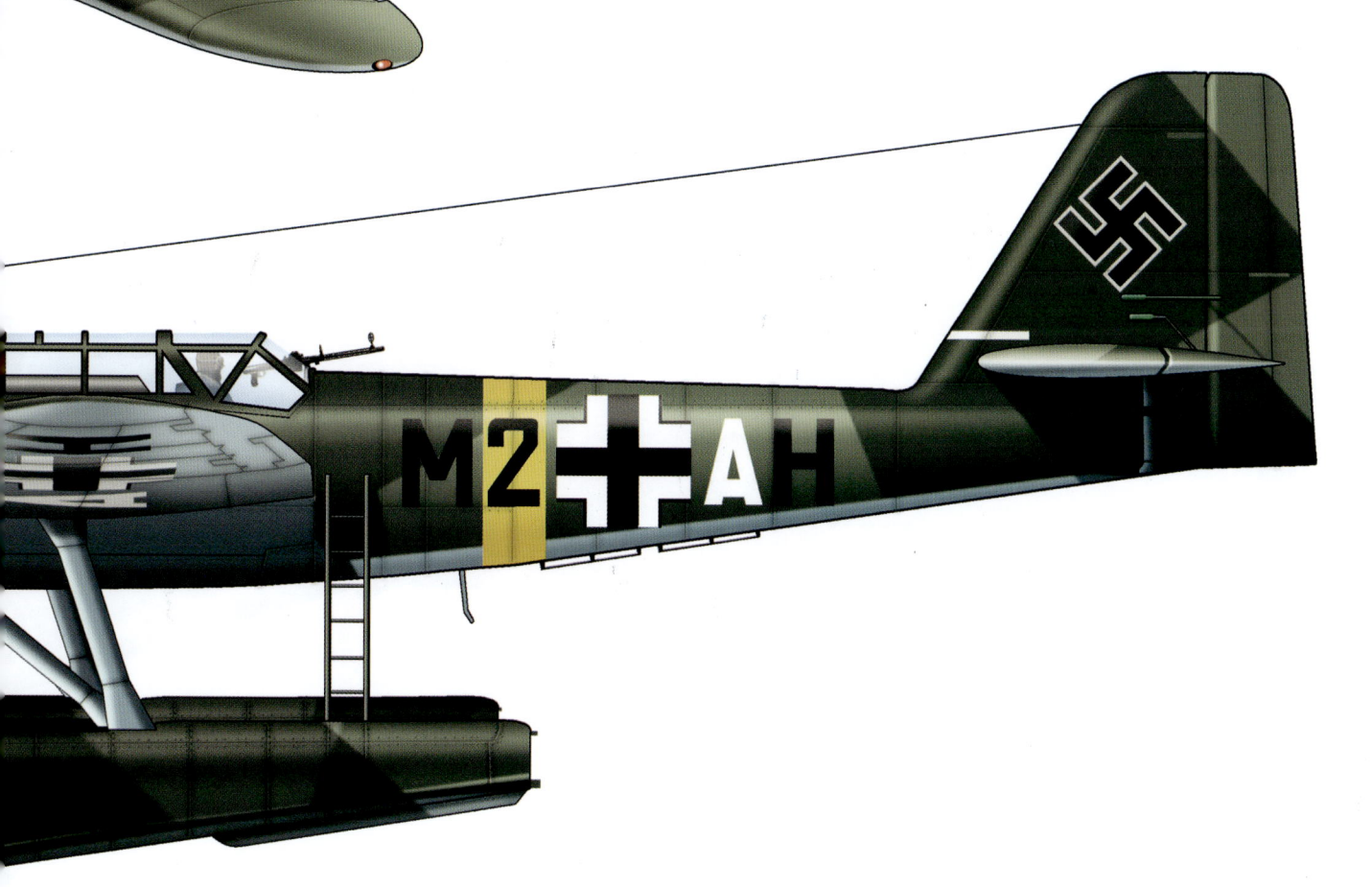

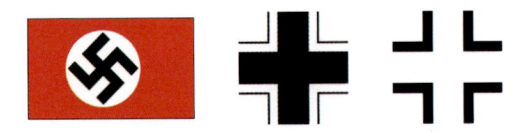

FOCKE-WULF FW 200 C-8 "CONDOR"

Avião de passageiros projetado para voar longas distâncias de forma econômica, podia chegar a uma altitude de mais de 3.000 m – a maior altura sem uma cabine pressurizada. Voou pela primeira vez em 1937. Com a Segunda Guerra, foi adaptado para o serviço militar: suportes foram adicionados às asas para o transporte de bombas e reformas na fuselagem deram mais espaço para compartimentos de bombas e torretas de metralhadoras. Na versão de longo alcance, a gôndola ventral típica dos bombardeiros alemães foi transformada em compartimento de bombas. Posteriormente, foi equipado com o radar Lorenz FuG 200 Hohentwiel UHF-band ASV no nariz da aeronave. A partir de 1943, passou a transportar a bomba Fritz X e o míssil antinavio Henschel Hs 293, ambos guiados pelo rádio Funkgerät FuG 203 Kehl. Foram construídas 276 unidades.

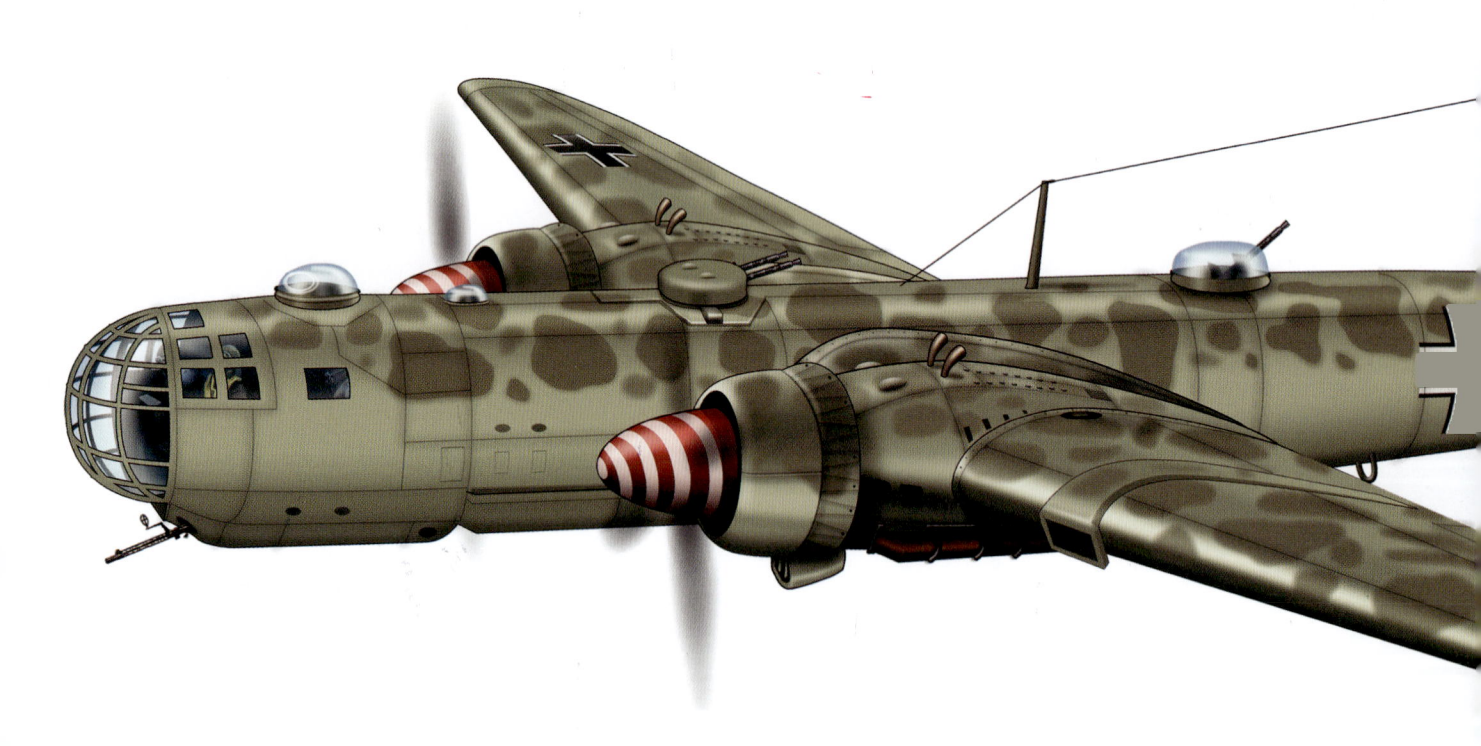

ALEMANHA

HEINKEL HE 177 GREIF

Único bombardeiro estratégico de longo alcance da Luftwaffe na Segunda Guerra, foi projetado em 1936 e incorporado em 1942. Apesar de mais veloz, tinha capacidade de carga e alcance semelhante aos bombardeiros estratégicos das forças aéreas britânica e do Exército dos Estados Unidos. Originalmente construído para bombardear a indústria soviética nos montes Urais, também foi usado para fazer bombardeios de mergulho e teve papel importante nos combates da Frente Oriental. Tinha dois motores a pistão Daimler-Benz DB 610 de 24 cilindros, refrigerados a líquido e com 2.133 hp de potência cada. O armamento de defesa era composto de uma metralhadora MG 81 de 7,92 mm no nariz, um canhão MG 151 de 20 mm na frente e sete metralhadoras MG 131 de 13 mm (três na torre dorsal operadas remotamente e quatro na torre dorsal traseira). Foram construídas 1.169 unidades.

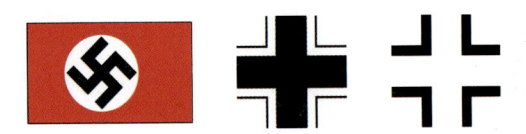

JUNKERS JU 388 STÖRTEBEKER

Caça pesado multifunções introduzido na Luftwaffe em 1944. Diferente dos caças que o antecederam, apresentava excelentes características de voo a grandes altitudes e tinha uma cabine pressurizada. Como chegou tarde, com o avanço da guerra e a deterioração da indústria alemã, poucos foram construídos. Era impulsionado por dois motores radiais BMW 801 J de 14 cilindros, refrigerados a ar e com 1.810 hp de potência cada. Vinha armado com dois canhões MG 151 de 20 mm e dois canhões MK 103 de 30 mm, além de duas metralhadoras MG 131 de 13 mm na torreta da cauda que podiam ser acionadas por controle remoto. Transportava até 3.000 kg de bombas e cerca de cem unidades foram produzidas.

ALEMANHA

ARADO AR 234

Primeiro bombardeiro a jato a ter piloto automático e paraquedas de frenagem, também foi o primeiro a operar na Segunda Guerra, entrando em serviço em 1944. Voava tão rápido que era praticamente imune aos caças Aliados, mas entrou tarde na guerra e operou com poucas unidades, não influenciando muito no curso do conflito. Foi valioso como avião de reconhecimento durante a invasão da Normandia pelas Forças Aliadas: fotografou os desembarques de tropas e cargas nas praias, dando à Wehrmacht o real tamanho das forças inimigas. Era impulsionado por dois motores turbojatos Junkers Jumo 109-004A-0 1. O armamento era composto de dois canhões MG 151 de 20 mm e podia transportar 1.500 kg de bombas. Foram produzidas 210 unidades.

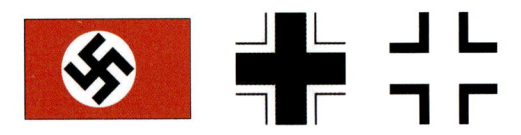

DORNIER DO 24

Hidroavião trimotor de reconhecimento e antissubmarino desenvolvido para a Marinha Real Holandesa, voou pela primeira vez em 1937. Os primeiros a participar da Segunda Guerra foram os da Força Aérea Holandesa no *front* do Pacífico contra os japoneses – um deles afundou o contratorpedeiro japonês *Shinonome* em 1941. Sua fabricação continuou em outras versões e foi usado pela Alemanha durante toda a guerra no *front* europeu. Após a guerra, muitos foram usados pela França, até 1955, e pela Espanha, até 1971. Tinha três motores radiais Bramo 323R-2 Fafnir de nove cilindros e 940 hp de potência cada. Vinha armado com um canhão Hispano-Suiza HS.404 de 20 mm e duas metralhadoras MG 15 de 7,92 mm. Foram construídas 279 unidades.

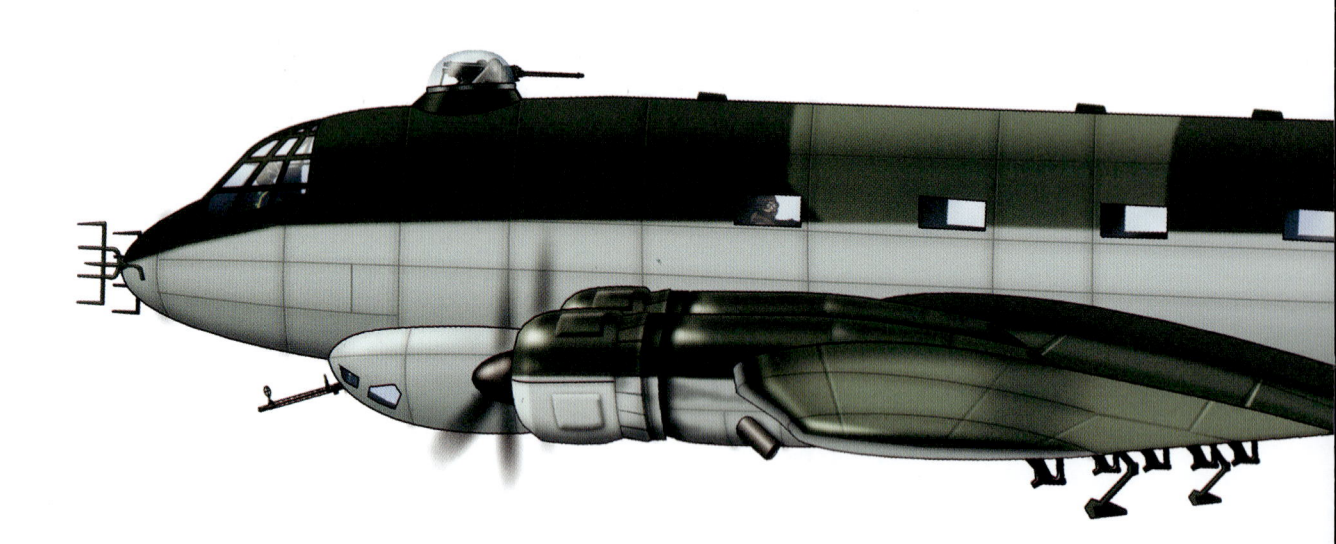

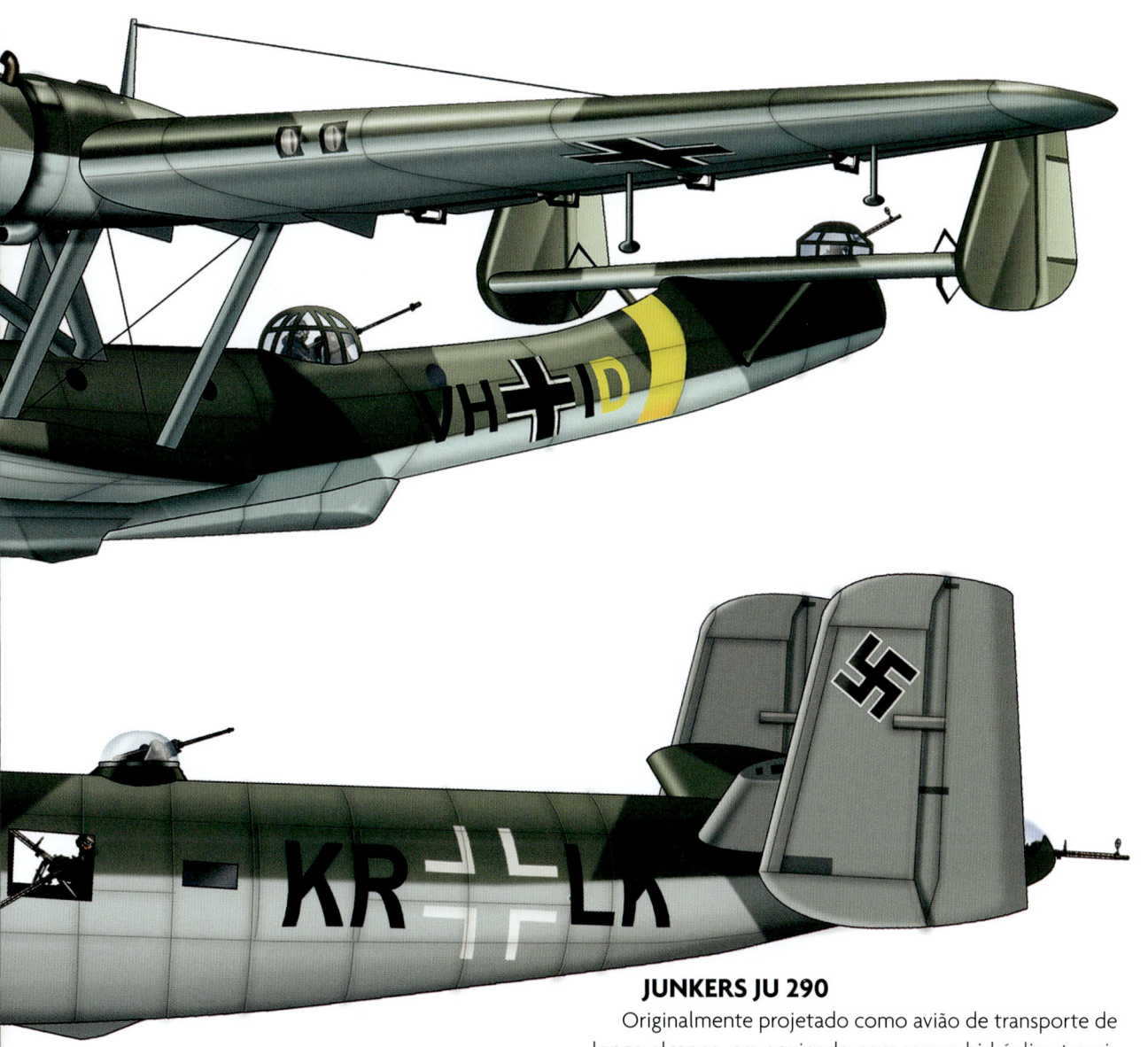

ALEMANHA

JUNKERS JU 290

Originalmente projetado como avião de transporte de longo alcance, era equipado com rampa hidráulica traseira para carga e descarga e fez o primeiro voo em 1942. Com a entrada dos Estados Unidos e o avanço da guerra, foram desenvolvidas as versões de patrulha marítima de longo alcance, de reconhecimento e de bombardeio, que foram equipadas com radar de banda larga FuG 200 Hohentwiel low-UHF em uma das torres dorsais, canhões MG 151 de 20 mm nas duas torretas dorsais, um canhão de igual calibre na cauda, mais três na gôndola e na cintura e duas metralhadores MG 131 de 13 mm. Transportava três mísseis antinavios Fritz X ou Henschel Hs 293 e a versão de bombardeio podia carregar 3.000 kg de bombas. Foram produzidas 65 unidades.

MISTEL

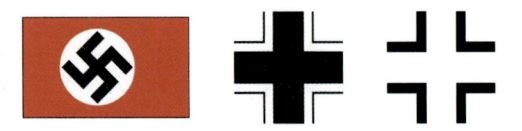

O Mistel (em alemão, "visco", uma planta parasita) era um conjunto de dois aviões: um menor tripulado transportava outro maior não tripulado. O não tripulado era carregado com explosivos, virando uma "bomba voadora". O piloto a conduzia até perto do alvo e então a lançava em mergulho. Diversos modelos de caças e bombardeiros foram usados para formar o conjunto Mistel. Desenvolvido nos últimos estágios da Segunda Guerra, apesar de eficiente era alvo fácil para caças inimigos, por sua baixa velocidade e pouca manobrabilidade.

ALEMANHA

MESSERSCHMITT ME 264 V-3 "AMERIKA"

Bombardeiro estratégico de longo alcance e patrulha marítima desenvolvido na Alemanha para a Luftwaffe e a Kriegsmarine, foi construído com o objetivo de atingir cidades como Nova York, partindo de bases da França ou dos Açores. Três protótipos foram construídos e voou pela primeira vez em 1942. Com o avanço da guerra, a produção foi postergada para a Messerschmitt se concentrar na produção de caças. O projeto foi definitivamente cancelado em 1944, depois que a Kriegsmarine retirou o seu interesse no Me 264 em favor do Ju 290. Tinha quatro motores radiais BMW 801 com 1.730 hp de potência cada e era armado com quatro metralhadoras MG 131 de 13 mm e dois canhões MG 151 de 20 mm. Tinha capacidade para transportar 3.000 kg de bombas por 8.600 quilômetros.

JUNKERS JU 287 V1

Primeiro bombardeiro a jato com enflechamento negativo de asa. O protótipo foi desenvolvido para avaliar o conceito da aeronave, sendo montado a partir da fuselagem e de componentes de outros aviões. Dois motores Jumo 004 foram instalados sob as asas e outros dois, em barquinhas adicionadas aos lados da fuselagem dianteira. O protótipo voou pela primeira vez em 1944. O segundo e o terceiro protótipo começaram a ser produzidos, mas nunca foram finalizados, pois o avanço das tropas soviéticas no território alemão já anunciava a queda do Terceiro Reich e o fim da guerra.

FIAT CR.42 FALCO
Caça biplano que serviu principalmente à Regia Aeronautica italiana e às forças aéreas da Hungria, Bélgica, Suécia e Espanha. Alcançou com a Força Aérea Húngara uma performance excepcional na Frente Oriental, onde apenas um único CR.42 foi perdido contra 12 caças russos. Embora resistente e manobrável, foi o último biplano da Fiat. Com mais de 1.800 exemplares, foi a aeronave italiana mais numerosa na guerra.

FIAT CR.32
Caça biplano utilizado na Guerra Civil Espanhola e na Segunda Guerra. O fato de a asa de baixo ser mais curta que a asa de cima o tornava facilmente manobrável e deixava a fuselagem forte e resistente, característica muito apreciada pelos pilotos. Embora na década de 1930 fosse um excelente caça, em 1940 o modelo já era ultrapassado se comparado aos aviões Messerschmitt Bf 109, Morane-Saulnier MS.406, Hawker Hurricane e Curtiss P-40.

ITÁLIA

MACCHI MC.200 SAETTA

Avião projetado em meados da década de 1930 para a Regia Aeronautica. O protótipo fez seu primeiro voo em 1937 e, em 1940, cerca de 150 unidades entraram em combate. No total, foram produzidas 1.151 aeronaves. A Regia Aeronautica empregou o Saetta primeiro contra os britânicos na ilha de Malta, depois na Grécia, na África do Norte, na Iugoslávia e na União Soviética. Seu armamento consistia em duas metralhadoras Breda de 12,7 mm e era motorizado com um Fiat A.74 RC38 radial de 14 cilindros, refrigerado a ar e com 870 hp de potência.

MACCHI C.202 FOLGORE

O caça interceptador Folgore ("Trovão", em italiano) foi o desenvolvimento do Macchi MC.200 Saetta, que recebeu um motor mais potente, o Daimler-Benz DB 601 de 12 cilindros. Esteve presente em todas as frentes em que a Itália atuou na Segunda Guerra, sendo considerado o melhor caça usado em larga escala pela Regia Aeronautica e um dos melhores do Eixo. O maior defeito do C.202 era seu armamento escasso, composto apenas de duas metralhadoras Breda-Safat de 12,7 mm, montadas acima do motor, e outras duas de 7,7 mm nas asas. Foram produzidas 1.200 unidades.

BREDA BA.65

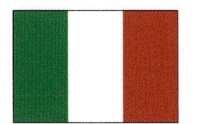

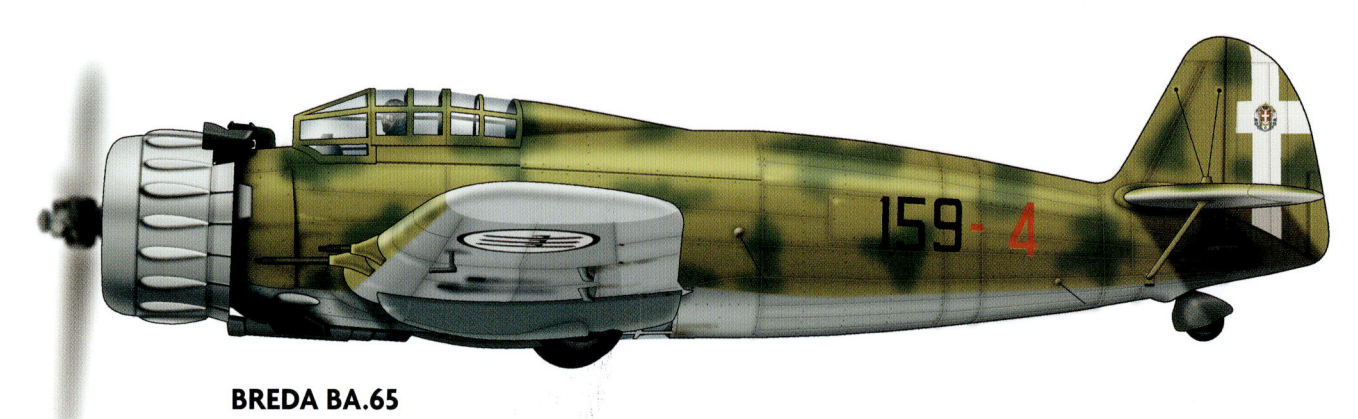

Monoplano de asa baixa concebido como caça bombardeiro, fez seu primeiro voo em 1935, entrou em produção em 1936 e foi estreado pelos italianos na Guerra Civil Espanhola. Impulsionado por um motor Fiat A.80 RC 41 com 1.000 hp de potência, esse modelo provou ser muito vulnerável aos caças interceptadores mais modernos da época por ser muito lento e pouco manobrável. Era relativamente bem-armado, com duas metralhadoras de 12,7 mm e outras duas de 7,7 mm, e transportava 1.000 kg de bombas na fuselagem e nas asas. Foram produzidas 219 unidades.

MACCHI C.205 VELTRO

O Veltro ("Galgo", em italiano) era uma evolução do Macchi C.202 Folgore. Nesta versão, ganhou o potente motor Daimler-Benz DB 605 e alcançava 643 km/h. Era armado com dois canhões de 20 mm e metralhadoras Breda de 12,7 mm. Extremamente eficiente em combate, foi considerado o melhor caça italiano da guerra e suas qualidades eram respeitadas por pilotos Aliados e da Luftwaffe, que inclusive chegou a formar um grupo de caças com o Veltro. Destruiu um grande número de bombardeiros e enfrentou em condições de igualdade caças renomados, como o North American P-51D Mustang.

ITÁLIA

REGGIANE RE.2002 ARIES
Caça monoplano monomotor desenvolvido nos anos 1930, era a evolução do Re.2001. Voou pela primeira vez em 1940 e o primeiro lote foi entregue à Força Aérea Italiana em 1943. Tinha um motor radial de 14 cilindros Piaggio P.XIX R.C.45 Turbine refrigerado a ar. Vinha armado com duas metralhadoras de 12,7 mm na carenagem e duas de 7,7 mm nas asas. Carregava uma bomba de 659 kg na barriga e duas de 169 kg sob cada asa. Foram fabricadas 250 unidades, sem contar as produzidas na Hungria.

REGGIANE RE.2005 SAGITARIO
O Re.2005 foi o mais moderno caça de motor a pistão desenvolvido pela Itália na Segunda Guerra. Mas, atrasos significativos no desenvolvimento não permitiram que tivesse as chances de combate que mereceria. Diferia de seus antecessores por ter envergadura maior, fuselagem mais longa e trem de pouso modificado. Com seu motor Daimler Benz DB 601A-1 alcançou velocidades superiores às do P-51D, Spitfire XIV e Bf 109G. Era fortemente armado com um canhão de 20 mm no motor, dois canhões de 20 mm na fuselagem e metralhadoras de 13,7 mm nas asas.

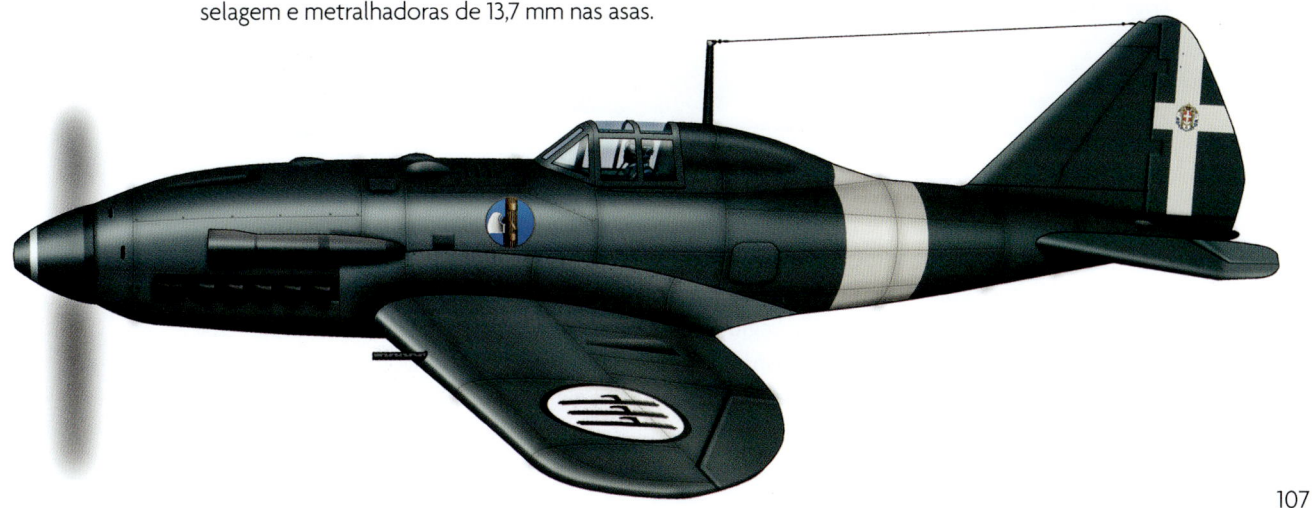

REGGIANE RE.2000

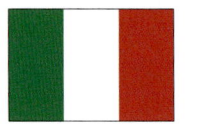

Inspirado nos caças Seversky SEV-1 e P-35 americanos, o Re.2000 era construído em alumínio, sem componentes de madeira, como tinham outros modelos do mesmo fabricante. Fez o primeiro voo em 1939 e atingiu a velocidade máxima de 515 km/h. Tinha motor Piaggio P.XI R.C. 40 radial, com 1.000 hp de potência, e vinha armado com duas metralhadoras Breda-Safat de 12,7 mm. Foram construídas 306 unidades, algumas utilizadas pela Hungria e pela Suécia.

FIAT G.50 FRECCIA

O Freccia ("Flecha", em italiano) fez seu primeiro voo em 1937. Foi o primeiro monoplano italiano totalmente metálico com trem de pouso retrátil e *cockpit* fechado. Em 1938, durante a Guerra Civil Espanhola, entrou na Força Aérea Italiana e em seu braço expedicionário, a Aviazione Legionaria. Alcançava 470 km/h, velocidade espantosa para a época, e era muito manobrável. Seu maior defeito era o armamento inadequado: apenas duas metralhadoras Breda-Safat de 12,7 mm. Também foi usado pela Croácia e Finlândia, mostrando ser páreo duro para os caças soviéticos.

ITÁLIA

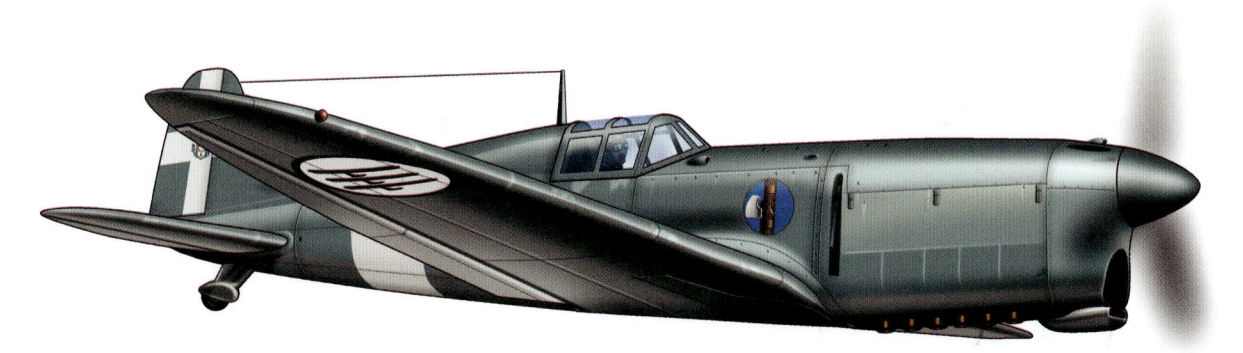

FIAT G-55 CENTAURO

Começou a ser projetado ainda em 1941, quando ficou evidente a inferioridade do Fiat G-50 perante modelos britânicos como o Spitfire. O primeiro voo do modelo G-55/0 ocorreu em 1942, utilizando o motor Daimler-Benz 605A, fabricado sob licença. O G-55/0 era armado com duas metralhadoras Breda 12.7 mm na fuselagem e um canhão de 20 mm central no eixo do rotor. Posteriormente, no G-55/I, as metralhadoras foram substituídas por dois canhões de 20 mm nas asas. Foram produzidas 188 unidades.

AMBROSINI SAI.403 DARDO

Projetado pela Società Italiana Aeronautica Ing. A. Ambrosini & Cie, era construído em madeira, tinha motor Isotta-Fraschini Delta RC21 de 12 cilindros, com 750 hp de potência, e era armado com duas metralhadoras Breda de 12,7 mm. Caça excepcional, tinha excelentes características de condução e desempenho. Foram encomendadas 3 mil unidades, que teriam sua produção dividida entre a Savoia-Marchetti, a Caproni e a Ambrosini. Apenas 12 unidades estavam com produção avançada quando o armistício interrompeu sua fabricação.

CANSA FC.12
Caça monoplano de asa baixa para o ataque ao solo desenvolvido em 1940, em que os dois tripulantes sentavam no *cockpit* enfileirados. Foi concebido como bombardeiro de mergulho, mas previa versões para treinamento. Apesar das características brilhantes, não se sabe se chegou a entrar em combate. Era impulsionado por um motor Fiat A.30 RA refrigerado a líquido, com 12 cilindros e 600 hp de potência. Vinha armado com quatro metralhadoras fixas de 12,7 mm para a frente nas asas e outra de mesmo calibre na traseira do *cockpit* em reparo articulado escamoteável. Foram produzidas 11 unidades.

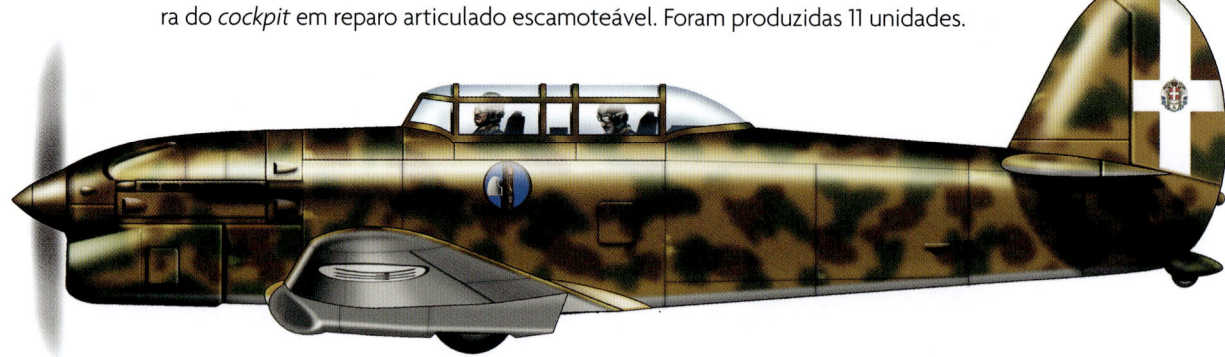

CAPRONI VIZZOLA F.5
Caça bobardeiro monoposto de asa baixa e trem de pouso retrátil, era avançado e tinha uma manobrabilidade eficiente. A fuselagem era de tubos de aço soldados e de duralumínio, e as asas, de madeira. Voou pela primeira vez em 1939. Foi designado como caça noturno e combatente diurno para o Stormo 51º e a 8ª Brigata di Caccia Terrestre, na defesa de Roma. Era impulsionado por um motor a pistão radial Fiat A.74.RC.38 com 1.475 hp de potência e armado com duas metralhadoras de 12,7 mm. Apenas 14 unidades foram produzidas.

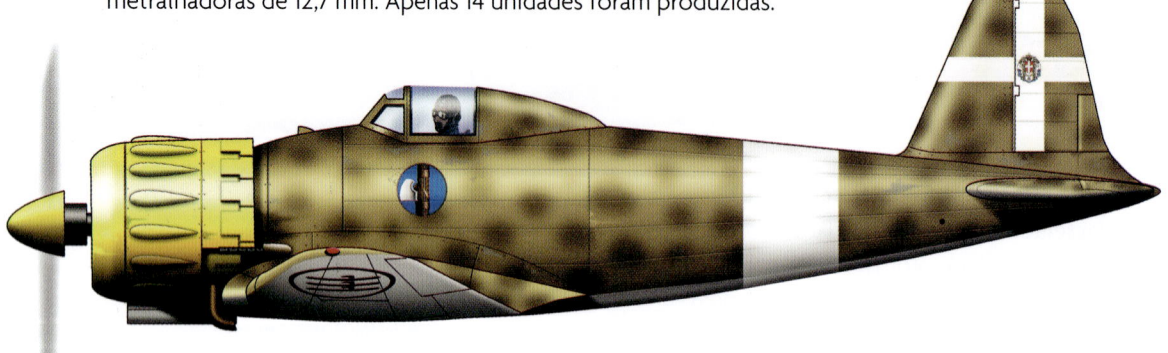

ITÁLIA

REGGIANE RE.2001
Uma melhoria do Re.2000, o Re.2001 usava o sistema de asa e cauda do modelo anterior, mas com fuselagem redesenhada para usar um motor Alfa Romeo de 1.175 hp de potência – uma versão do motor alemão Daimler Benz DB 601A-1, feita sob licença. Os aprimoramentos fizeram o Re.2001 entrar na classe do Macchi C.202 Folgore, mesmo com uma produção menor. O primeiro protótipo voou em 1940 e as primeiras unidades foram produzidas em 1941. Foi usado como caça bombardeiros noturno e vinha armado com duas metralhadoras Breda-Safat de 12,7 mm na carenagem e duas de 7,7 mm nas asas. Podia carregar uma bomba de 250 kg.

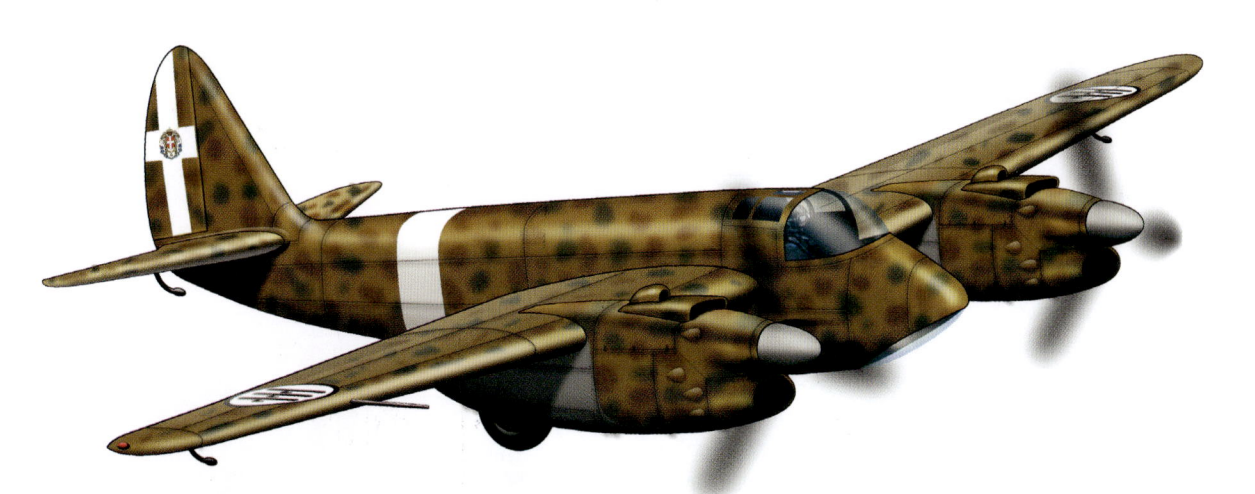

SAVOIA-MARCHETTI SM.85
Bombardeiro de mergulho bimotor construído em madeira. Projetado em 1936, seria utilizado na Segunda Guerra no 96º grupo de Bombardeio de Mergulho em Pantelleria, uma ilha perto da Sicília. De lá, as aeronaves partiriam para atacar comboios Aliados no Mediterrâneo e a frota britânica em Malta. Mas, o SM.85 era limitado e acabou sendo preterido em favor do alemão Junkers Ju87 Stuka. Tinha dois motores Piaggio P.VII nº 35 com 454 hp de potência cada. Era armado com uma metralhadora Breda-Safat de 7,7 mm e podia transportar 800 kg de bombas. Foram produzidas 34 unidades.

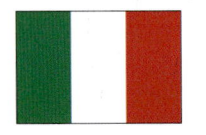

BREDA BA.88 LINCE

Elegante monoplano todo feito em metal, bateu dois recordes mundiais de distância em 1937. Projetado para operações de ataque, de reconhecimento de longo alcance ou de bombardeio, depois de armado perdeu drasticamente desempenho de voo. Em 1940, o Ba.88 teve seu batismo de fogo quando 12 aeronaves do 19º Gruppo Autonomo bombardearam e metralharam os principais aeroportos da Córsega. O Ba.88 mostrou ter um valor limitado e, no final de 1940, a maioria das unidades remanescentes foi despojada de equipamentos úteis.

CANT Z 506 B

Hidroavião para transporte de cargas e de correspondência, foi convertido em bombardeiro/torpedeiro e avião de patrulha para longas distâncias para a Marinha Italiana. Em 1935 voou o primeiro protótipo. Em 1937, bateu recordes de distância: cobriu 4.362 milhas de Cádiz (Espanha) até Caravelas (Brasil), sem fazer escala. Também foi usado pela Alemanha, Polônia, Espanha e Reino Unido. Tinha três motores radiais Alfa Romeo 126 RC.34 de nove cilindros refrigerados a ar, com 750 hp de potência cada. Vinha armado com uma metralhadora de 7,7 mm Breda-Safat na gôndola para o artilheiro traseiro e uma metralhadora de 12,7 mm Breda M1 na torre do dorso. Transportava 1.200 kg de bombas ou um único torpedo. Entre 1938 e 1943 foram produzidas 324 unidades.

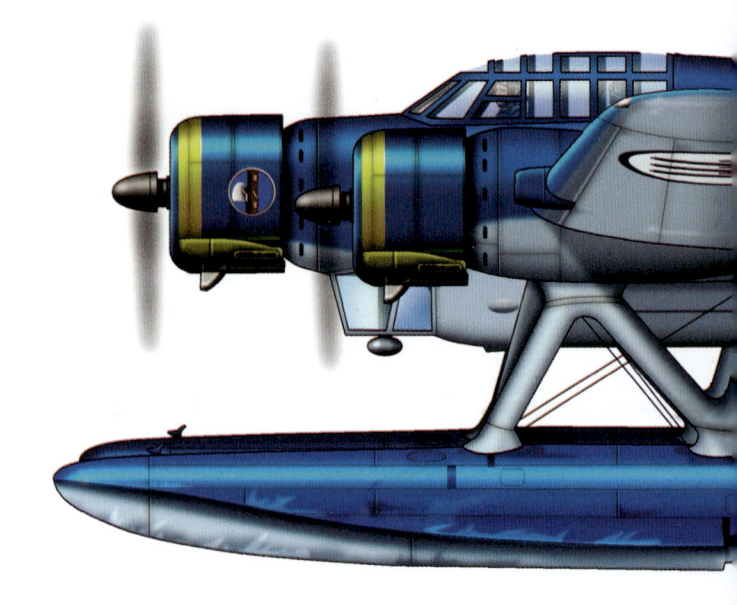

ITÁLIA

IMAM RO.57BIS

Caça bombardeiro bimotor monoposto projetado para a Regia Aeronautica. Foi produzido até 1943, mas quando entrou em serviço deixou muito a desejar, tanto no rendimento quanto na manutenção, e foi considerado obsoleto. Duzentos aviões foram encomendados, mas apenas de cinquenta a setenta foram produzidos em duas versões, uma como interceptor, a outra como um avião de ataque ao solo. Era impulsionado por dois motores radiais Fiat A.74 R.C.38 de 14 cilindros e 840 hp de potência cada. Seu armamento consistia em duas metralhadoras Breda-Safat de 12,7mm.

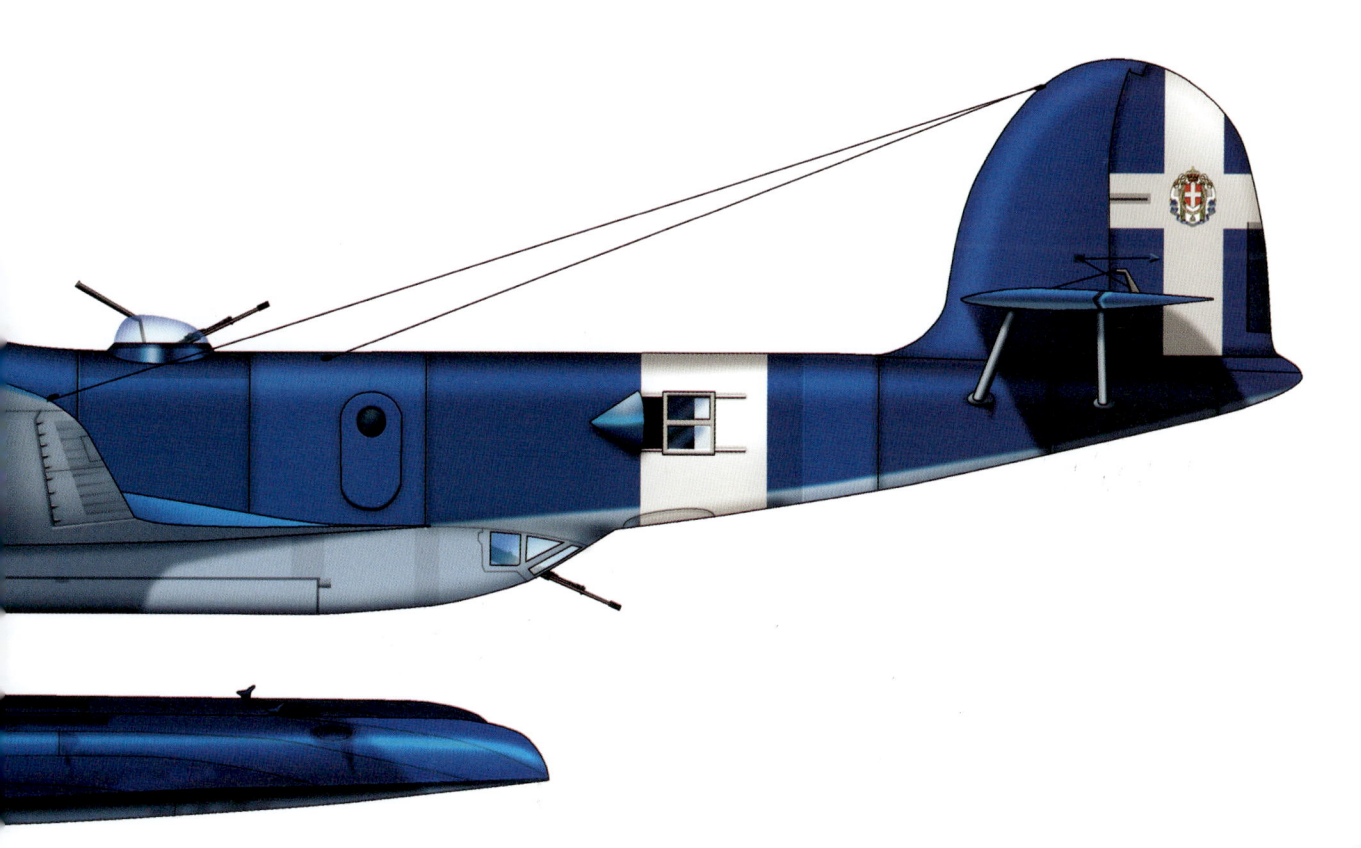

SAVOIA-MARCHETTI SM.84

Desenvolvido para substituir a série SM.79 na Regia Aeronautica, este bombardeiro nunca esteve à altura de seu antecessor. Adotado em 1936, não foi bem-aceito pelos pilotos por falhas nos motores e deficiências técnicas. Durante a Segunda Guerra, atacou comboios Aliados no Mediterrâneo com relativo sucesso. Tinha três motores Piaggio P.XI RC 40 de 14 cilindros refrigerados a ar, com 1.000 hp de potência cada. O armamento de defesa consistia em quatro metralhadoras Scotti de 12,7 mm. Podia transportar 2.000 kg de bombas ou dois torpedos pesando, somados, até 860 kg. Foram produzidas 309 unidades.

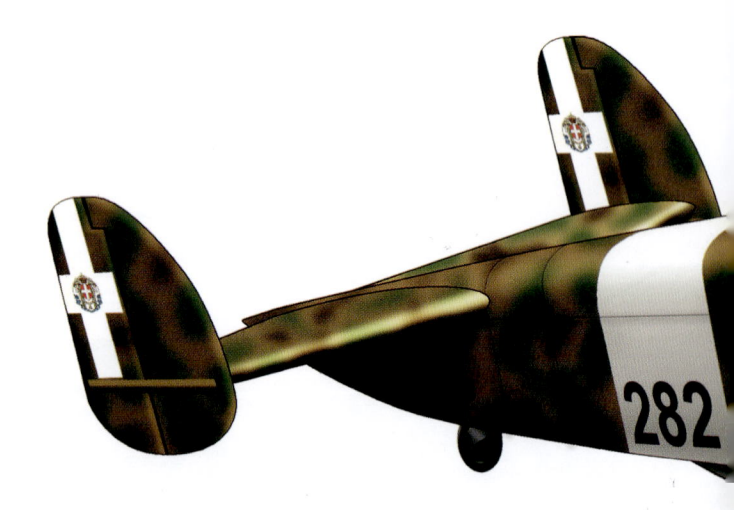

ITÁLIA

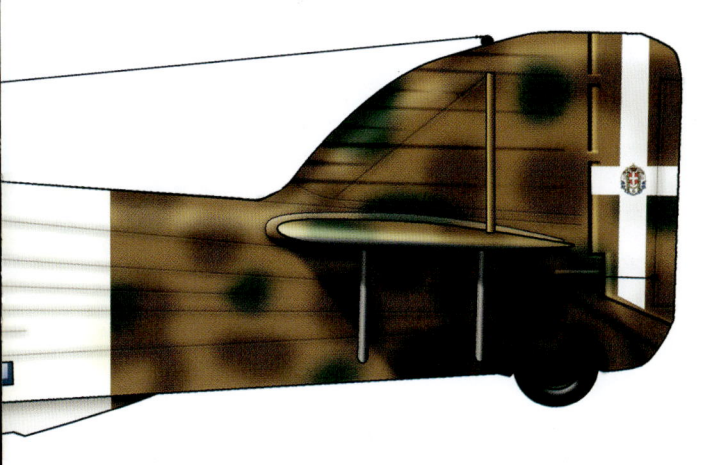

SAVOIA-MARCHETTI SM.79 SPARVIERO

O Sparviero ("Gavião", em italiano) era um bombardeiro que entrou em serviço em 1936 e foi empregado pela primeira vez na Guerra Civil Espanhola. Tinha três motores Alfa Romeo AR.126 e três metralhadoras Breda-Safat de 12,7 mm, sendo uma instalada em seu topo, o que tornava difícil abatê-lo. Por esse motivo, ganhou dos pilotos da Royal Air Force o apelido de Damned Hunchback ("Corcunda Maldito"). Quando entrou em serviço, era o bombardeiro médio mais moderno, superior às primeiras versões do Heinkel He 111 e do Dornier Do 17 alemães, tanto em velocidade quanto em armas defensivas e resistência. Transportava 1.000 kg de bombas. Foram produzidas cerca de 1.300 unidades.

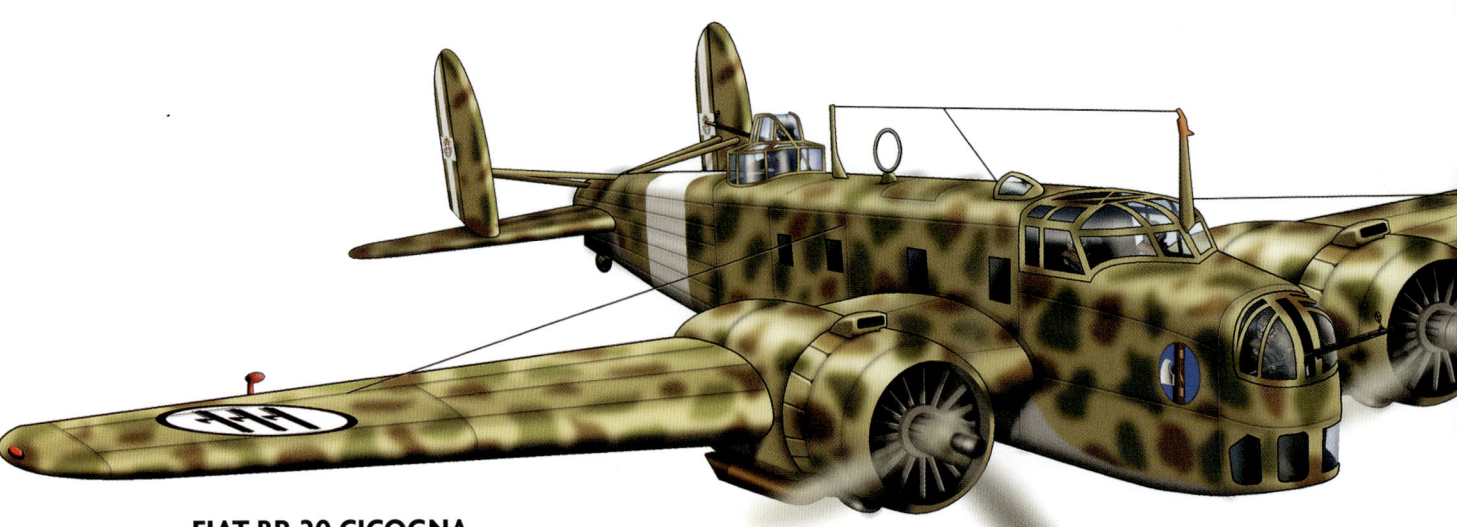

FIAT BR.20 CICOGNA

Em 1934, o Ministério da Aeronáutica Italiano emitiu especificações para a construção de um bombardeiro médio bimotor para modernizar a Regia Aeronautica. A Fiat, assim como outras empresas de aviação italianas, entrou na competição. Embora o Cicogna ("Cegonha", em italiano) tenha sido o que chegou mais próximo das especificações, não houve ganhador, já que o Savoia-Marchetti SM.79 Sparviero também foi encomendado. O Cicogna entrou em serviço em 1937. Era impulsionado por dois motores radiais Fiat A.80 RC.41 de 18 cilindros e 1.000 hp de potência cada. Vinha armado com três metralhadoras Breda-Safat de 12,7 mm. Carregava 1.600 Kg de bombas. Foram construídas 512 unidades, incluindo a versão M.

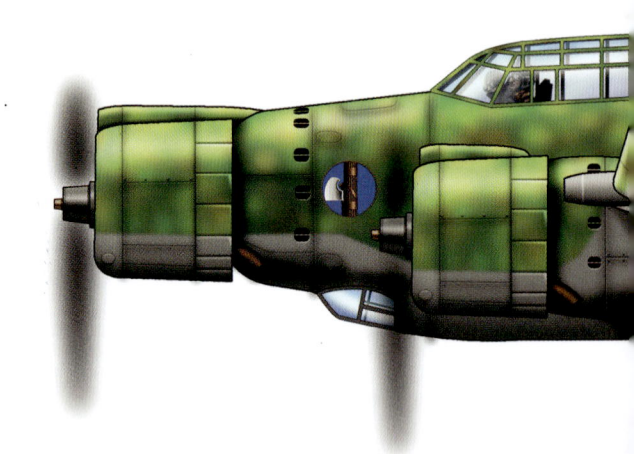

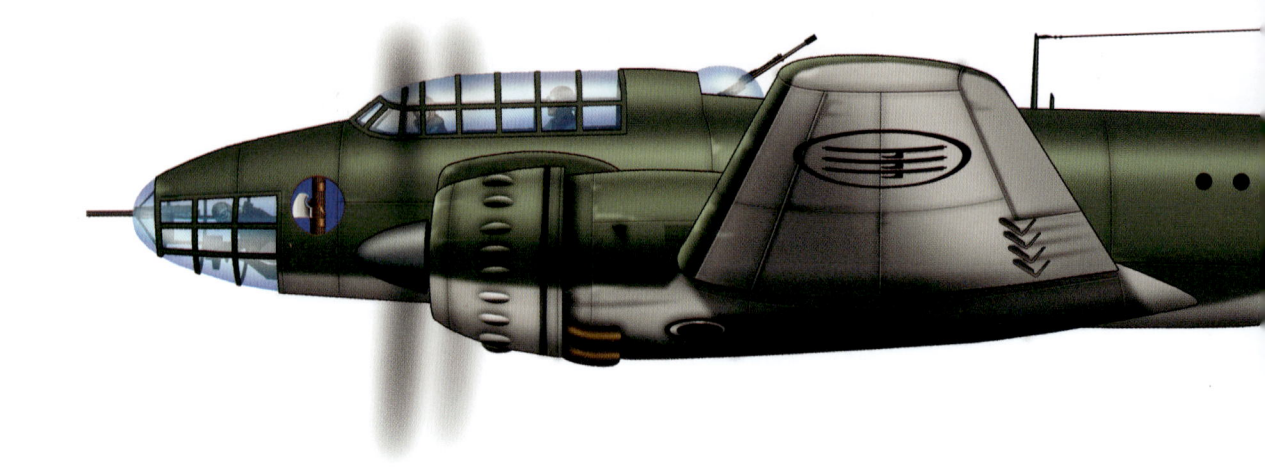

ITÁLIA

CRDA CANT Z.1007 ALCIONE

Junto com o Savoia-Marchetti SM79, a série Alcione formava a espinha dorsal de ataque e bombardeio da Regia Aeronautica. Seu primeiro voo foi em 1937, impulsionado por três motores de 625 kW Isotta-Fraschini Asso XI RC.15. Em 1938, foi produzida uma versão melhorada, a Cant Z.1007bis, com três motores radiais 745 kW Piaggio B.XIbis RC.40. Ao entrar na guerra, em 1940, a Itália contava com 87 Cant Z.1007 e Z.1007bis. Transportava 1.200 kg de bombas e era armado com duas metralhadoras Scotti ou Safat de 12,7 mm e duas de 7,7 mm. Foram produzidas 526 unidades.

CANT Z. 1018 LEONE

Considerado o bombardeiro mais fino produzido na Itália durante a Segunda Guerra, o Z.1018 foi totalmente construído em metal. Era impulsionado por dois motores Alfa Romeo 135 RC.32 ou Piaggio P.XII RC.35, dependendo da disponibilidade. Seu voo inaugural ocorreu em 1940 e trezentas unidades foram encomendadas em 1941. Contudo, até o armistício italiano, em 1943, apenas cinco deles estavam prontos e outros dez estavam na etapa de pré-produção.

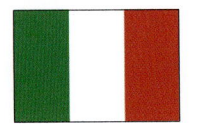

PIAGGIO P.108

Único bombardeiro quadrimotor da Força Aérea Italiana. O primeiro protótipo foi incorporado em 1939, mas apenas 24 unidades foram construídas. Era impulsionado por quatro motores radiais Piaggio P.XII com 1.350 hp de potência e carregava 3.000 kg de bombas. O armamento defensivo era avançado para a época (o primeiro bombardeiro Aliado a ter armamento semelhante foi o Boeing B-29, só em 1944): tinha duas metralhadoras de 7,7 mm, duas de 12,7 mm na torre inferior da fuselagem e na torreta do nariz, além de duas torretas controladas remotamente nas nacelas dos motores externos. Destacou-se em ataques noturnos contra Gibraltar em 1942. Depois do armistício italiano, os alemães capturaram 15 Piaggio P.108, que passaram a atuar na frente russa pela Luftwaffe, em 1944.

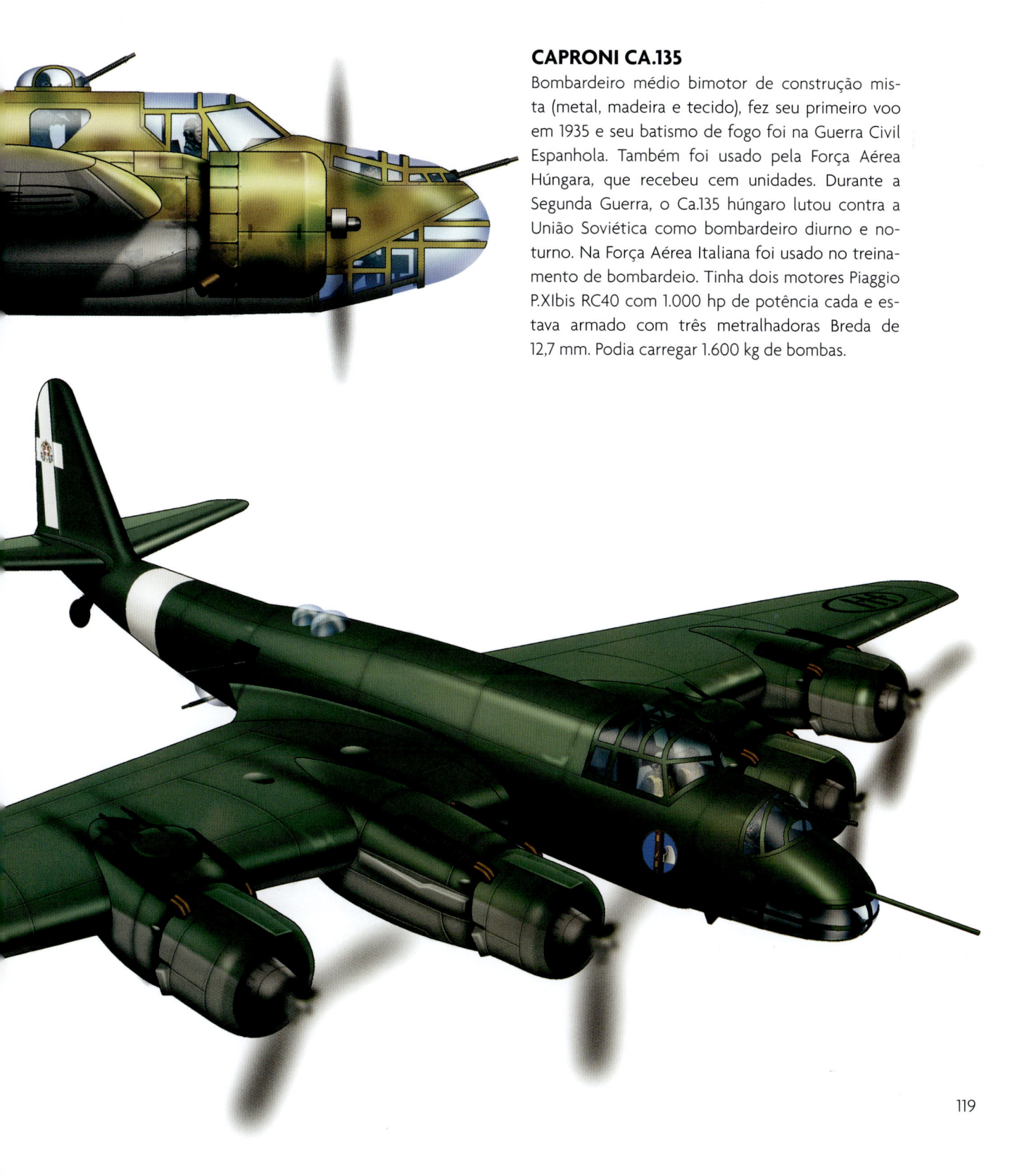

ITÁLIA

CAPRONI CA.135

Bombardeiro médio bimotor de construção mista (metal, madeira e tecido), fez seu primeiro voo em 1935 e seu batismo de fogo foi na Guerra Civil Espanhola. Também foi usado pela Força Aérea Húngara, que recebeu cem unidades. Durante a Segunda Guerra, o Ca.135 húngaro lutou contra a União Soviética como bombardeiro diurno e noturno. Na Força Aérea Italiana foi usado no treinamento de bombardeio. Tinha dois motores Piaggio P.XIbis RC40 com 1.000 hp de potência cada e estava armado com três metralhadoras Breda de 12,7 mm. Podia carregar 1.600 kg de bombas.

BLÉRIOT-SPAD S.510

Último caça biplano em serviço na Força Aérea Francesa, cujo protótipo fez seu primeiro voo em 1932. No começo da Segunda Guerra já era uma aeronave obsoleta. A construção era toda de metal (aço e duralumínio) e equipada com o motor Hispano-Suiza de 12 cilindros, refrigerado a líquido e com 690 hp de potência. Seu armamento consistia em quatro metralhadoras MAC 1934.

ARSENAL VG-33

Caça diurno rápido, desenvolvido no início da Segunda Guerra. O projeto tardou a amadurecer, e apenas 19 caças entraram em combate pela Armée de l'Air – 160 deles ainda aguardavam acabamento na fábrica na época do armistício firmado entre França e Alemanha, em 1940.

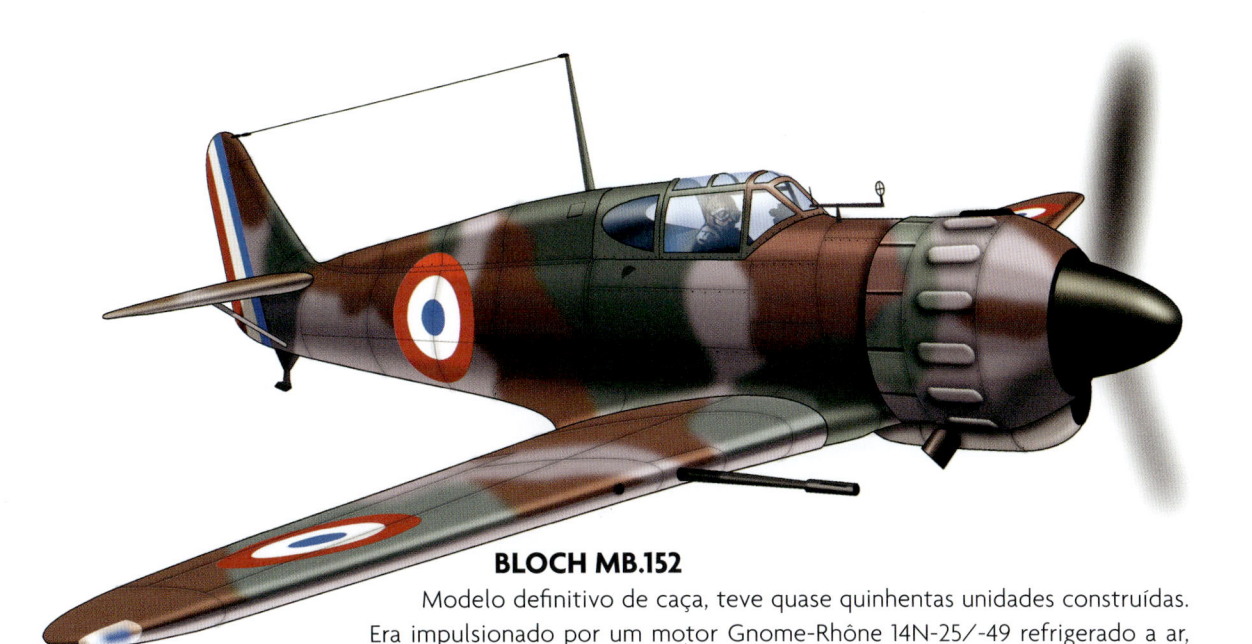

FRANÇA

BLOCH MB.152

Modelo definitivo de caça, teve quase quinhentas unidades construídas. Era impulsionado por um motor Gnome-Rhône 14N-25/-49 refrigerado a ar, com 1.080/1.100 hp de potência e um conjunto de hélices de três pás. Seu armamento-padrão era composto por quatro metralhadoras de 7,5 mm MAC 1934 M39 ou dois canhões Hispano-Suiza HS.404 de 20 mm.

DEWOITINE D.520

Último modelo de uma série de caças criados por Émile Dewoitine. O protótipo voou em 1938 e foi incorporado à Armée de l'Air em 1940. Era impulsionado por um motor Hispano-Suiza 12Y-45 de 12 cilindros, com 930 hp de potência, e armado com quatro metralhadoras fixas de tiro frontal, de 7,5 mm, nos bordos de ataque das asas. Após a rendição para a Alemanha, serviram na Força Aérea Francesa durante o Regime de Vichy. Alguns serviram pela França Livre, atacando as tropas alemãs em retirada. Também foi usado por Hungria, Romênia e Regia Aeronautica italiana.

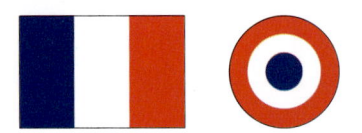

LOIRE-NIEUPORT LN-40

Caça bombardeiro de mergulho para porta-aviões. Fez seu primeiro voo em 1935 e entrou na Marinha Francesa em 1939. A Armée de l'Air encomendou unidades baseadas em terra, mas concluiu que seu desempenho não era bom. Era impulsionado por um motor Hispano-Suiza 12Xcrs de 12 cilindros refrigerado a líquido e armado com um canhão Hispano-Suiza de 20 mm montado no motor e duas metralhadoras Darme de 7,5 mm nas asas. Carregava 225 kg de bombas na parte ventral. Foram encomendadas 152 unidades, muitas delas construídas até o armistício.

MORANE-SAULNIER MS.406

Caça construído a partir de 1938, era o mais numeroso da França no começo da guerra. Era resistente e manobrável, mas tinha pouca autonomia e era fracamente armado. Cerca de quatrocentas aeronaves foram perdidas em combate. A versão finlandesa recebeu modificações e se saiu bem contra os russos. Tinha um motor Hispano-Suiza 12Y31 com 860 hp de potência. Era armado com um canhão Hispano-Suiza HS 404 de 20 mm montados no motor e duas metralhadoras MAC 1934 de 7,5 mm dispostas nas asas.

FRANÇA

BLOCH MB.155

O MB.155 substituiria o MB.151 e o MB.152 na Armée de l'Air, caso a guerra fosse mais longa. Era melhor que o MB.152: mais rápido, mais bem-armado e com alcance maior. Seu primeiro voo foi em 1939 e entrou em produção em 1940, mas só nove unidades ficaram prontas até o armistício. Sua fábrica foi ocupada pelos alemães e foi usado pela Luftwaffe. Era equipado com uma versão mais potente do motor Gnome-Rhône 14N-49 usado pelo MB.152 e tinha maior capacidade para combustível. Seu armamento também foi aumentado: duas metralhadoras extras de 7,5 mm e os dois canhões foram trocados por um modelo mais eficiente.

CAUDRON C.714

Caça diurno feito a pedido da Força Aérea Francesa. Apesar de ser pequeno e ter armamento fraco, mostrou potencial: seu motor de 336 kW Renault 12Ro1 lhe dava velocidade máxima superior a de muitos caças. A Força Aérea Francesa encomendou cem aviões com armamento aumentado. Como as asas eram finas, foram projetados casulos para alojar duas metralhadoras de 7,5 mm embaixo de cada uma delas. Após o armistício, poucos C.714 foram usados pela França. Em 1939, cerca de cinquenta foram enviados para a Finlândia na guerra contra a União Soviética.

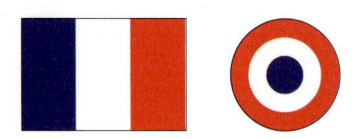

POTEZ 630

Família de caça bombardeiros bimotores desenvolvida para a Armée de l'Air no fim de 1930. A França deslocou algumas unidades para suas colônias ultramarinas e, no começo da guerra, usou-as em missões de bombardeio contra as tropas alemãs na fronteira com a Bélgica. Tinha dois motores radiais Gnome-Rhône 14M 04-05 de 14 cilindros refrigerados a ar, com 700 hp de potência cada. Estava armado com uma metralhadora MAC 1934 de 7,5 mm com disparo fixo para a frente, outra disposta na retaguarda e outra flexível atrás do *cockpit*, operada pelo artilheiro.

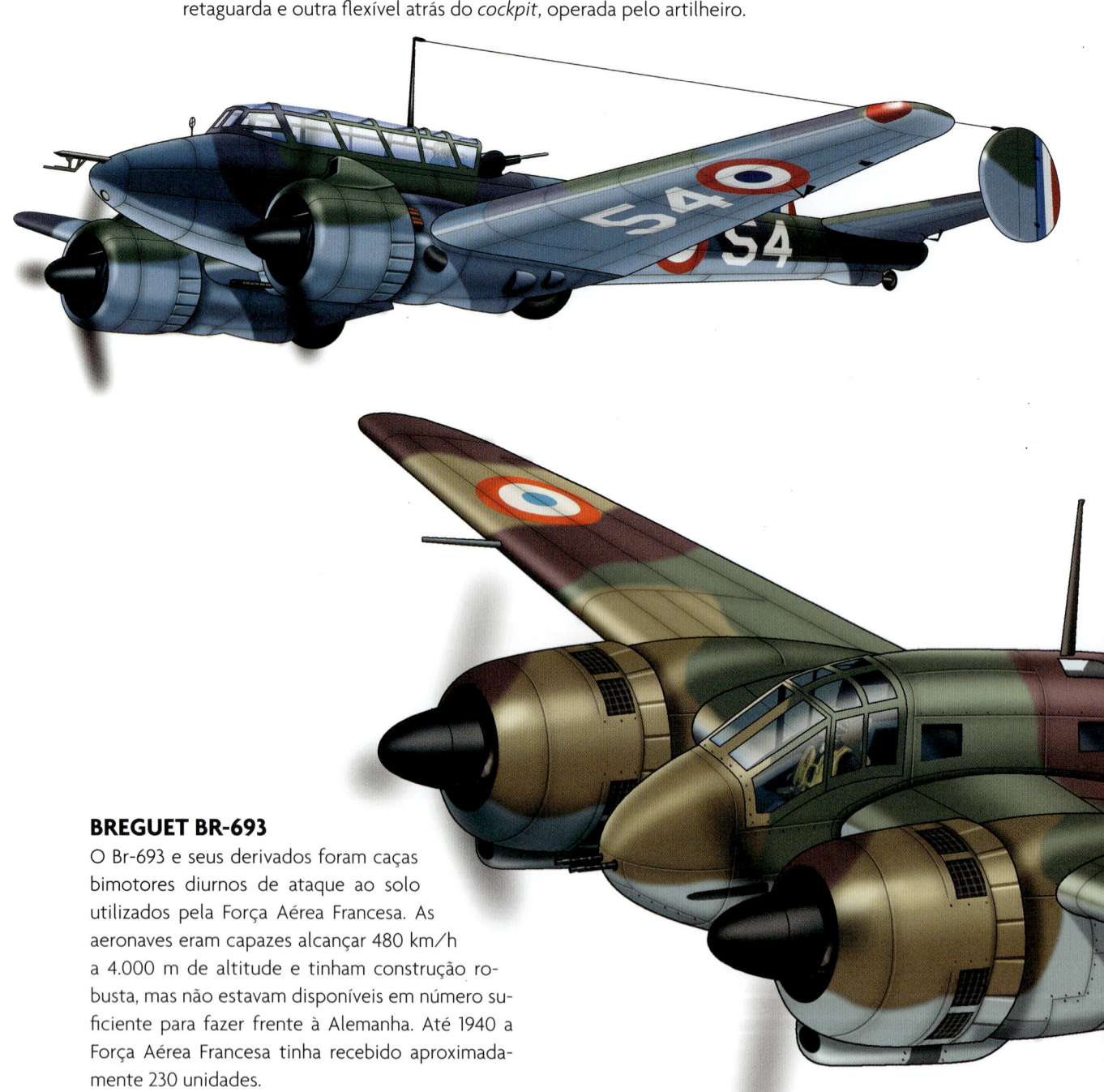

BREGUET BR-693

O Br-693 e seus derivados foram caças bimotores diurnos de ataque ao solo utilizados pela Força Aérea Francesa. As aeronaves eram capazes alcançar 480 km/h a 4.000 m de altitude e tinham construção robusta, mas não estavam disponíveis em número suficiente para fazer frente à Alemanha. Até 1940 a Força Aérea Francesa tinha recebido aproximadamente 230 unidades.

FRANÇA

LATÉCOÈRE 298

Hidroavião bombardeiro e torpedeiro, também serviu como bombardeiro de mergulho contra alvos terrestres e navais e como avião de reconhecimento marítimo. Robusto e confiável, tinha boa manobrabilidade e foi o hidroavião militar mais bem-sucedido da França. Tinha um motor Hispano-Suiza 12Y de 12 cilindros refrigerado a líquido, com 880 hp de potência. O armamento consistia em três metralhadoras Darme de 7,5 mm – duas de disparo fixo na frente e uma de tiro manual flexível atrás. Na parte ventral acomodava um torpedo 1926 DA ou duas bombas de 150 kg ou cargas de profundidade.

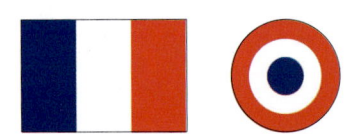

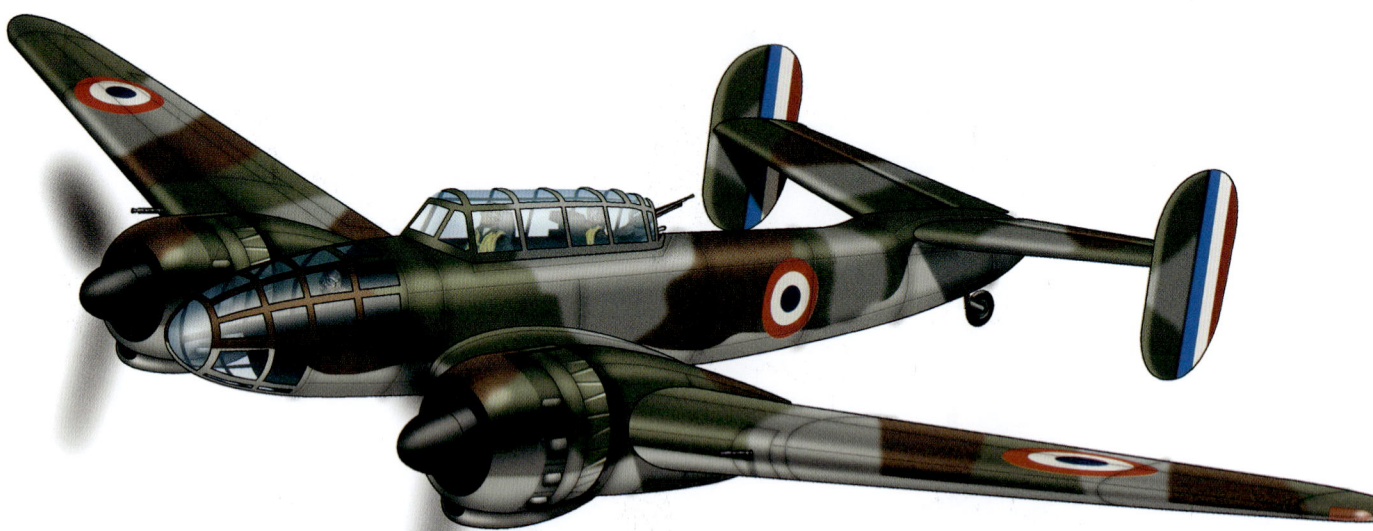

BLOCH MB.174

O MB.174 e seu sucessor, o MB.175, eram excelentes aviões de reconhecimento e bombardeio. O MB.174 era um monoplano de asas baixas, impulsionado por dois motores 14N-48/49 radiais 850 kW. Seu nariz era envidraçado: o piloto e o artilheiro que ficavam na parte dorsal eram acomodados sob um dossel de vidro. O armamento defensivo era composto por duas metralhadoras fixas MAC de 7,5 mm e duas metralhadoras gêmeas em montagem flexível na parte traseira do dossel da tripulação. Era capaz de transportar 600 kg de bombas. Apenas vinte unidades foram entregues para a Força Aérea Francesa até o armistício.

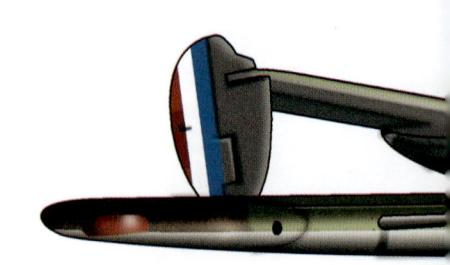

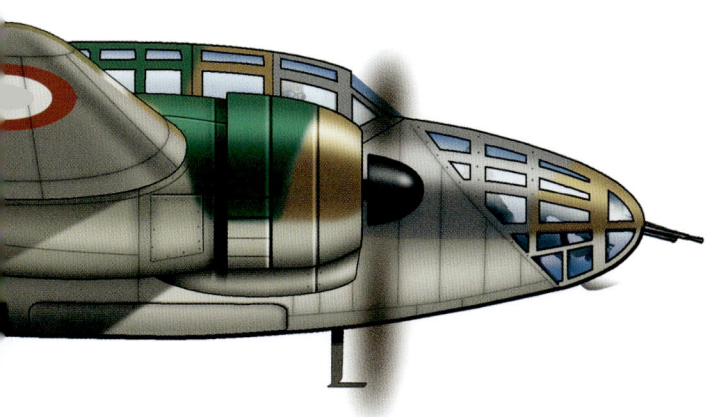

FRANÇA

AMIOT 354
Último de uma série de rápidos bombardeiros bimotores da Armée de l'Air que participaram da Batalha da França. Embora 130 exemplares tivessem sido encomendados, apenas oitenta foram recebidos a tempo pelo Ministério da Aeronáutica. Assim como o modelo 351, o Amiot 354 era armado com uma metralhadora MAC 1934 de 7,5 mm no nariz, outra na parte ventral e um canhão Hispano-Suiza HS.404 de 20 mm na parte dorsal. Podia igualmente carregar 1.200 kg de bombas.

LIORÉ ET OLIVIER LEO 45
Bombardeiro médio, de metal e com trem de pouso retrátil, foi incorporado à Força Aérea Francesa em 1938. Até o armistício, executou cerca de quatrocentas missões, despejando 320 toneladas de bombas. Embora mais rápido que muitos caças e bombardeiros, não conseguia escapar dos esquadrões de caças da Luftwaffe – 31 LeO 45 foram derrubados. Depois da guerra, os 67 restantes passaram a fazer treino e transporte. Foi aposentado somente em 1957. Tinha dois motores radiais Gnome-Rhône 14N-48/49 (ou 38/39 ou 46/47) de 14 cilindros refrigerados a ar, com 1.060 hp de potência cada. Vinha armado com um canhão Hispano-Suiza HS.404 de 20 mm na torre dorsal, duas metralhadoras MAC 1934 de 7,5 mm (uma de disparo fixo para a frente e outra retrátil na torreta ventral). Carregava 1.568 kg de bombas.

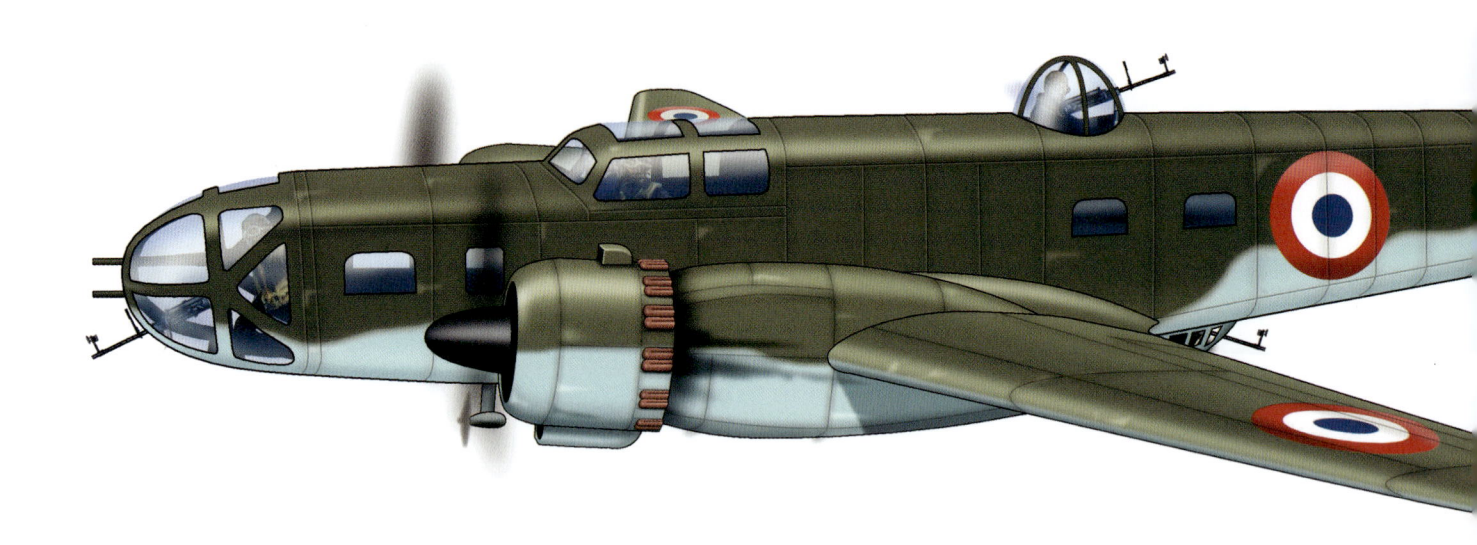

AMIOT 351

Avião postal de longo alcance e alto desempenho. Voou pela primeira vez em 1937 e despertou o interesse da Força Aérea Francesa, que solicitou uma versão de bombardeiro leve. Nos prenúncios da Segunda Guerra, em 1939, executou missões diurnas de bombardeio e missões noturnas de reconhecimento. Quando as forças alemãs ocuparam a França, os Amiots 351 remanescentes foram prontamente adotados para funções de transporte pela Luftwaffe. Era armado com uma metralhadora MAC 1934 de 7,5 mm no nariz, outra na parte ventral e um canhão Hispano-Suiza HS.404 de 20 mm na parte dorsal. Podia carregar 1.200 kg de bombas.

FRANÇA

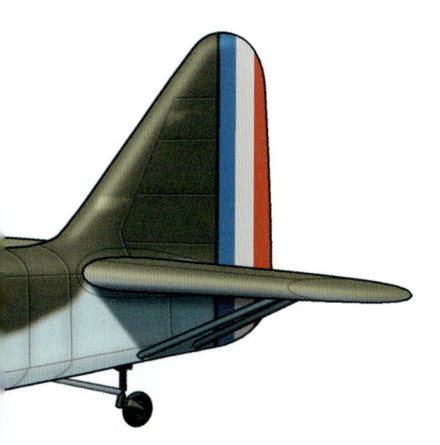

BLOCH MB.131 R4

Incorporado à Força Aérea Francesa em 1938, no começo da guerra fez missões diurnas de reconhecimento de longo alcance, mas não era páreo para enfrentar o caça Messerschmitt Me 109 da Luftwaffe, sofrendo pesadas baixas. No Regime de Vichy, os MB.131 restantes cumpriram missões de reboque de alvo em treinamentos de tiro aéreo. Era impulsionado por dois motores radiais Gnome-Rhône 14N 708 kW e contava com um armamento composto por um canhão de 20 mm e duas metralhadoras de 7,5 mm. Carregava 2.000 kg de bombas. Foram construídas 141 unidades.

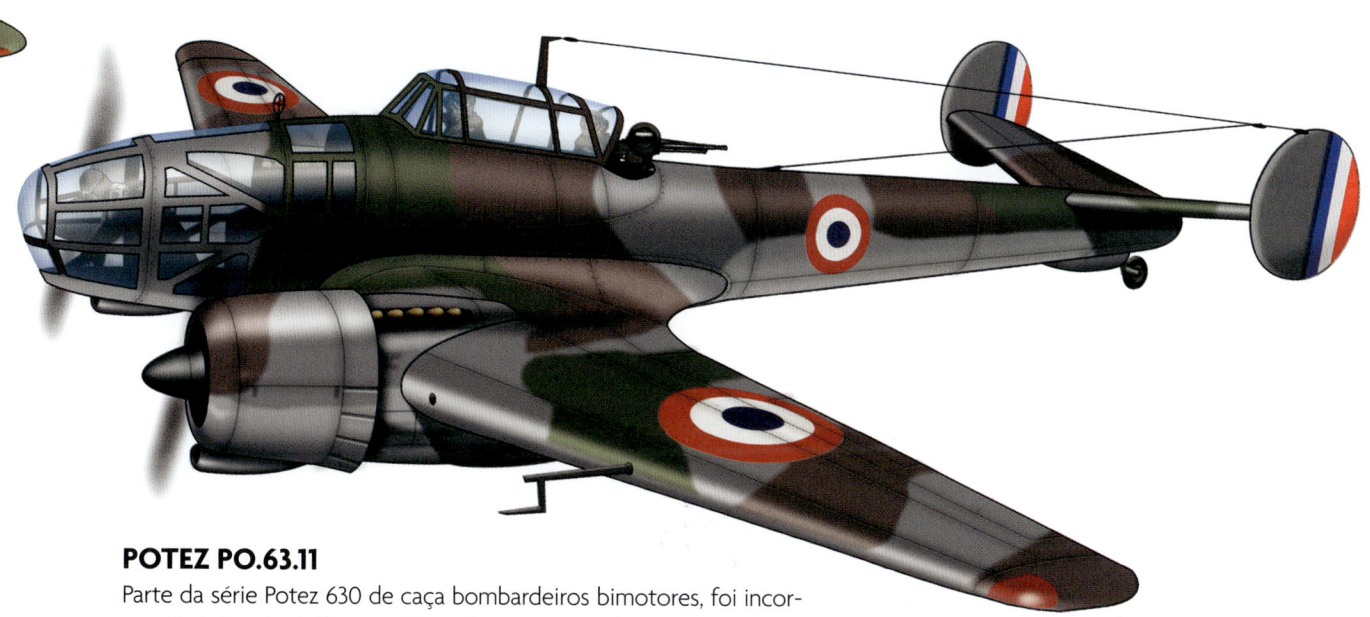

POTEZ PO.63.11

Parte da série Potez 630 de caça bombardeiros bimotores, foi incorporado à Armée de l'Air em 1939. Diferentemente do Po.630, no Po.63.11, o piloto sentava acima do observador. Isso deixou a fuselagem mais alta, o que diminuía a velocidade máxima e prejudicava a manobrabilidade, tornando o avião mais vulnerável, apesar da armadura e do revestimento autosselante nos tanques de combustível. Para também ser um bombardeiro leve, sua fuselagem tinha uma baía que acomodava oito bombas de 10 kg. Depois, esse compartimento foi substituído por outro tanque de combustível para aumentar seu raio de ação, já que a aeronave podia carregar duas bombas de 50 kg sob as asas. Tinha dois motores radiais Gnome-Rhône 14M 04-05 de 14 cilindros refrigerados a ar, com 700 hp de potência cada. Vinha armado com três metralhadoras MAC 1934 de 7,5 mm sob o nariz. Foram encomendadas 1.365 unidades, mas só 730 foram entregues até o armistício.

POTEZ 540

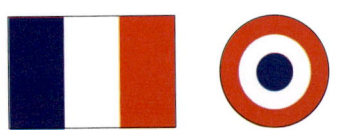

Bombardeiro e avião de reconhecimento projetado nos anos 1930, seu primeiro voo ocorreu em 1934 e no ano seguinte a aeronave foi incorporada à Força Aérea Francesa. Seu batismo de fogo se deu na Guerra Civil Espanhola, quando lutava pelo lado republicano. Embora obsoleto como bombardeiro já no começo da Segunda Guerra, prestou serviço como bombardeiro leve e apoio e atuou nas colônias francesas ultramarinas. Depois da capitulação da França, os remanescentes foram retirados de serviço ou destruídos. Tinha dois motores a pistão Hispano-Suiza 12Xirs de 12 cilindros, refrigerados a líquido, com 691 hp de potência cada. Vinha armado com três a cinco metralhadoras MAC 1934 de 7,5 mm no nariz e nas torres dorsal e ventral. Transportava 900 kg de bombas e 192 unidades foram construídas.

FRANÇA

AMIOT 143
Bombardeiro médio do final da década de 1930, projetado para atender às especificações da Armée de l'Air para um bombardeiro de longo alcance e de reconhecimento, tanto diurno como noturno. Era impulsionado por dois motores Gnome-Rhône 14K de 870 hp de potência, alcançando um raio de ação de 1.300 km. Seu armamento era composto de quatro metralhadoras MAC 1934 de 7,5 mm e transportava 1.600 kg de bombas (800 kg em seu interior e 800 kg na parte externa). Foram construídas 138 unidades.

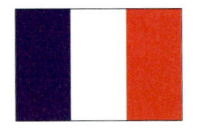

BLOCH MB.200

Bombardeiro noturno que entrou em serviço em 1933. Mesmo sendo lento, foi encomendado pela Armée de l'Air em 1934. No início da Segunda Guerra, apesar de obsoleto, sete grupos de bombardeiros da linha de frente contavam com essa aeronave. Também era construído na Tchecoslováquia e, quando os alemães invadiram o país, os MB.200 capturados passaram a servir como aviões de instrução e transporte na Luftwaffe. O mesmo ocorreu com os capturados depois do armistício. Tinha dois motores Gnome-Rhône 14K e o armamento de defesa era composto por três metralhadoras de 7,5 mm nas torretas do nariz, na parte dorsal e na gôndola ventral. Transportava 1.200 kg de bombas e mais de trezentas unidades foram produzidas.

CAO-700

Bombardeiro pesado de longo alcance feito de metal, fez o primeiro voo em 1940. Os testes foram cessados com o armistício. Na ocupação da França, os alemães mantiveram o protótipo no hangar da Société Nationale des Constructions Aéronautiques de l'Ouest para estudos, mas foi destruído em 1943 depois de um bombardeio Aliado. Tinha quarto motores radiais Gnome-Rhône 14N-49 e estava armado com um canhão Hispano-Suiza HS-404 e duas metralhadoras MAC 1934 de 7,5 mm. Carregava 1.582 kg de bombas.

FRANÇA

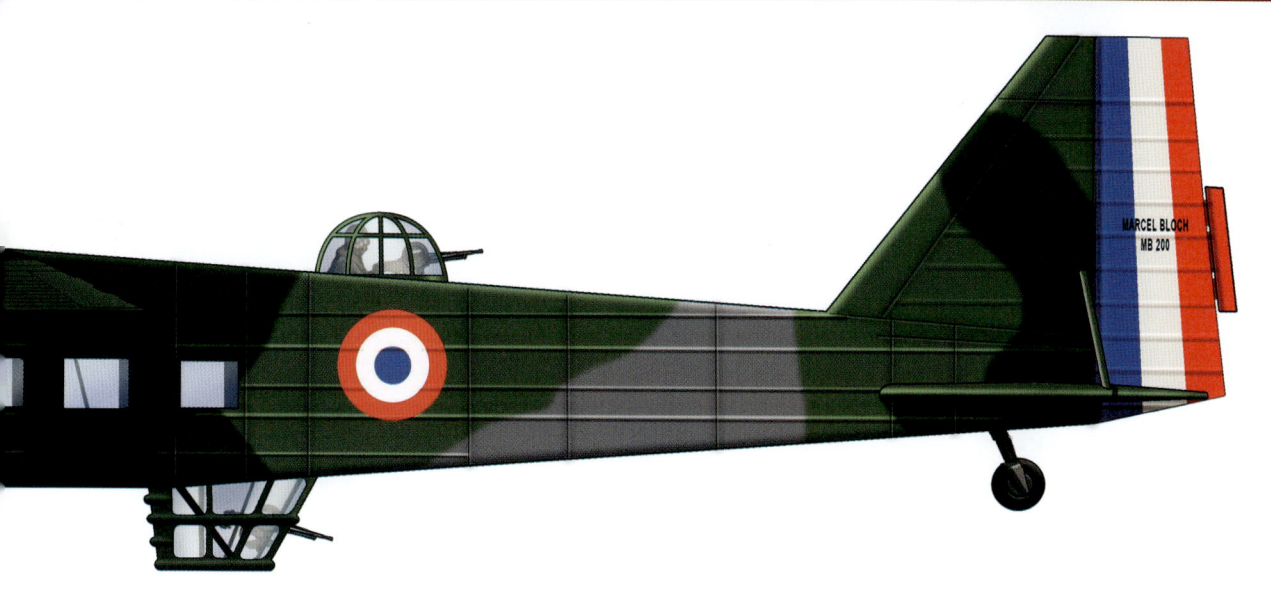

BLOCH MB.210

Primeiro bombardeiro com design moderno da Força Aérea Francesa antes da Segunda Guerra. Entrou em produção em 1935, equipando 12 grupos de bombardeiros da Armée de l'Air. O primeiro combate foi um bombardeio noturno contra os alemães que avançavam sobre a Bélgica e a França. Durante a invasão da França, dez MB.210 foram abatidos nas missões noturnas. Após a queda da França, quase todos foram aposentados e os alemães repassaram alguns para aliados. Tinha dois motores Gnome-Rhône 14K com 870 hp de potência. Vinha armado com três metralhadoras MAC 1934 de 7,5 mm e carregava 1.600 kg de bombas. Foram construídas 298 unidades.

GLOSTER GLADIATOR
Caça biplano, fez seu primeiro voo em 1931, entrou em serviço em 1937 e foi o último biplano usado pela Royal Air Force. No começo da guerra já era um caça obsoleto, mas ainda assim enfrentou, com relativo sucesso, caças mais modernos. Foi exportado para China, Grécia, Finlândia, Suécia, Irlanda, África do Sul, Noruega, Bélgica, entre outros. Era motorizado com um Bristol Mercury IX radial de 830 hp de potência e seu armamento consistia em quatro metralhadoras Vickers de 0,303 mm nas laterais da fuselagem e nas asas inferiores. Foram construídas 747 unidades.

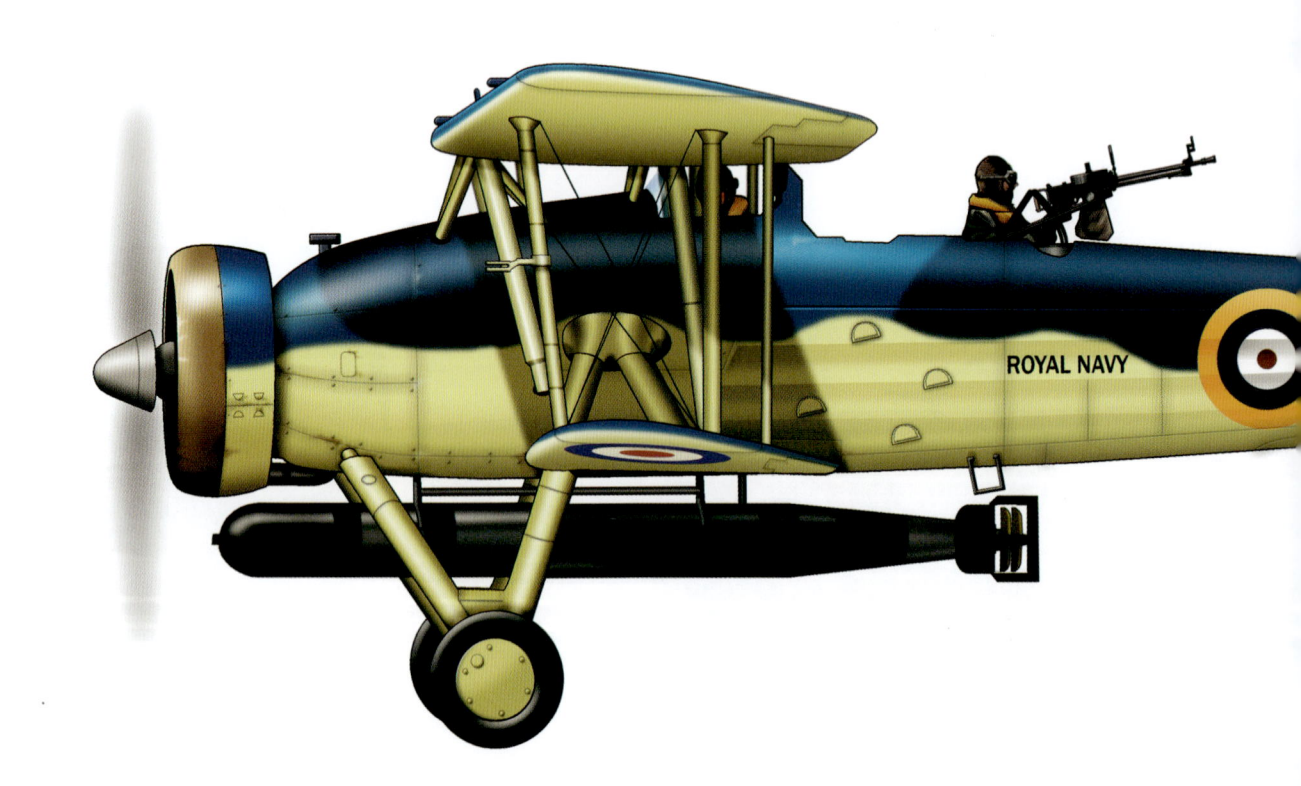

GRÃ-BRETANHA

HAWKER HURRICANE MK IIB

Caça monoposto projetado em 1930 e introduzido em serviço na Royal Air Force em 1937. Ficou famoso por ser responsável por 60% das vitórias na Batalha da Inglaterra e até o fim da guerra atuou em todos os principais teatros de operações. Era impulsionado por um motor Rolls-Royce Merlin XX de refrigeração a líquido, com 12 cilindros e 1.185 hp de potência. Era armado com quatro canhões Hispano Mk II de 20 mm e podia transportar duas bombas de 110 kg. Foram construídos 14.583 até o final de 1944.

FAIREY SWORDFISH

Caça torpedeiro que entrou na Royal Navy em 1936, sendo um dos mais bem-sucedidos aviões de ataque naval da guerra. Apesar de suas linhas antigas, era apreciado por ser de fácil pilotagem e controle. Foi responsável pela maioria das grandes vitórias da aviação naval britânica e participou do ataque aos couraçados alemães *Bismarck*, *Gneisenau* e *Scharnhorst* e à frota italiana na base naval de Tarento. Era impulsionado por um motor radial Bristol Pegasus IIIM.3 com 690 hp de potência e armado com uma metralhadora Vickers de 7,7 mm de tiro frontal na fuselagem e uma Vickers K ou Lewis de 7,7 mm no *cockpit* traseiro. Transportava um torpedo de 769 kg ou 700 kg de minas ou 680 kg de bombas nas asas. Entre 1936 e 1944, foram fabricadas 2.391 unidades.

SUPERMARINE SPITFIRE MK IIA

Caça monoposto que entrou na Royal Air Force em 1938. Foi o único caça Aliado em serviço na linha de frente do início ao fim da guerra. Era aerodinâmico e seu motor Rolls-Royce Merlin de 1.030 hp era adaptável, podendo ser trocado por um Merlin mais poderoso – modelos posteriores usaram o Rolls-Royce Griffon de até 2.340 hp de potência. O armamento levava oito metralhadoras Browning de 0,303 mm ou quatro canhões Hispano Mk II de 20 mm e transportava uma bomba de 113 kg. Foram produzidas mais de 20.350 unidades entre 1938 e 1945.

BLACKBURN SKUA

Caça monoplano de asa baixa feito de duralumínio com trem de pouso retrátil e cabine fechada que operava a partir de porta-aviões. Introduzido em 1938, foi o primeiro caça monoplano na Royal Navy britânica. Seu desempenho era comprometido pela pouca manobrabilidade, falta de impulso e baixa velocidade máxima de 362 km/h. Tinha um motor radial Bristol Perseus XII de 890 hp e era armado com quatro metralhadoras Browning de 7,7 mm nas asas e uma metralhadora flexível Vickers de 7,7 mm na retaguarda operada pelo artilheiro. Como bombardeiro de mergulho, transportava 230 kg em bombas. Foram construídas 192 unidades.

GRÃ-BRETANHA

BOULTON PAUL DEFIANT NF.II

Sem armas para a frente, este interceptador da Royal Air Force contava apenas com as armas da torreta. O conceito de um caça de torreta foi inspirado no Bristol F.2, da Primeira Guerra. Era razoavelmente eficaz no combate contra bombardeiros, mas muito vulnerável contra caças monopostos da Luftwaffe, muito mais ágeis. Como a falta de armas na frente era seu ponto fraco no combate diurno, foi empregado no combate noturno contra bombardeiros. Tinha um motor Rolls-Royce Merlin III com 12 cilindros, 1.030 hp de potência e refrigeração a líquido. O armamento consistia em quatro metralhadoras Browning de 7,7 mm na torreta dorsal comandada hidraulicamente. Foram construídas 1.064 unidades.

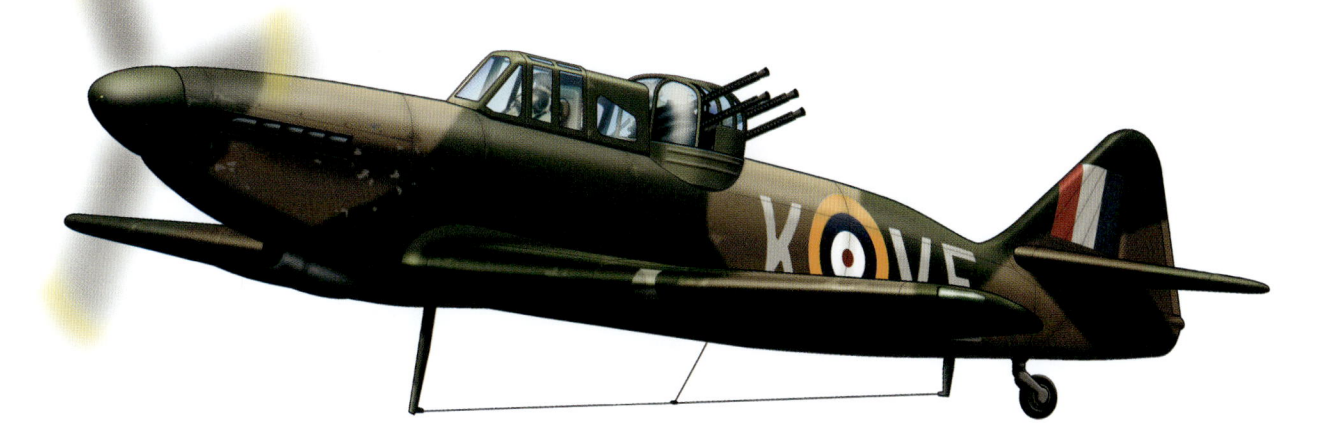

FAIREY FIREFLY MK IV

Caça bombardeiro embarcado em porta-aviões, introduzido à Royal Navy em 1943. Foi projetado para ser um caça de longo alcance, robusto, mas dócil na operação e manobrabilidade. Manteve-se ativo no pós-guerra e só foi substituído por aviões a jato em 1956. As primeiras missões foram de reconhecimento armado contra navios de carga alemães na costa norueguesa e de cobertura aérea no ataque ao encouraçado alemão *Tirpitz*, em 1944. Atuou na guerra antissubmarino e no bombardeio de mergulho contra aeroportos e refinarias, principalmente no Pacífico e Extremo Oriente. Tinha um motor Rolls-Royce Griffon IIB com 12 cilindros, 1.730 hp de potência e com refrigeração a líquido. Era armado com quatro canhões Hispano-Suiza HS.404 de 20 mm. Carregava oito foguetes RP-3 não guiados sob as asas ou 450 kg de bombas. Foram produzidas 1.705 unidades.

HAWKER TYPHOON

Caça bombardeiros monoposto feito para substituir o Hawker Hurricane como interceptador de média altitude. No seu desenvolvimento surgiram problemas que nunca foram resolvidos. Tinha motor refrigerado a líquido Napier Sabre IIA, IIB ou IIC, com 2.180 hp, 2.200 hp ou 2.260 hp, respectivamente. Podia transportar 12 metralhadoras de 7,7 mm ou quatro canhões Hispano Mk II de 20 mm, além de oito foguetes ar-terra não guiados ou 454 kg em bombas. Introduzido na Royal Air Force em 1941, foi o único caça da RAF capaz de enfrentar o caça alemão Focke-Wulf Fw 190, ganhando um novo papel como um interceptador de baixa altitude. Foram fabricadas 3.317 unidades.

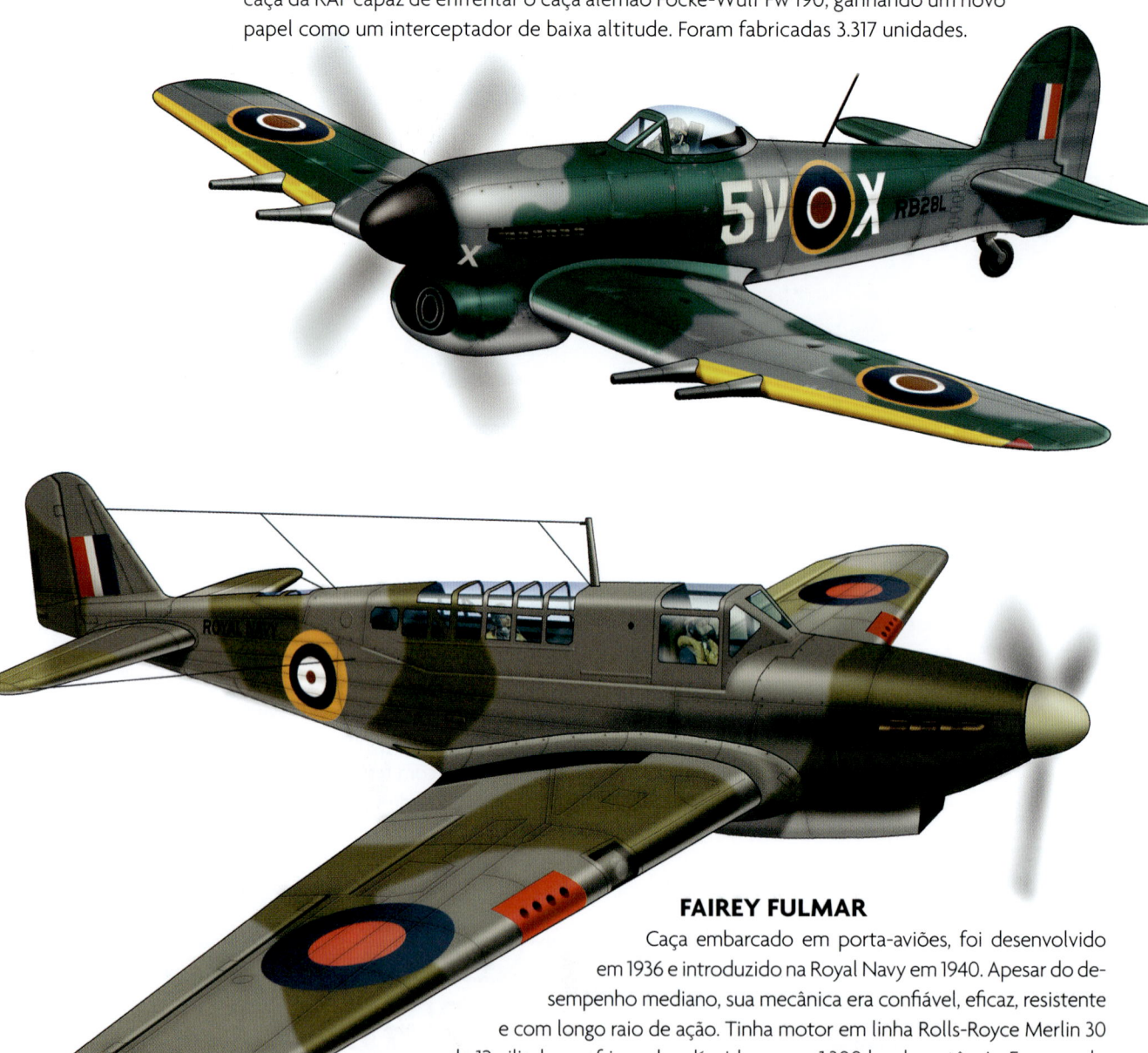

FAIREY FULMAR

Caça embarcado em porta-aviões, foi desenvolvido em 1936 e introduzido na Royal Navy em 1940. Apesar do desempenho mediano, sua mecânica era confiável, eficaz, resistente e com longo raio de ação. Tinha motor em linha Rolls-Royce Merlin 30 de 12 cilindros, refrigerado a líquido e com 1.300 hp de potência. Era armado com oito metralhadoras Vickers de 7,7 mm ou quatro Browning de 12,7 mm e uma Vickers K de 7,7 mm podia ser adicionada na traseira da cabine. Transportava até 110 kg de bombas. Entre 1943 e 1945 foram produzidas seiscentas unidades.

GRÃ-BRETANHA

HAWKER TEMPEST II
Caça bombardeiro, projetado para substituir o Typhoon e corrigir os problemas de desempenho do antecessor. Com projeto refinado, tornou-se um dos caças mais poderosos da guerra: enfrentou os mais velozes caças da Luftwaffe, atacou as colunas de blindados e o transporte ferroviário e causou pesadas perdas para a Alemanha. Era motorizado com um Napier Sabre IIA de 2.180 hp de potência. O armamento contava com quatro canhões Mark II Hispano de 20 mm e transportava 454 kg de bombas e foguetes não guiados. Foram construídas 1.702 unidades até o fim do conflito.

WESTLAND WHIRLWIND P7110
Este caça bimotor voou pela primeira vez em 1938 e foi um dos aviões de combate mais rápidos e fortemente armados do mundo. Problemas em seu desenvolvimento atrasaram o projeto, e apenas 116 unidades foram construídas. Equipou apenas três esquadrões da Royal Air Force e, mesmo bem-sucedido, foi aposentado em 1943. Tinha dois motores Rolls-Royce Peregrine I de 12 cilindros, refrigeração a líquido e com 885 hp cada, fazendo-o alcançar 530 km/h. Era armado com quatro canhões Hispano-Suiza HS.404 de 20 mm com tambor para sessenta tiros. Transportava 230 kg de bombas.

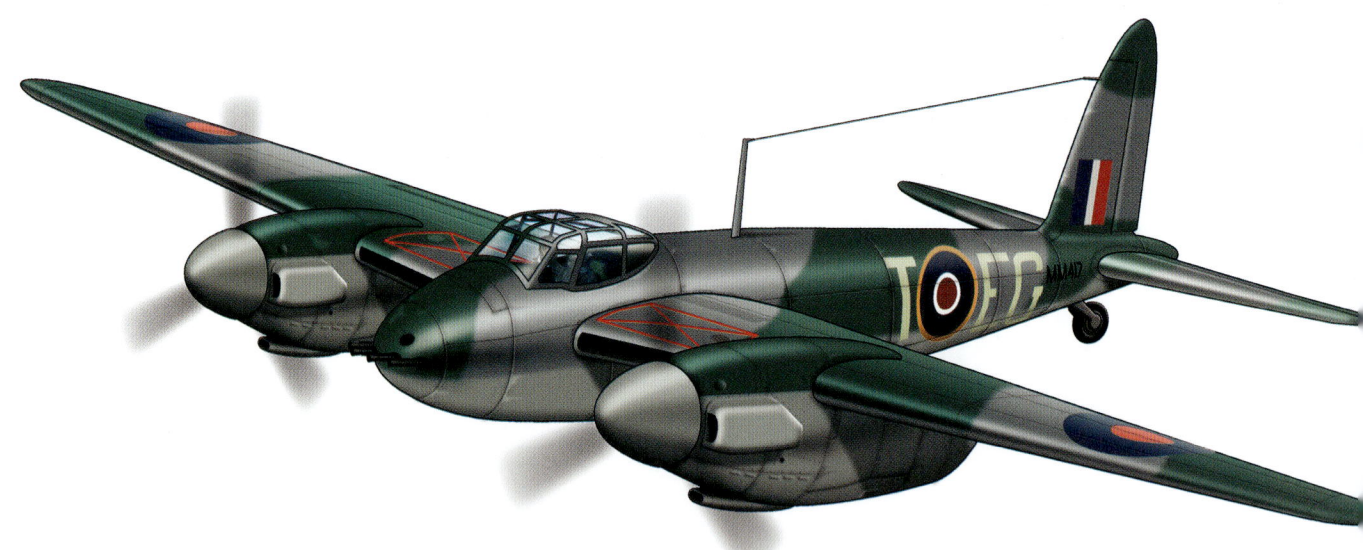

DE HAVILLAND MOSQUITO FB.VI

Caça bombardeiro rápido, seu projeto foi retomado pelo Ministério do Ar britânico em 1940. O primeiro voo impressionou com sua boa manobrabilidade e velocidade máxima de 650 km/h. Era motorizado por dois Rolls-Royce Merlin de 12 cilindros, refrigerados a líquido, com 1.480 hp de potência cada. Era armado com quatro canhões Hispano Mk II de 20 mm ou quatro metralhadoras Browning de 7,7 mm e transportava 1.800 kg de bombas. Foi produzido na Inglaterra, no Canadá e na Austrália e exportado para União Soviética, França, Nova Zelândia, Turquia e Iugoslávia. Foram produzidas 7.781 unidades no total.

GRÃ-BRETANHA

BRIGSTONE BLENHEIM IF

Bombardeiro médio que voou pela primeira vez em 1935 e foi incorporado à Royal Air Force em 1937. No começo da guerra já integrava 16 esquadrões da RAF e foi o primeiro avião britânico a entrar no espaço aéreo alemão, onde tirou fotos da localização da frota naval nazista para que o Blenheim Mk IV realizasse a primeira missão de ataque contra a Alemanha. Era propulsionado por dois motores radiais Bristol Mercury XV com 920 hp de potência cada. Seu armamento era uma metralhadora Browning M1919 de 7,7 mm nas asas e uma metralhadora manual de 7,07 mm na torreta do dorso. Transportava 454 kg de bombas. Foram construídas 4.422 unidades.

FAIREY BARRACUDA

Caça monoplano, bombardeiro de mergulho e torpedeiro feito em metal introduzido para substituir o Swordfish e operado pela Royal Navy entre 1941 e 1945. Tinha trem de pouso retrátil e gancho de parada para operar a partir de porta-aviões. Contava com uma tripulação de três homens em cabine fechada e suas asas dispunham de grandes abas que funcionavam como freios de mergulho. Notabilizou-se ao participar do ataque ao encouraçado alemão *Tirpitz*, em 1944. Embarcado no porta-aviões *Ilustrius*, operou contra os japoneses no Pacífico. Tinha um motor Rolls-Royce Merlin 32 de 12 cilindros, refrigeração a líquido e 1.640 hp de potência. Seu armamento tinha duas metralhadoras Vickers K de 7,7 mm na parte traseira da cabine e transportava um torpedo de 735 kg, bombas de profundidade ou bombas de queda livre para bombardeio de mergulho. Foram produzidas 2.607 unidades.

BRIGSTONE BEAUFIGHTER MK 1

Caça bombardeiro bimotor introduzido na Royal Air Force em 1940. Foi concebido como um caça pesado de combate noturno, variante do bombardeiro Bristol Beaufort, mas foi usado como caça de ataque ao solo e substituiu o Beaufort como torpedeiro. Tinha dois motores radiais Bristol Hercules de 14 cilindros e 1.600 hp de potência cada. Seu armamento era pesado: quatro canhões Hispano Mk II de 20 mm no nariz e uma metralhadora Browning de 7,7 mm operada manualmente pelo observador. Transportava 250 kg de bombas ou um torpedo de 18 polegadas ou oito foguetes RP-3 não guiados. Foram construídas 5.928 unidades.

GLOSTER METEOR F.III

Primeiro caça a jato britânico e o único dos Aliados a entrar em ação antes do fim da guerra. Foi entregue à Royal Air Force em meados de 1944 e logo enfrentou com relativo êxito as temidas bombas voadoras alemãs V-1 sobre o Canal da Mancha. A versão aperfeiçoada F.III, entregue à RAF em 1945, decolou pela primeira vez para uma missão em Bruxelas, que não aconteceu por causa do armistício. Era motorizado com dois turbojatos Rolls-Royce Derwent 8 de 3.600 lbf de potência cada. Era armado com quatro canhões Hispano MKV de 20 mm e transportava 16 foguetes não guiados ar-terra ou até 454 kg de bombas. Até 1954 foram produzidas 3.947 unidades. Depois da guerra foi exportado para diversos países, tornando-se o primeiro jato de combate das forças aéreas de diversos países.

GRÃ-BRETANHA

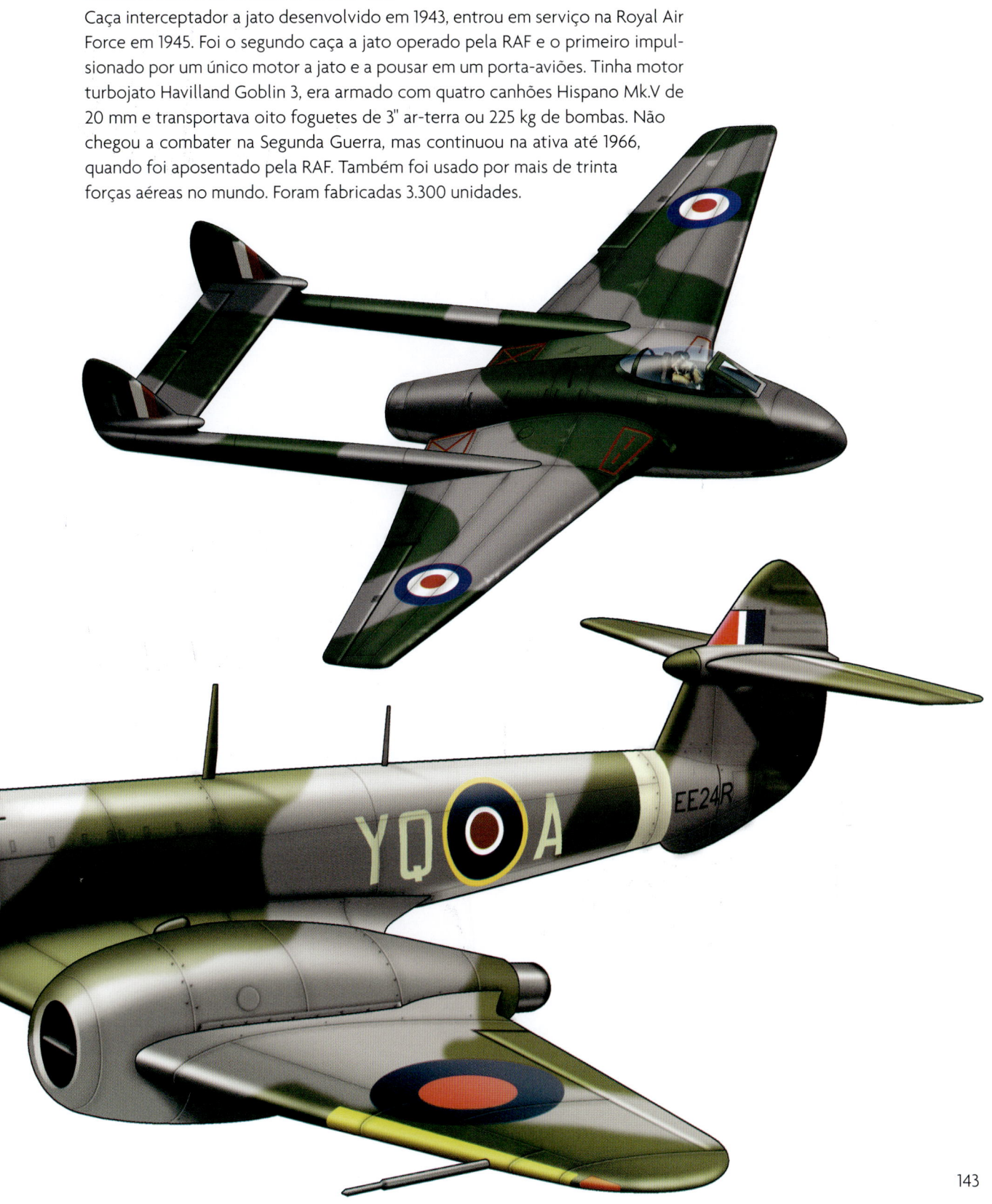

DE HAVILLAND DH.100 VAMPIRE
Caça interceptador a jato desenvolvido em 1943, entrou em serviço na Royal Air Force em 1945. Foi o segundo caça a jato operado pela RAF e o primeiro impulsionado por um único motor a jato e a pousar em um porta-aviões. Tinha motor turbojato Havilland Goblin 3, era armado com quatro canhões Hispano Mk.V de 20 mm e transportava oito foguetes de 3" ar-terra ou 225 kg de bombas. Não chegou a combater na Segunda Guerra, mas continuou na ativa até 1966, quando foi aposentado pela RAF. Também foi usado por mais de trinta forças aéreas no mundo. Foram fabricadas 3.300 unidades.

FAIREY BATTLE

Bombardeiro monomotor diurno com tripulação de três homens, entrou em serviço na Royal Air Force no final de 1937. Era robusto, mas lento e limitado em alcance, sendo vulnerável à artilharia antiaérea. Com baixa autodefesa, tinha uma única metralhadora Browning de 7,7 mm na lateral do piloto e uma Vickers de 7,7 mm atrás da cabine. Apesar de ser um dos aviões mais decepcionantes da RAF, foi o que conseguiu a primeira vitória aérea britânica da Segunda Guerra. Como sofria mais de 50% de perdas por missão, foi aposentado no final de 1940 e relegado a unidades de formação no exterior. Era motorizado com um Rolls-Royce Merlin II de 1.030 hp de potência. Transportava 110 kg de bombas internas e 230 kg de bombas externas. Entre 1937 e 1940, foram produzidas 2.185 unidades.

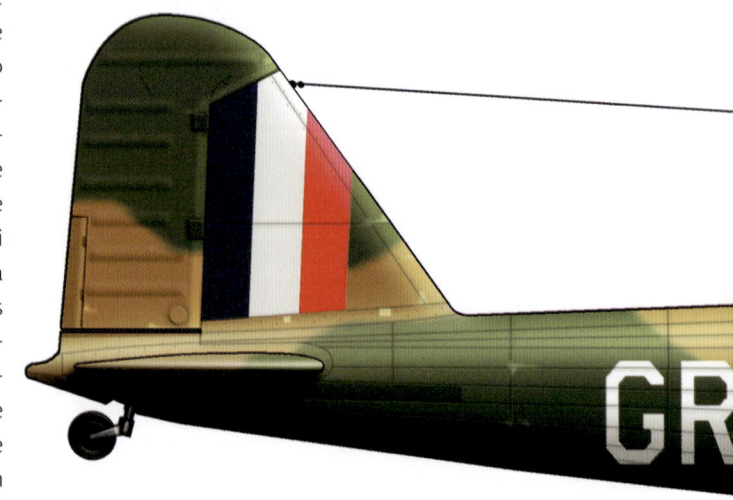

GRÃ-BRETANHA

BRISTOL BOMBAY

Bombardeiro e avião de transporte de carga médio introduzido na Royal Air Force em 1939 para substituir biplanos em uso no Oriente Médio e na Índia. A aeronave seguia o conceito britânico do pré-guerra: ser capaz de transportar 24 soldados totalmente equipados ou uma carga correspondente e, com pequenas modificações, ficar preparada para carregar bombas e armas para atuar como bombardeiro. Era impulsionado por dois motores radiais Bristol Pegasus XXII de 1.010 hp de potência cada e o armamento de defesa era composto por duas metralhadoras Vickers K de 7,7 mm no nariz e na torres da cauda. Transportava até 907 kg de bombas em cremalheiras externas na fuselagem. Foram construídas apenas 51 unidades.

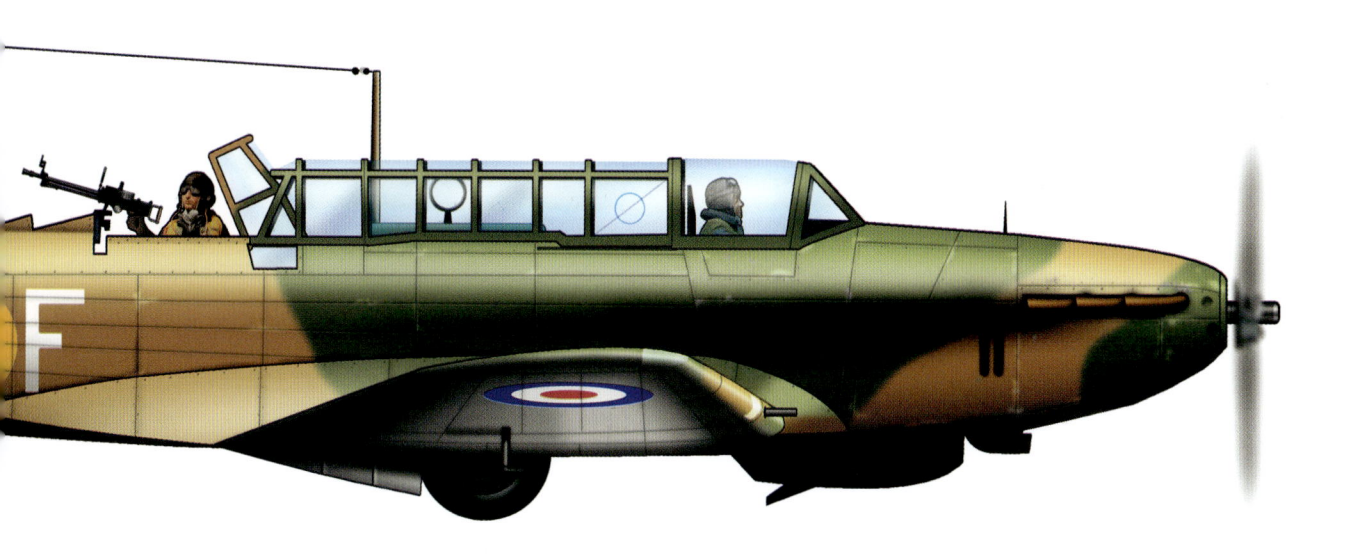

SHORT SUNDERLAND

Hidroavião de patrulha e bombardeiro, foi incorporado à Royal Air Force em 1938. Desenvolvido para a luta antissubmarino, enfrentou a ameaça dos submarinos alemães U-boats na Batalha do Atlântico. Era um dos hidroaviões mais poderosos e amplamente usados na Segunda Guerra. Tinha quatro motores radiais Bristol Pegasus XVIII de 1.065 hp de potência cada e seu armamento de defesa e ataque impressionava: 16 metralhadoras Browning de 7,7 mm e duas de 12,7 mm. Transportava armamentos ofensivos, incluindo bombas, minas e cargas de profundidade sob as asas. As unidades da Força Aérea Real australiana também serviram na Guerra da Coreia e continuaram em serviço até 1959. A Força Aérea Real da Nova Zelândia o manteve em serviço até 1967. Foram produzidas de 777 unidades.

GRÃ-BRETANHA

AVRO LANCASTER

Bombardeiro quadrimotor pesado incorporado à Royal Air Force em 1942. Foi o principal bombardeiro pesado da RAF, descarregando 608.612 toneladas de bombas em 156 mil surtidas. Tinha uma versatilidade impressionante: foi modificado para carregar a bomba "saltadora" (ou "ricocheteadora"), feita para destruir as barragens do vale do rio Ruhr, na Alemanha; embora projetado para ser um bombardeiro noturno, também executou missões distintas, como bombardeio de precisão diurno; alguns foram adaptados para transportar a superbomba Tallboy, de 5.400 kg; e ainda levou as "bombas-terremoto" Grand Slam de 9.900 kg. Tinha quatro motores Rolls-Royce Merlin XX de 12 cilindros, com 1.280 hp de potência cada, e seu armamento de defesa tinha oito metralhadoras Browning Mark II de 7,7 mm, estando duas na torre do nariz, duas na torre superior e quatro na torre traseira. A carga máxima de bombas era de 6.350 kg, ou 9.979 kg para o transporte da bomba Grand Slam após modificações na baia interna. Foram produzidas 7.377 unidades.

VICKERS WELLESLEY

Bombardeiro leve, foi incorporado à Royal Air Force em 1937. Quando a Segunda Guerra começou, era um modelo inadequado para o teatro de operações europeu, sendo transferido para os desertos do leste da África, do Egito e do Oriente Médio, onde obteve sucesso. Era impulsionado por um motor radial Bristol Pegasus XX de 925 hp de potência e o armamento de defesa tinha duas metralhadoras Vickers de 7,7 mm, estando uma à direita da fuselagem e outra no *cockpit* traseiro. Transportava até 997 kg de bombas. Foram construídas 177 unidades.

GRÃ-BRETANHA

BRISTOL BEAUFORT

Bombardeiro de torpedo bimotor que foi incorporado ao Comando Costeiro da Royal Air Force e à Royal Navy em 1940. Foi usado como torpedeiro, lança-minas e bombardeiro convencional até 1942, quando ficou obsoleto e saiu de serviço. Atuou no Mediterrâneo a partir de bases no Egito e em Malta, atacando os suprimentos alemães para as Afrikakorps, e no Pacífico teve destaque na Força Aérea Real australiana. Era motorizado com dois Bristol Taurus radiais de 1.130 hp de potência cada e seu armamento de defesa tinha uma Vickers GO de 7,7 mm na frente, duas Bristol Mk IV de 7,7 mm na torre dorsal e uma Browning de 7,7 mm na saída traseira. Transportava um torpedo de 728 kg ou 997 kg de bombas ou minas. Foram construídas 1.121 unidades.

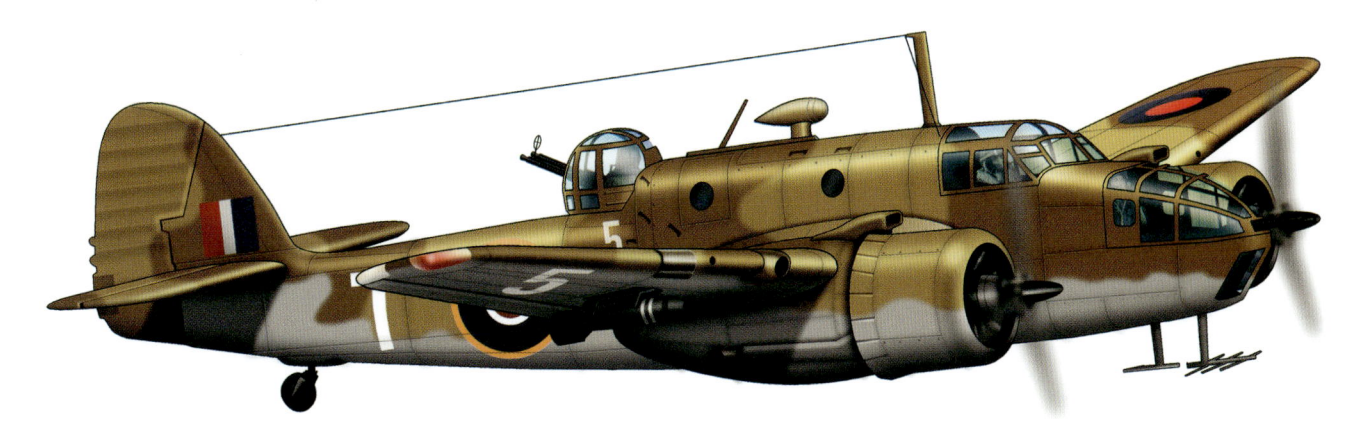

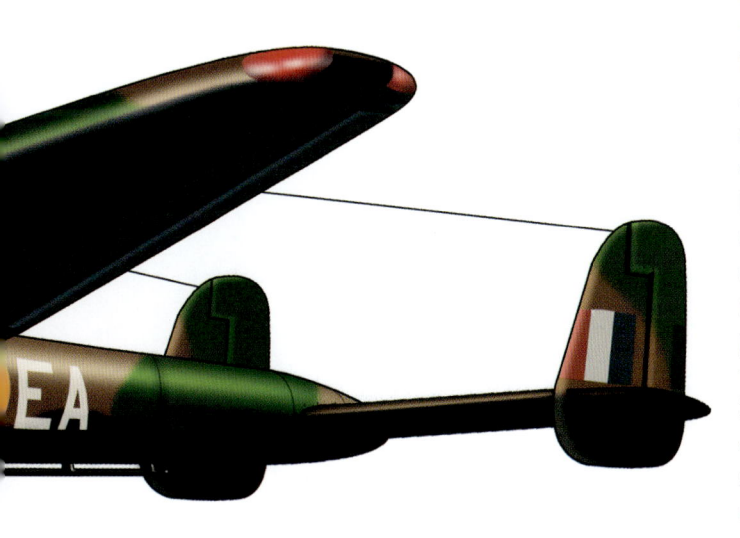

HANDLEY PAGE HAMPDEN

Bombardeiro médio, entrou na Royal Air Force em 1938. No começo da guerra, junto com o Wellington e o Withley, escorou a demanda de bombardeio sobre a Europa. Participou da primeira invasão do espaço aéreo alemão no bombardeio noturno a Berlim e fez parte dos mil aviões que bombardearam a cidade de Colônia, também na Alemanha. Atuou até 1942, quando os bombardeiros pesados entraram em ação, e foi direcionado a outras missões por ser inadequado para bombardeios a longas distâncias. Tinha dois motores radiais Bristol Pegasus XVIII de nova cilindros e 1.000 hp de potência cada e seu armamento de defesa tinha duas metralhadoras Browning M1919 de 7,7 mm no nariz e cinco metralhadoras Vickers K, sendo uma montada no nariz, duas na parte dorsal e duas na parte ventral. Transportava 1.814 kg de bombas ou um torpedo de 457 mm. Até 1942 foram produzidas 1.430 unidades.

AVRO MANCHESTER

Bombardeiro pesado desenvolvido em 1940, foi o precursor do quadrimotor Avro Lancaster, que se tornaria um dos bombardeiros estratégicos britânicos mais capazes da guerra. Apresentou problemas nos motores, mas mesmo assim 35 unidades participaram do bombardeio à cidade alemã de Colônia em 1942. Em Bremen, 193 aeronaves despejaram 1.826 toneladas de bombas em 1.269 surtidas – 78 Manchester foram abatidas. Foi retirado de serviço da Royal Air Force em meados de 1942. Era impulsionado por dois motores Rolls-Royce Vulture I de 24 cilindros, com 1.760 hp de potência cada, e seu armamento de defesa tinha oito metralhadoras Browning de 7,7 mm no nariz, na torre dorsal e na cauda. Transportava até 4.695 kg de bombas.

GRÃ-BRETANHA

VICKERS WARWICK B.MK I

Bimotor originalmente projetado para ser bombardeiro, teve problemas de potência e falhas nos motores, sendo transferido para o Comando Costeiro da Royal Air Force para ser empregado em missões de reconhecimento. Era impulsionado por dois motores radiais Pratt & Whitney R-2800/S.1A4-G de 1.850 hp de potência cada e seu armamento de defesa tinha oito metralhadoras Browning de 7,7 mm em três torres. Foram construídas 842 unidades.

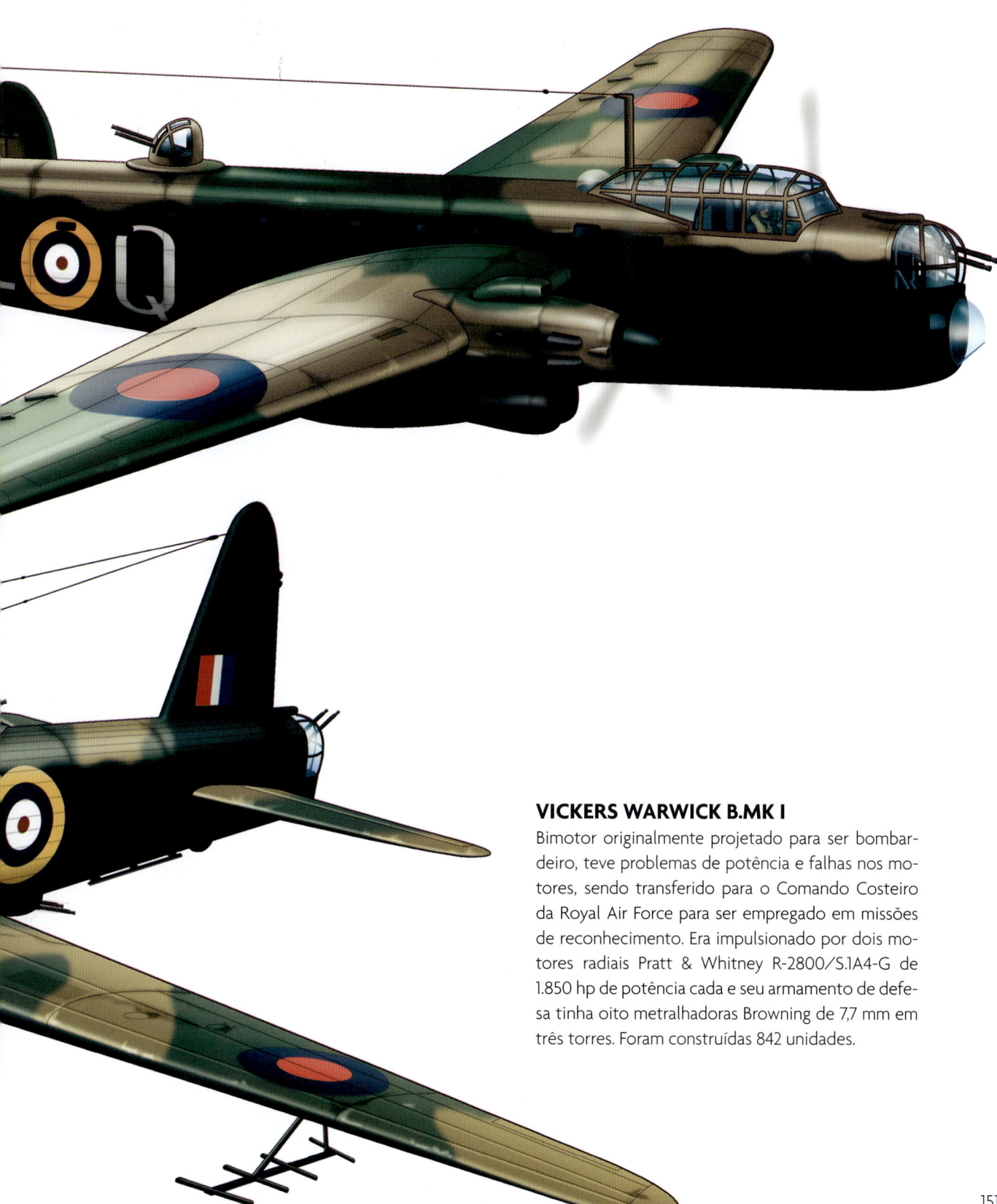

VICKERS WELLINGTON

Bombardeiro médio de longo alcance, foi projetado em meados dos anos 1930 e entrou em serviço em 1936. Foi amplamente utilizado como bombardeiro noturno nos primeiros anos da Segunda Guerra, até a entrada dos bombardeiros pesados quadrimotores. Até o fim do conflito continuou a ser produzido e empregado em diversas funções, especialmente como avião antissubmarino. Era impulsionado por dois motores radiais Bristol Pegasus Marcar XVIII, de 1.050 hp de potência cada e o armamento de defesa consistia em oito metralhadoras Browning de 7,7 mm na torreta do nariz e da cauda e nas laterais da fuselagem. Transportava 2.041 kg de bombas e entre 1936 e 1945 foram produzidas 11.461 unidades.

GRÃ-BRETANHA

ARMSTRONG WHITWORTH WHITLEY
Bombardeiro médio introduzido na Royal Air Force em 1937, formou a linha de frente de bombardeio da RAF na Segunda Guerra junto com o Vickers Wellington e o Handley Hampden. Participou do primeiro bombardeio da RAF ao território alemão, cumpriu missões de ataque marítimo e de reconhecimento costeiro e se manteve em serviço até a introdução dos bombardeiros quadrimotores mais pesados. Tinha dois motores Rolls-Royce Merlin X de 12 cilindros, com refrigeração a líquido e 1.145 hp de potência cada. Seu armamento de defesa tinha uma metralhadora Vickers K de 7,7 mm na torreta do nariz e quatro Browning na torreta da cauda. Carregava internamente na fuselagem 3.175 kg de bombas. Foram construídas 1.814 unidades.

SHORT STIRLING MK I

Primeiro bombardeiro pesado da Royal Air Force a operar na Segunda Guerra, entrou em serviço no início de 1941, mas teve uma carreira relativamente breve como bombardeiro, sendo relegado para funções de segunda linha a partir do final de 1943, quando chegaram outros bombardeiros quadrimotores mais capazes. Era impulsionado por quatro motores radiais Bristol Hercules II com 1.375 hp de potência cada e seu armamento de defesa era composto de oito metralhadoras Browning de 7,7 mm, sendo duas na torreta do nariz, quatro na torre da cauda e duas na torreta dorsal. Transportava até 6.350 kg de bombas. Foram construídas 2.371 unidades.

GRÃ-BRETANHA

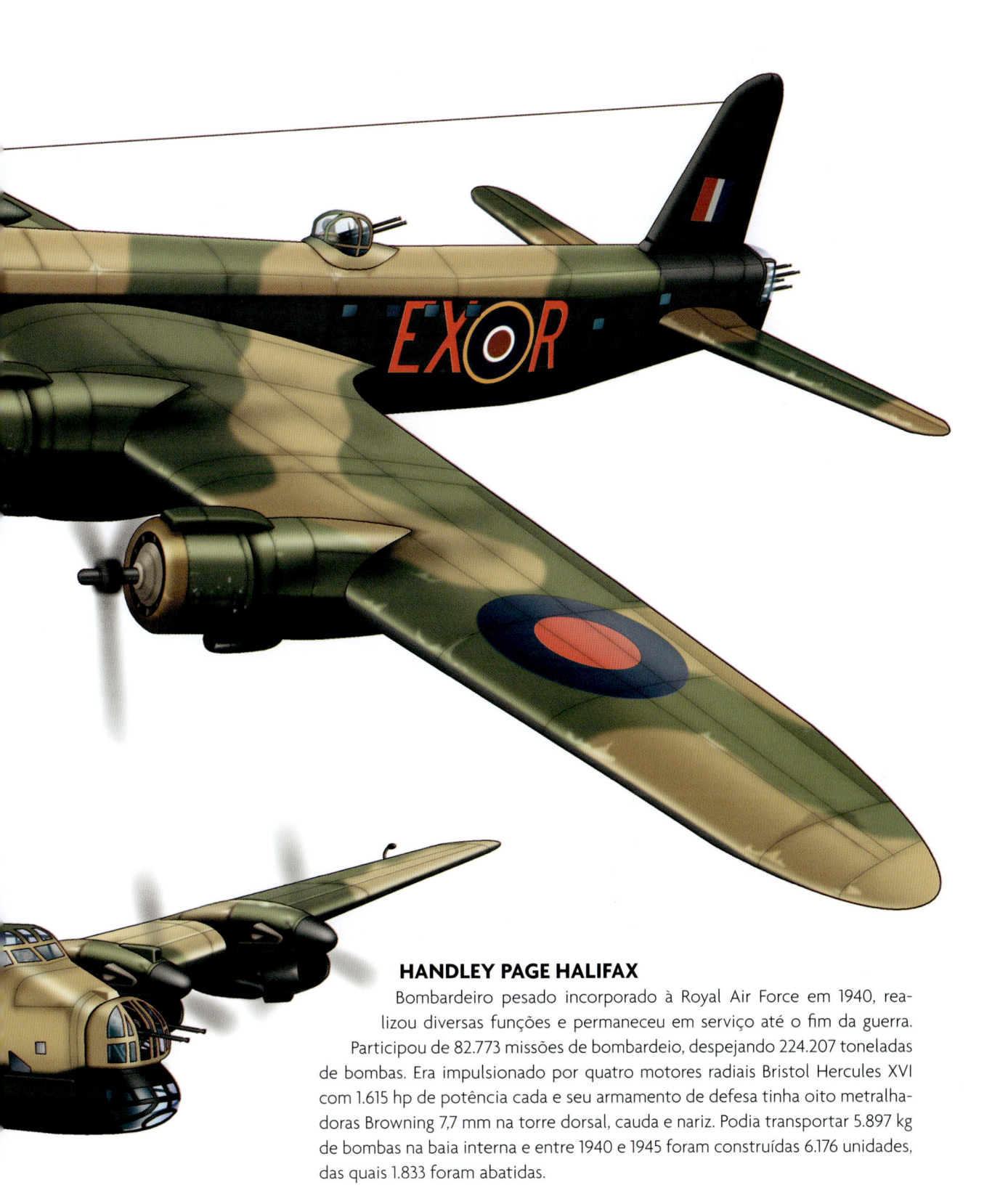

HANDLEY PAGE HALIFAX

Bombardeiro pesado incorporado à Royal Air Force em 1940, realizou diversas funções e permaneceu em serviço até o fim da guerra. Participou de 82.773 missões de bombardeio, despejando 224.207 toneladas de bombas. Era impulsionado por quatro motores radiais Bristol Hercules XVI com 1.615 hp de potência cada e seu armamento de defesa tinha oito metralhadoras Browning 7,7 mm na torre dorsal, cauda e nariz. Podia transportar 5.897 kg de bombas na baia interna e entre 1940 e 1945 foram construídas 6.176 unidades, das quais 1.833 foram abatidas.

PZL P.7 A

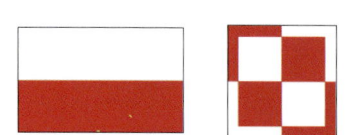

Caça monoplano projetado na década de 1930. Fabricado em Varsóvia, foi um dos primeiros caças construído totalmente em metal. Em 1933 foi incorporado à Força Aérea da Polônia, sendo seu principal caça e dando origem a outros modelos, entre eles o PZL P.11 e o PZL P.24. Tinha motor radial Bristol Jupiter VII de nove cilindros e com 520 hp de potência. Originalmente seu armamento consistia em duas metralhadoras Vickers, que depois foram substituídas por metralhadoras PWU FK wz.33. Das 151 unidades construídas, mais de trinta ainda atuavam em 1939 e, apesar de já obsoletas, conseguiram várias vitórias contra a Alemanha.

PZL P.11

Este caça foi incorporado à Força Aérea Polonesa em 1934. Na invasão da Polônia pelos alemães em 1939, conseguiram abater 118 caças alemães, que eram muito mais rápidos. Também foi usado pelas forças aéreas da Romênia, Hungria, Bulgária e Letônia. Tinha motor Bristol Mercury IV S2 com 575 hp de potência e duas metralhadoras ACS 33 de 7,92 mm. Foram produzidas 350 unidades até que a Polônia se rendesse à Alemanha.

POLÔNIA

PZL P.24

Versão melhorada do PZL P.11 feita para exportação, ganhou um motor Gnome-Rhône 14Kfs de 570 kW. O armamento consistia em dois canhões Oerlikon FF de 20 mm e duas metralhadoras Browning de 7,92 mm. A Força Aérea Polonesa desenvolvia o novo caça PZL.50, mas com a iminência do ataque alemão, decidiu retomar a produção do P.11 e do P.24. Contudo, com a produção atrasada, apenas dois P.24 puderam ser usados. No exterior, foi muito utilizado pela Turquia e pela Romênia.

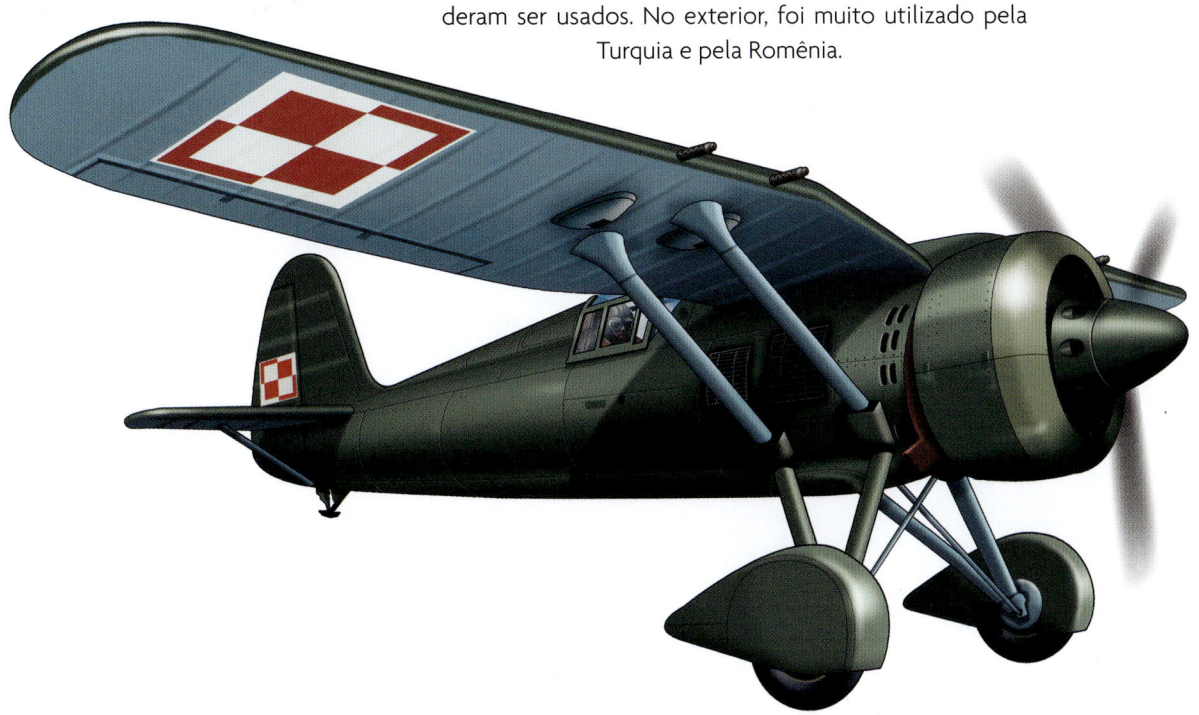

PZL P.50 JASTRZĄB

O Jastrząb (Falcão) era um caça monoplano de asa baixa, na época projetado para ser um caça multifunção que substituiria todos os caças em uso na Força Aérea Polonesa. O protótipo inicial voou pela primeira vez em 1939 e outros dois estavam quase prontos quando houve a invasão da Polônia pela Alemanha, impedindo a sua produção. Era motorizado com um Bristol Mercury VIII radial, seu armamento consistia em quatro metralhadoras PWU wz.30 e podia carregar 100 kg de bombas.

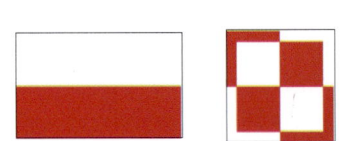

LWS-6 ŻUBR

Bombardeiro médio da Força Aérea Polonesa, voou pela primeira vez em 1936. Era impulsionado por dois motores Bristol Pegasus VII de 700 hp de potência e seu armamento era composto de cinco metralhadoras Vickers F de 7,7 mm, estando duas na torre do nariz, duas na torre traseira superior e uma na parte ventral do avião. Podia carregar 1.200 kg de bombas. Em 1938, foram construídas 16 unidades e, em 1939, um modelo melhorado do Żubr – com asas mais leves e uma fuselagem mais refinada – foi desenvolvido, mas não chegou à linha de montagem devido à invasão alemã.

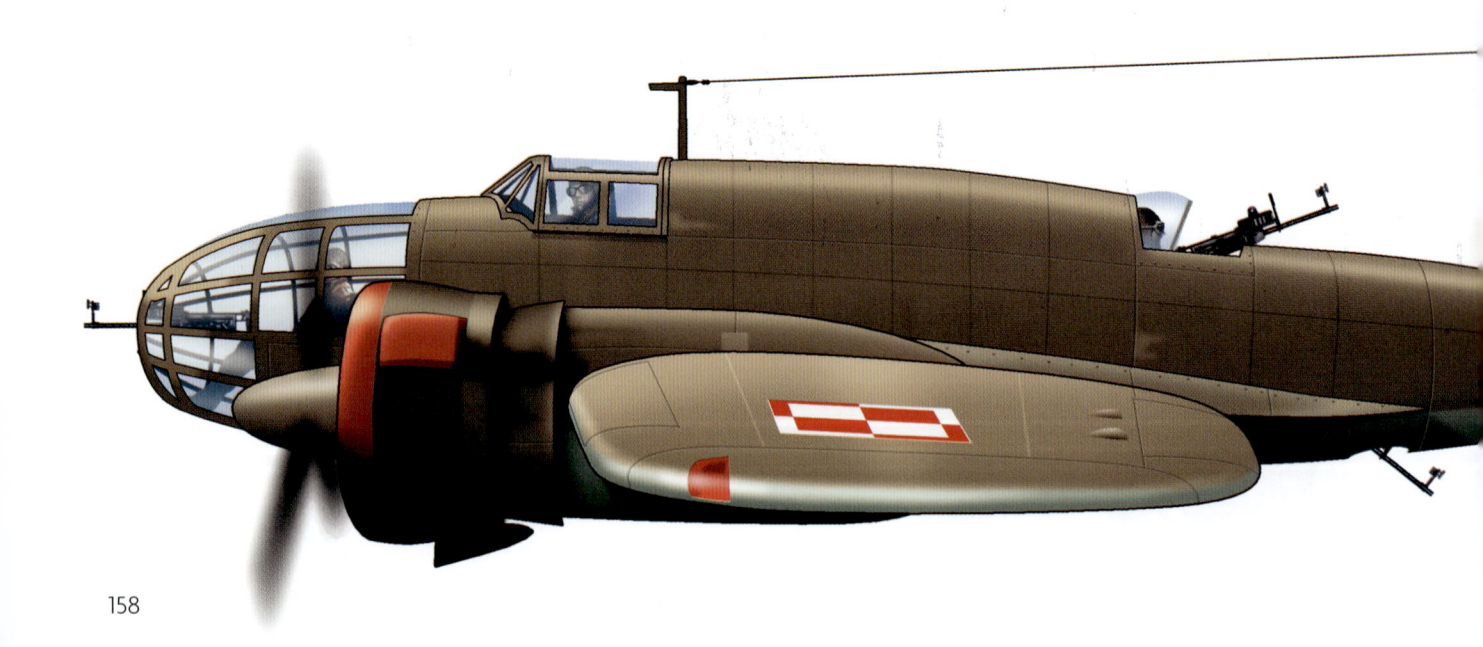

POLÔNIA

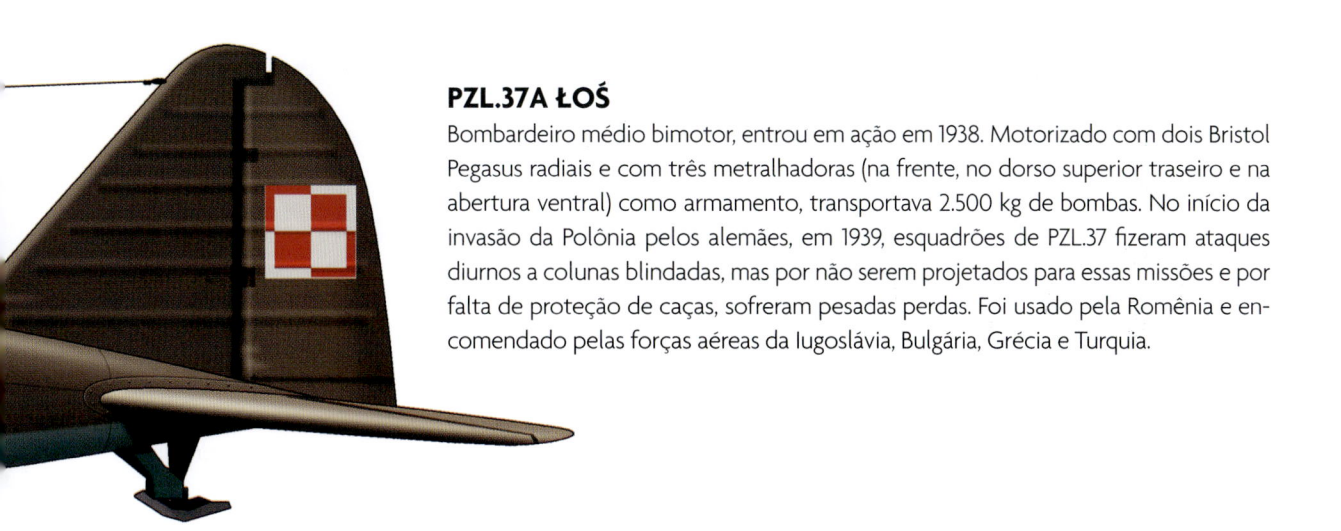

PZL.23 KARAŚ

Caça bombardeiro leve e avião de reconhecimento incorporado à Força Aérea Polonesa em 1936, lutou bombardeando as divisões Panzer que invadiam o território polonês. Após a capitulação da Polônia, as 250 unidades produzidas passaram a ser utilizadas pela Luftwaffe, pela Real Força Aérea Romena e pela Força Aérea Búlgara. Era impulsionado por um motor radial PZL Bristol Pegasus IIM2 de nove cilindros, com 670 hp de potência, e armado com uma metralhadora PWU wz.33 de 7,92 mm fixa no nariz e duas metralhadoras Vickers F de 7,92 mm, estando uma na traseira do *cockpit* e outra na parte ventral.

PZL.37A ŁOŚ

Bombardeiro médio bimotor, entrou em ação em 1938. Motorizado com dois Bristol Pegasus radiais e com três metralhadoras (na frente, no dorso superior traseiro e na abertura ventral) como armamento, transportava 2.500 kg de bombas. No início da invasão da Polônia pelos alemães, em 1939, esquadrões de PZL.37 fizeram ataques diurnos a colunas blindadas, mas por não serem projetados para essas missões e por falta de proteção de caças, sofreram pesadas perdas. Foi usado pela Romênia e encomendado pelas forças aéreas da Iugoslávia, Bulgária, Grécia e Turquia.

POLÔNIA

PZL P.48 "LAMPART"

O Lampart ("Leopardo") era um caça bombardeiro pesado que começou a ser desenvolvido em 1939. Depois dos testes, iria equipar a Força Aérea Polonesa com 110 unidades, mas com a invasão da Polônia pelos alemães, o projeto foi interrompido e o protótipo, capturado. Ele teria dois motores radiais Gnome-Rhône 14M-07 refrigerados a ar, com 730 hp de potência cada e seu armamento previa dois canhões NKM wz.38FK de 20 mm e quatro metralhadoras PWU wz.36 de 7,92 mm (duas no nariz e duas flexíveis na retaguarda).

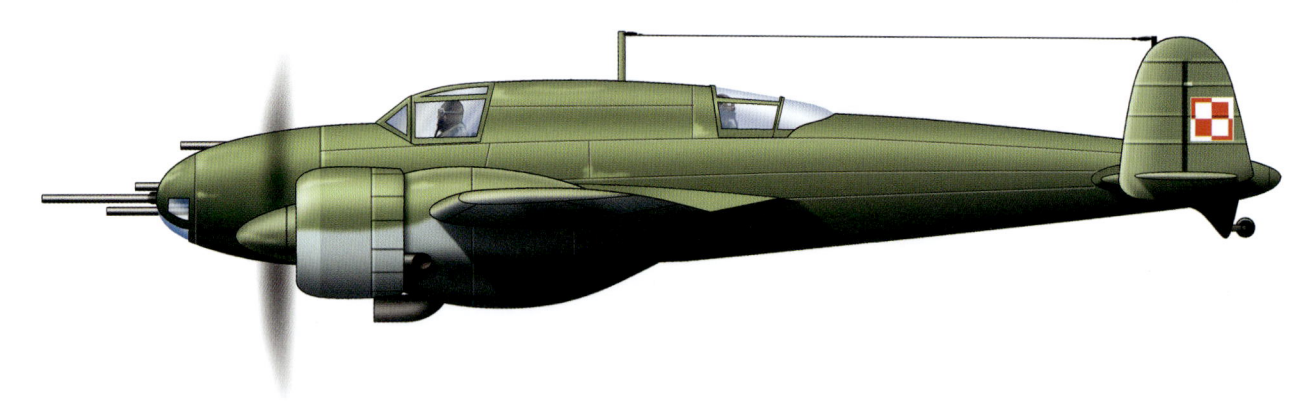

BÉLGICA

RENARD R-31

Caça leve de reconhecimento armado, foi projetado no início dos anos 1930 para a Real Força Aérea Belga, que encomendou 28 unidades. Combateu na Campanha dos 18 Dias, na invasão alemã, e operou até 1940. Era impulsionado por um motor Rolls-Royce Kestrel com 532 hp de potência e armado com três metralhadoras FN-Browning de 7,62 mm (duas com disparo para a frente e uma articulada na traseira). Transportava 40 kg de bombas sob as asas.

FINLÂNDIA

VL MYRSKY
Caça projetado e construído em 1939 pela Finlândia, entrou em serviço na Força Aérea Finlandesa em 1944, com 51 unidades. Era rápido e manobrável e lutou ferozmente na Segunda Guerra Russo-Finlandesa (Guerra da Continuação ou Operação Barbarossa), entre 1941 e 1944, quando a Finlândia, apoiada pela Alemanha, invadiu a União Soviética. Tinha quatro metralhadoras VKT LKK/42 de 12,70 mm e transportava duas bombas de 100 kg.

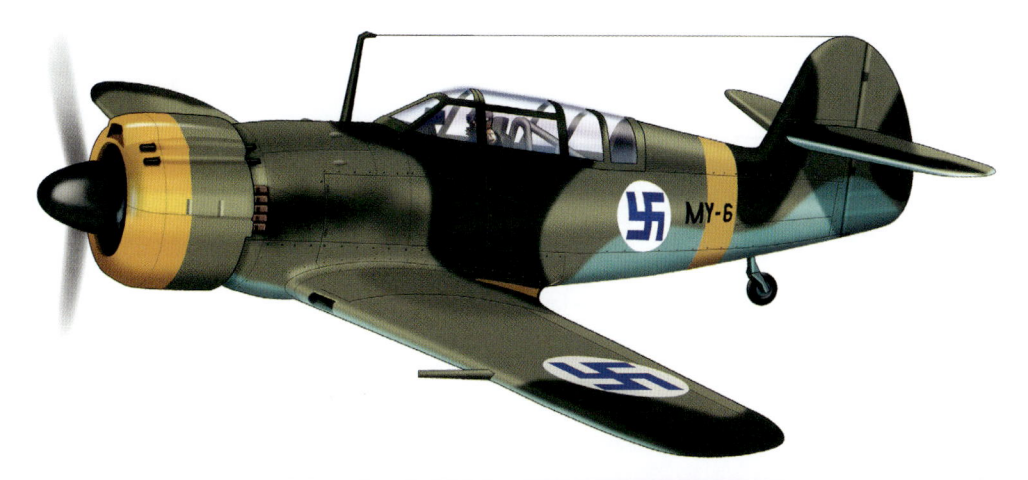

AUSTRÁLIA

CAC BOOMERANG
Caça projetado e fabricado na Austrália entre 1942 e 1945 para enfrentar os japoneses que se expandiam no Pacífico. Tinha um motor radial Pratt & Whitney R-1839 Wasp de 1.200 hp de potência e armado com dois canhões Hispano de 20 mm e quatro metralhadoras Browning de 7,7 mm. Foram fabricadas 250 unidades.

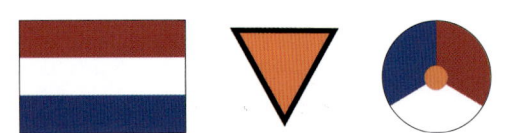

FOKKER C.X
Biplano projetado em 1933 para a função de caça bombardeiro leve e de avião de reconhecimento. Embora desatualizado, realizava surpreendentemente bem a função de caça de ataque leve, e, por isso, participou de missões de ataque a posições inimigas que ocupavam cidades holandesas durante a invasão do país pelas forças alemãs. Era motorizado com um Rolls-Royce Kestrel V de 640 hp de potência e seu armamento tinha uma metralhadora FN frontal de 7,9 mm e uma Lewis de 7,9 mm flexível, operada manualmente na parte traseira. Podia transportar 400 kg de bombas.

FOKKER D.XXI
Caça monoplano projetado em 1935 para a Força Aérea Holandesa, era robusto, barato e pequeno e tinha um desempenho respeitável. Era impulsionado por um motor Bristol Mercury VIII de nove cilindros e seu armamento consistia em quatro metralhadoras Vickers de 7,7 mm. No começo da Segunda Guerra, foi operado pelas forças aéreas da Holanda e Finlândia. Alguns foram construídos na Espanha antes da Guerra Civil Espanhola, mas caíram nas mãos dos nacionalistas nessa contenda.

HOLANDA

FOKKER G.I JACHTKRUISER

Caça pesado comparável em tamanho e função ao Messerschmitt Bf 110 e ao De Havilland Mosquito. Foi produzido antes da Segunda Guerra e estreou na invasão da Holanda pelas tropas alemãs. Era impulsionado por dois Bristol Mercury VIII de nove cilindros e armado com oito metralhadoras FN-Browning no nariz e uma de mesmo calibre na torre traseira. Carregava 300 kg de bombas. Foram produzidas 63 unidades, muitas delas, capturadas intactas depois que os alemães ocuparam o país.

FOKKER D.XXIII

Caça bimotor de assento único com trem de pouso triciclo retrátil, tinha duas caudas gêmeas paralelas para corrigir o voo assimétrico por um motor ficar na frente e outro atrás. Como o *cockpit* ficava entre os motores, um assento ejetor foi desenvolvido para casos de emergência. Fez seu primeiro voo em 1939, mas com a invasão da Holanda pelos alemães, sua construção foi cancelada. Tinha dois motores a pistão Walter Sagitta I-SR refrigerados a ar e era armado com duas metralhadoras de 13,20 mm.

FOKKER T.V

Bombardeiro com capacidade para cinco tripulantes, entrou em serviço em 1937. A construção típica da empresa Fokker, que tinha asas de madeira e fuselagem que misturava madeira e duralumínio, já estava obsoleta se comparada a outras aeronaves contemporâneas, totalmente construídas em metal. Seus motores eram dois Bristol Pegasus XXVI radiais, refrigerados a ar, com 925 hp de potência cada. O avião era equipado com um canhão automático de 20 mm no nariz e quatro metralhadoras Browning de 7,9 mm, além de ser capaz de transportar até 1.000 kg de bombas em compartimento interno sob a fuselagem. Foram construídas 16 unidades até a invasão da Holanda pela Alemanha.

HOLANDA

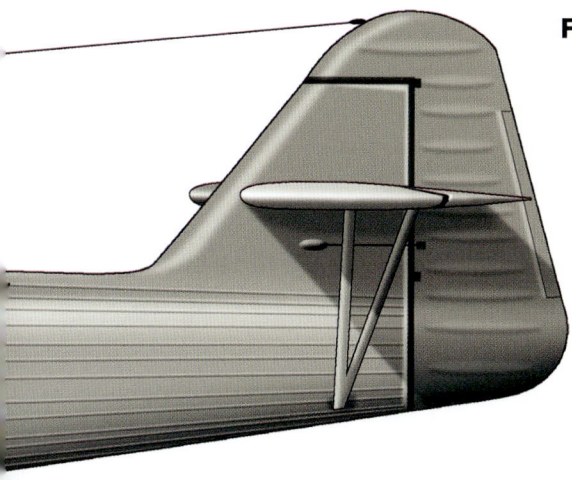

FOKKER T.VIII-W

Hidroavião de bombardeio e aeronave de reconhecimento costeiro, foi incorporado ao Serviço de Aviação Naval Holandês no final de 1938 e serviu principalmente em águas das Índias Orientais Holandesas. Era impulsionado por dois motores a pistão radiais Wright R-975-E3 Whirlwind de nove cilindros, refrigerados a ar, com 451 hp de potência cada. Seu armamento consistia em duas metralhadoras de 7,92 mm e podia carregar 600 kg de bombas e torpedos. Foram construídas 36 unidades, também usadas pelas forças aéreas da Finlândia, da Grã-Bretanha e da Alemanha.

FOKKER T.IX

Bombardeiro bimotor totalmente de metal, tinha dois motores a pistão radiais Bristol Hercules com 1.375 hp de potência cada. Era armado com um canhão automático de 20 mm no nariz e duas metralhadoras de 12,7 mm nas partes dorsal e ventral. Podia transportar 2.000 kg de bombas. O T.IX voou pela primeira vez em 1939. Durante novos testes em 1940, teve o trem de pouso danificado. Enquanto o T.IX estava em reparos, aconteceu a invasão alemã no país, impedindo, assim, sua produção.

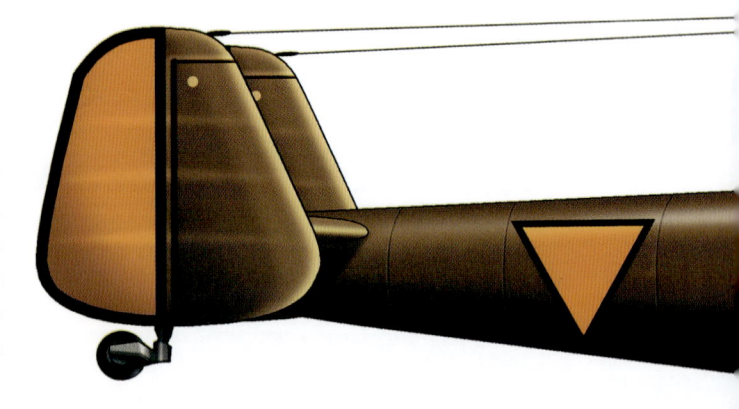

HOLANDA

FOKKER T.IVA

Hidroavião de bombardeio e de reconhecimento costeiro, entrou em serviço em 1935. Na Segunda Guerra serviu em operações de reconhecimento e alerta antecipado na invasão japonesa às Índias Orientais Holandesas. Também atuou pela Força Aérea Portuguesa, que encomendou três unidades. Tinha dois motores radiais Wright Cyclone SR-1820-F2 com 630 hp de potência cada, era armado com três metralhadoras de 7,9 mm e podia transportar 800 kg de bombas. Foram construídas 33 unidades.

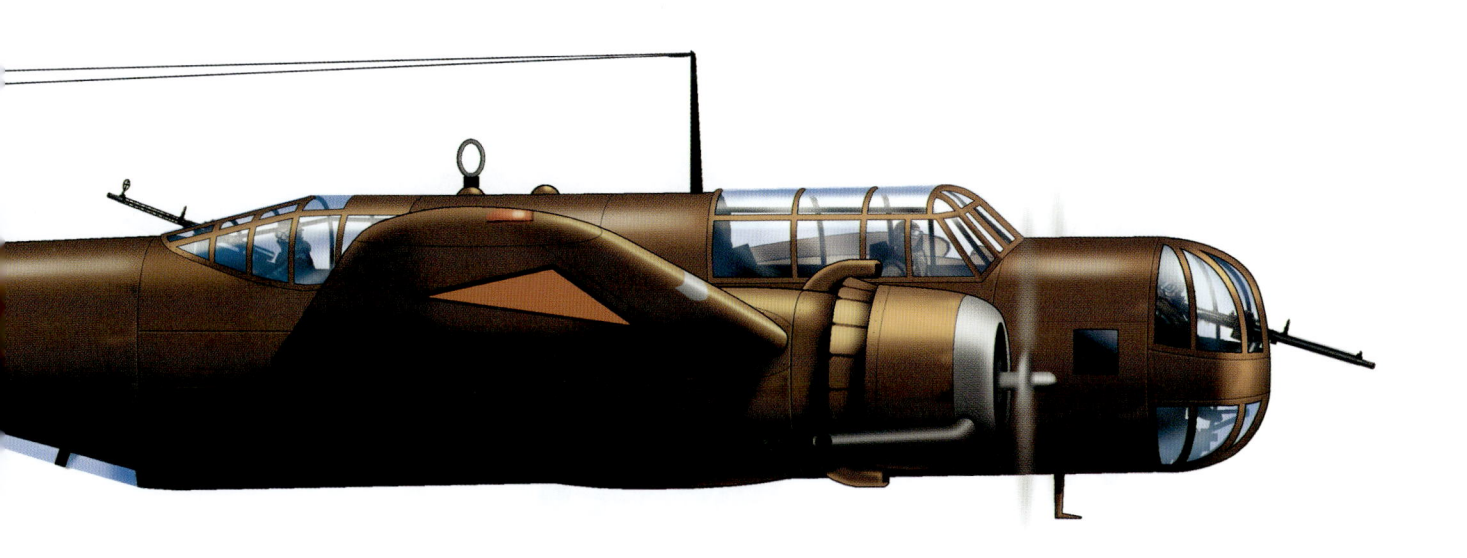

AVIA B.534

Caça biplano, entrou na Força Aérea da Tchecoslováquia em 1935. Tinha um motor Avia (Hispano-Suiza) em V de 12 cilindros e com 830 hp de potência. As versões B-534-I e B-534-IV eram armadas com quatro metralhadoras Česká Zbrojovka Strakonice CZS Vz.30 de 7,92 mm; já a versão Bk-534 tinha um canhão de 20 mm. Foram construídas 445 unidades, incluindo as das forças aéreas da Grécia e da Iugoslávia. Após a invasão da Tchecoslováquia, muitos foram capturados e usados pela Alemanha nazista. Operaram até 1944.

TCHECOSLOVÁQUIA

LETOV Š-28
Projetado com trem de pouso, também tinha uma versão com flutuadores. Foi usado como avião de reconhecimento, bombardeiro leve e ataque ao solo durante a década de 1930 e teve o mesmo papel nos primeiros dias da Segunda Guerra. Começou a equipar a Força Aérea da Tchecoslováquia em 1935. Era armado com quatro metralhadoras ČZS Vz.30 de 7,92 mm, sendo duas nas asas inferiores e duas móveis para o observador. Também foi utilizado pelas forças aéreas da Bulgária, Eslovênia, Alemanha e Estônia. Ao todo, 412 unidades foram produzidas.

AVIA B.35/B.135
Elegante caça monoplano com asas elípticas, voou pela primeira vez em 1938. Sua fuselagem foi construída a partir de tubos de aço soldados, com cobertura metálica à frente da cabine e em tecido na parte de trás. Suas asas eram de madeira e tinha o trem de pouso fixo. Tinha um motor Hispano-Suiza 12Y de 12 cilindros, com 860 hp de potência, e era armado com duas metralhadoras ČZS Vz.30 de 7,92 mm. Com a invasão da Tchecoslováquia, a Bulgária se interessou pelo caça e encomendou 12 unidades da nova versão B.135, que tinha asas de metal e trem de pouso retrátil. A Bulgária queria produzir mais 62 unidades, mas a fábrica local não conseguiu terminar de construí-los.

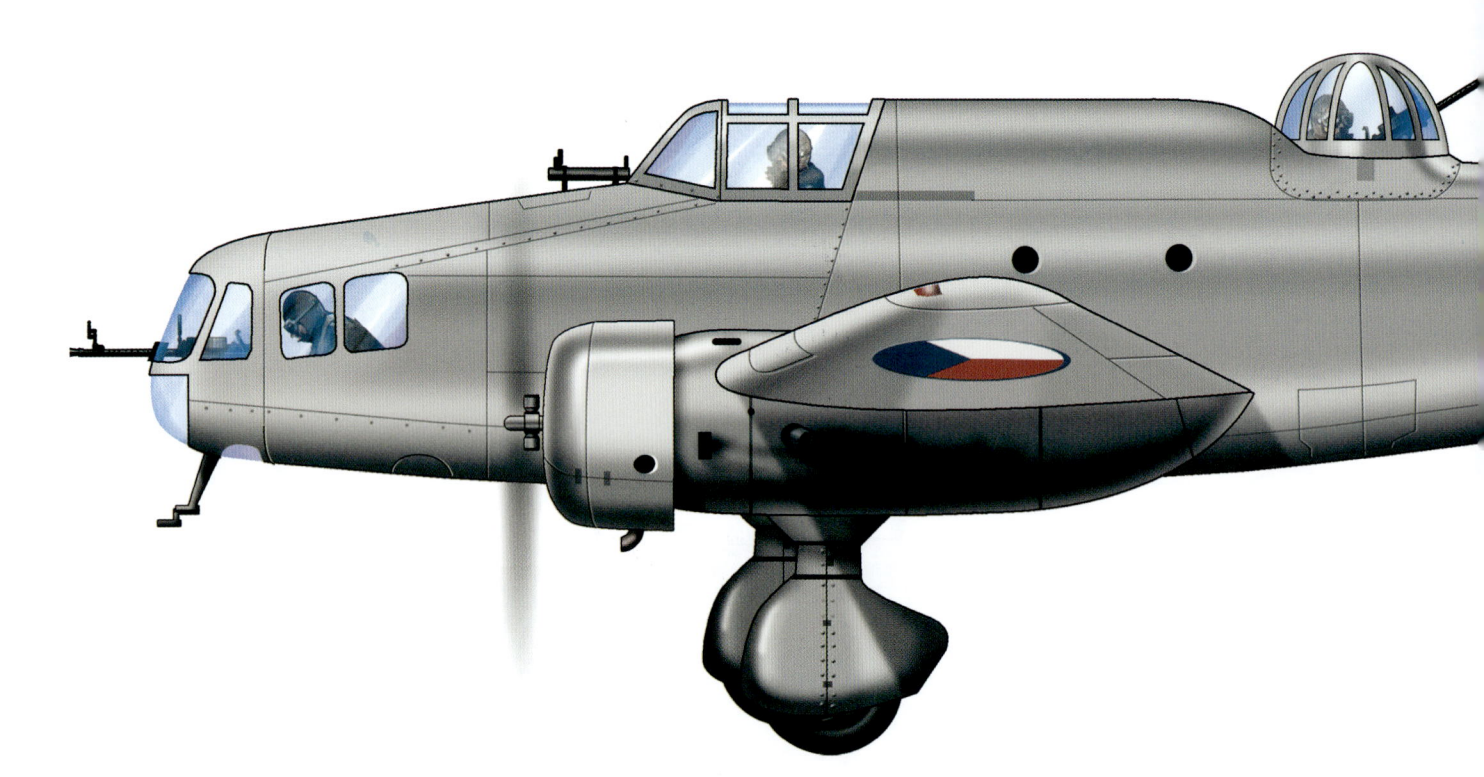

AERO A-300

Bombardeiro médio projetado para a Força Aérea da Tchecoslováquia. Durante os testes em 1938, o protótipo alcançou bons resultados e o Ministério da Defesa encomendou 15 aviões. Também despertou o interesse da Grécia, que negociou a licença para a produção de 12 unidades. Lamentavelmente, depois da invasão alemã, em 1939, os planos para sua produção foram interrompidos. O único protótipo existente foi confiscado pelos alemães e, posteriormente, destruído. Era impulsionado por dois motores Bristol Mercury IX com 830 hp de potência cada. Seu armamento era composto por três metralhadoras ČZS Vz.30 de 7,92 mm.

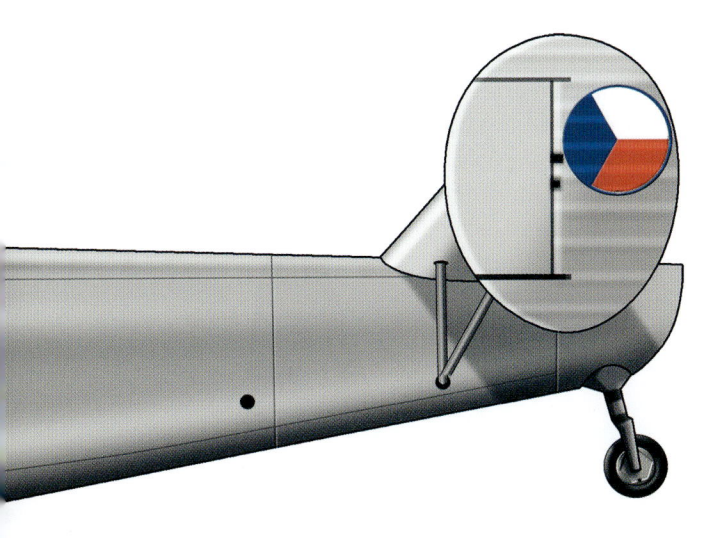

TCHECOSLOVÁQUIA

LETOV Š-50A
Bombardeiro monoplano leve e de reconhecimento, comportava três lugares e realizou seu primeiro voo em 1938. Era impulsionado por dois motores radiais Avia RK-17 com 420 hp de potência cada e seu armamento era composto por três metralhadoras ČZS Vz.30 de 7,92 mm, estando uma no nariz do avião e outras duas na torreta giratória na parte dorsal. Podia carregar 600 kg de bombas. Forças aéreas de vários países se interessaram pelo avião, mas, com a anexação da Boêmia e da Morávia pela Alemanha, em 1938, a Tchecoslováquia não teve como continuar a produção em grande escala.

IKARUS IK-2

Caça monoplano totalmente em metal, entrou na Real Força Aérea Iugoslava em 1937. Tinha um motor Hispano-Suiza 12Ycrs de 12 cilindros, com pistão refrigerado a líquido e 861 hp de potência. Era armado com duas metralhadoras Darme de 7,92 mm e um canhão de 20 mm. Em 1941, a Força Aérea Iugoslava ajudou a repelir um ataque de 27 caças alemães armada apenas com 12 IK-2. No fim da campanha, os quatro IK-2 remanescentes foram revisados na fábrica Ikarus em Zemun antes de serem transferidos pelos alemães para a recém-formada Força Aérea do Estado Independente da Croácia.

IKARUS ROGO ARSKI IK-3

Caça de asa baixa monoplano de assento único, foi introduzido em 1940 na Força Aérea Iugoslava na função de interceptor. Tinha trem de pouso retrátil e foi considerado por seus pilotos um caça tão eficaz e fácil de pilotar quanto os seus contemporâneos alemães e britânicos. Era impulsionado por um motor Avia Hispano-Suiza 12Y de 920 hp de potência e seu armamento era composto por com um canhão Hispano-Suiza HS-404 de 20 mm e duas metralhadoras FN Browning de 7,92mm. Foram produzidas 14 unidades.

IUGOSLÁVIA

ROGOZARSKI SIM-XIV-H

Hidroavião bimotor de reconhecimento costeiro e bombardeio leve para três tripulantes, entrou em serviço em 1939. Era impulsionado por dois motores Argus AS-10 com 270 hp de potência cada. Transportava até 12 bombas de fragmentação Massing de 12 kg cada e para missões de bombardeio carregava uma bomba antissubmarino de 100 kg ou duas de 50 kg. O armamento contava com duas metralhadoras, sendo uma no nariz operada pelo observador e outra no *cockpit* do artilheiro. Até a invasão alemã, a Força Aérea Iugoslava tinha 19 unidades em operação e aguardava a produção de mais 12.

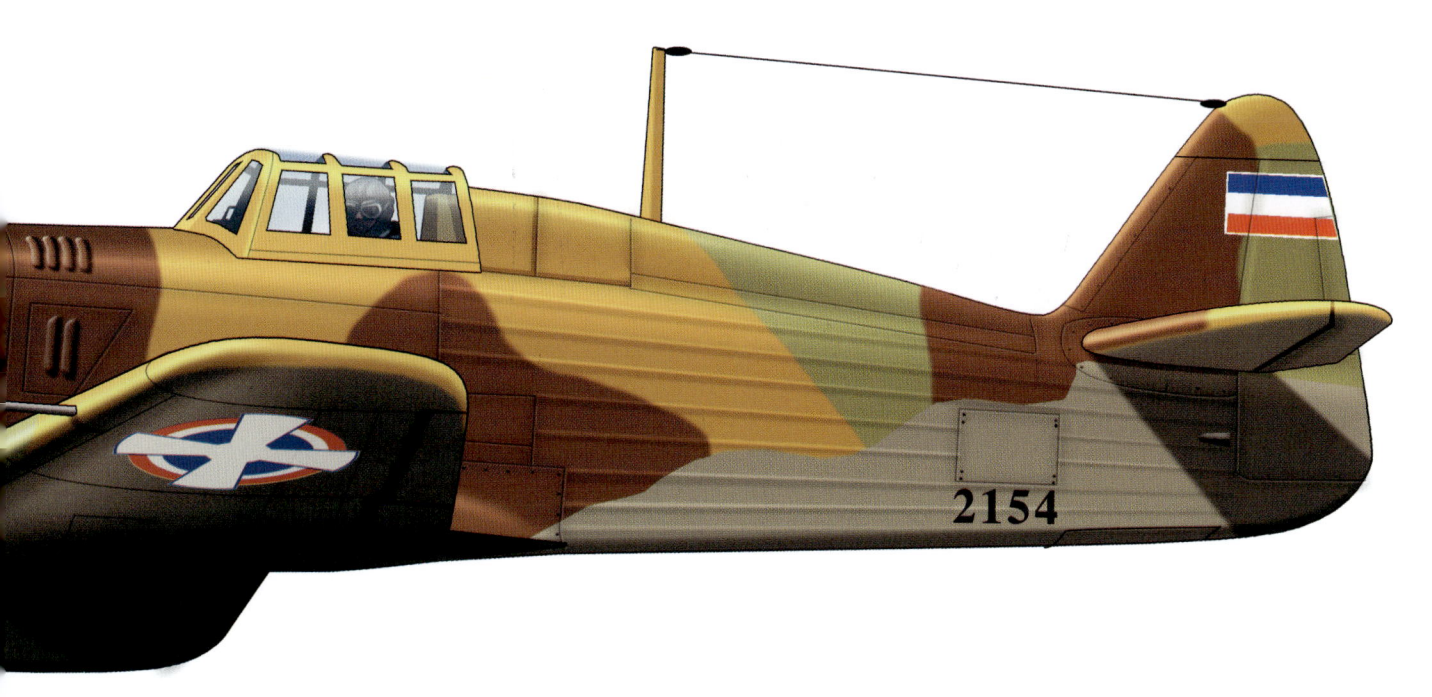

HUNGRIA

MÁVAG HÉJA II
Surgiu da modificação de setenta Reggianes Re-2000 que a Força Aérea Húngara recebeu em 1939. Entre outras modificações, a fuselagem ficou mais longa e os motores originais foram trocados por motores a pistão radiais Gnome-Rhône 14K Mistral-Major refrigerados a ar. Seu armamento contava com duas metralhadoras Gebaure .50 de 12,7 mm no nariz. Embora fosse inadequado para o combate, por falta de opção, 204 unidades foram produzidas até 1944.

WEISS WM-21 "SÓLYOM"
O Sólyom ("Falcão") foi desenvolvido pela húngara Manfred Weiss baseado no projeto do Fokker CV. Era um bombardeiro biplano leve e de reconhecimento. Entrou em serviço na Real Força Aérea Húngara em 1939 e a partir de 1941 foi usado para apoiar unidades do Exército Húngaro na Ucrânia e contra guerrilheiros soviéticos. Cerca de oitenta foram transferidos para funções de treinamento até o avião ser retirado de serviço em 1945. Tinha um motor radial Weiss WM-K-14A com 870 hp de potência e era armado com três metralhadoras Gebauser de 7,9 mm. Carregava 120 kg de bombas. Foram construídas 128 aeronaves.

ROMÊNIA

IAR 37 / 38 / 39
Bombardeiro tático e de reconhecimento, foi incorporado à Real Força Aérea Romena em 1938. Era motorizado com uma cópia licenciada do Gnome-Rhône Mistral, o motor radial IAR K14-II C32, com 870 hp de potência. Tinha comando duplo e acomodava o piloto na frente, seguido do observador e do artilheiro na parte traseira do *cockpit* contínuo e envidraçado. Era armado com duas metralhadoras FN-Browning de 7,92 mm e uma MG15 de 7,92 mm e podia carregar 288 kg de bombas. Foram produzidas 380 unidades nas três versões: 37, 38 e 39.

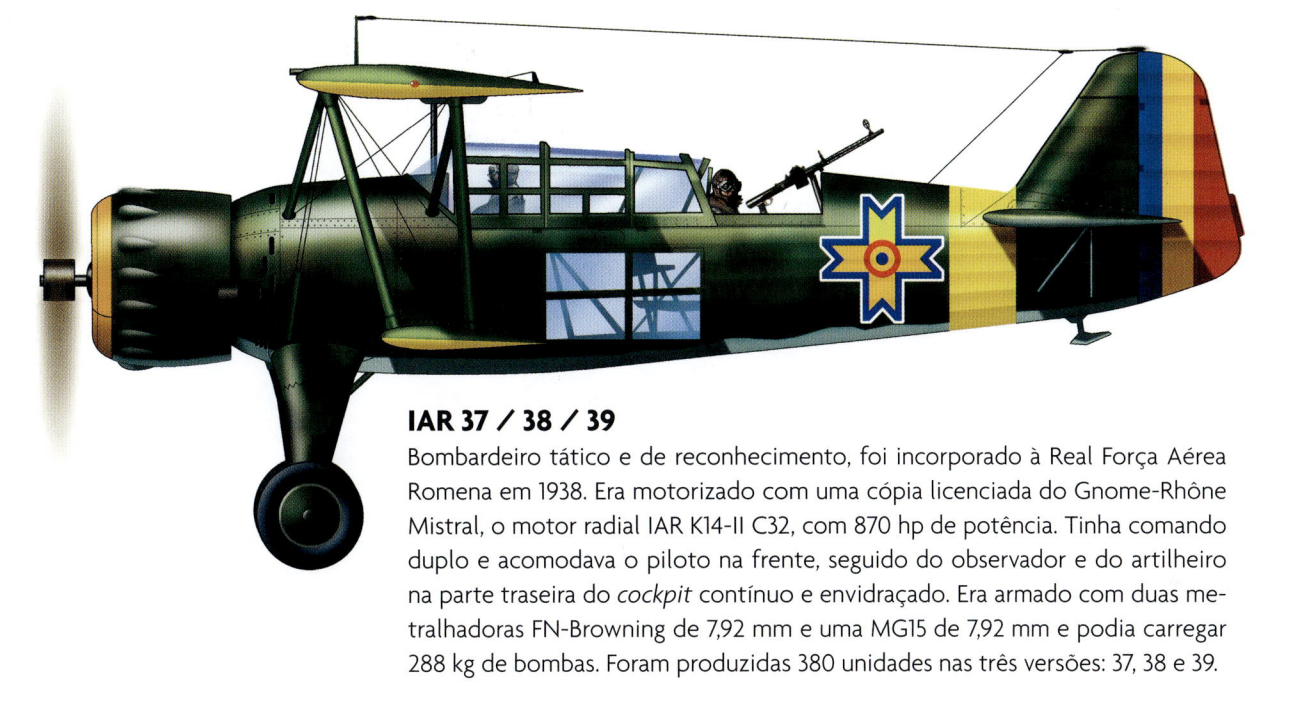

IAR 80
Caça monoplano de asa baixa construído em metal. Voou pela primeira vez em 1939 e seus design e performance eram comparáveis a caças contemporâneos. Era impulsionado por um motor IAR K14-III C32 com 870 hp de potência e armado com quatro metralhadoras belgas de 7,92 mm da Fabrique Nationale, do Grupo Herstal. Por problemas de produção e indisponibilidade de armamento, entrou em serviço na Real Força Aérea Romena apenas em 1941, já ultrapassado. Ainda assim era superior aos caças soviéticos. Permaneceu em uso na linha de frente até 1944.

J-22 FFVS

Embora a Suécia tivesse se mantido neutra durante a Segunda Guerra, ela se apressou para desenvolver caças, temendo um confronto com a Alemanha ou União Soviética. O primeiro projeto aprovado foi o J-22, um interceptador que entrou em serviço em 1943. Com boa manobrabilidade e controles sensíveis, ficou à altura dos caças ingleses, alemães e americanos. Tinha um motor radial SFA STWC-3G de 14 cilindros, com 1.065 hp de potência, que lhe permitia chegar a 575 km/h. Era armado com quatro metralhadoras M/39 Browning M2 de 13,2 mm. A Força Aérea Sueca recebeu 198 unidades desse modelo.

SAAB B-18

Bombardeiro e avião de reconhecimento feito para a Força Aérea Sueca. O projeto é de 1938, mas só entrou em serviço até em 1944. Era impulsionado por dois motores a pistão Daimler-Benz DB 605 com 1.475 hp de potência cada e armado com três metralhadoras de 13,2 mm, sendo uma fixa na frente controlada pelo piloto e as outras, flexíveis, controladas pelo navegador. Carregava 1.000 kg de bombas. Foi o bombardeiro-padrão na Suécia até o fim dos anos 1950. Foram construídas 245 unidades entre 1944 e 1948.

SUÉCIA

SAAB J-21
Caça que fez seu primeiro voo em 1943, ingressou na Força Aérea Sueca em 1945. Foi concebido com um propulsor Daimler-Benz DB 606, montado na parte de trás da fuselagem. Seu eficiente armamento consistia em um canhão Hispano-Suiza HS.404 ou um Bofors de 20 mm e quatro metralhadoras Bofors-Colt de 13 mm no nariz e nas asas. Podia carregar bombas e foguetes que lhe permitiam atuar como caça de ataque ao solo. A Flygvapnet recebeu 298 unidades do avião.

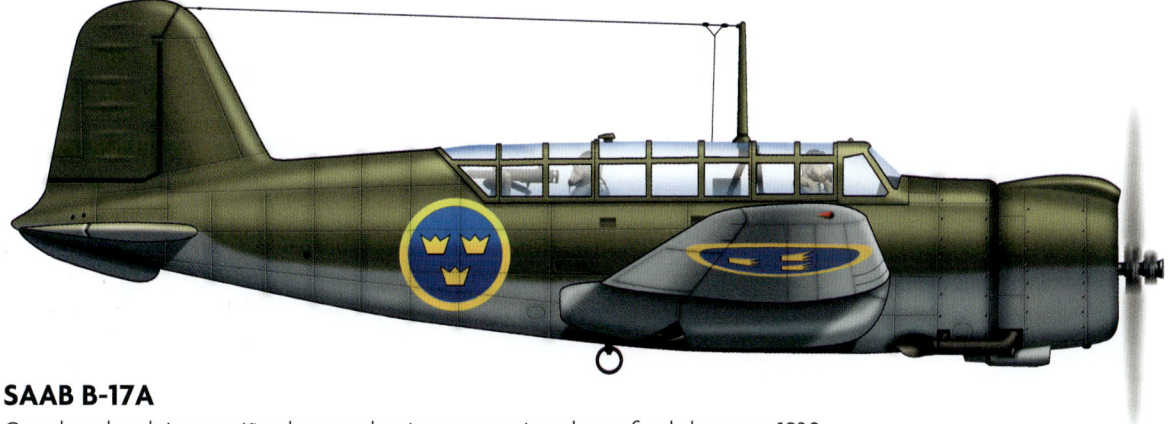

SAAB B-17A
Caça bombardeiro e avião de reconhecimento projetado no final dos anos 1930, entrou na Força Aérea Sueca em 1942. Suas asas foram reforçadas para torná-lo também um bombardeiro de mergulho e era impulsionado por um motor radial Pratt & Whitney Wasp de 14 cilindros, com 1.200 hp de potência. Seu armamento tinha duas metralhadoras KSP de 8 mm e uma flexível de mesmo calibre na parte traseira, operada pelo observador. Transportava 500 kg de bombas. Foram construídas 323 unidades.

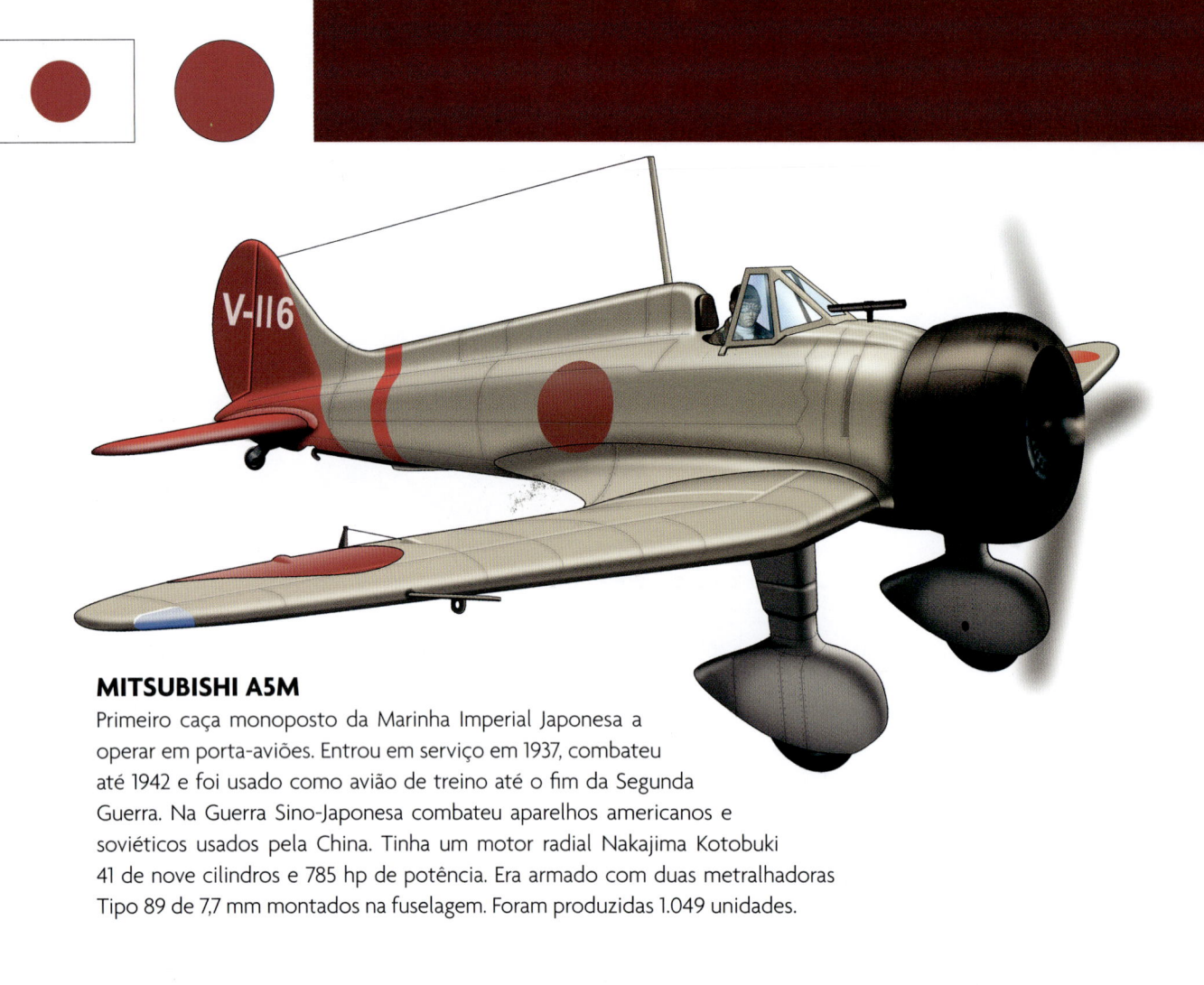

MITSUBISHI A5M

Primeiro caça monoposto da Marinha Imperial Japonesa a operar em porta-aviões. Entrou em serviço em 1937, combateu até 1942 e foi usado como avião de treino até o fim da Segunda Guerra. Na Guerra Sino-Japonesa combateu aparelhos americanos e soviéticos usados pela China. Tinha um motor radial Nakajima Kotobuki 41 de nove cilindros e 785 hp de potência. Era armado com duas metralhadoras Tipo 89 de 7,7 mm montados na fuselagem. Foram produzidas 1.049 unidades.

NAKAJIMA KI-27

Principal caça da Força Aérea do Exército Imperial Japonês, combateu pela primeira vez em 1938, na Guerra Sino-Japonesa, e serviu até o início da Segunda Guerra. Em pouco tempo foi superado e, no fim da guerra, muitos foram equipados com até 500 kg de explosivos para ataques suicidas contra os americanos. Era motorizado com um Nakajima Ha-1 Otsu radial refrigerado a ar, com 650 hp de potência. Era armado com duas metralhadoras Tipo 89 de 7,7 mm e transportava 100 kg em bombas. Foram produzidas 3.368 unidades.

JAPÃO

MITSUBISHI KI-15N
Caça monomotor de asa baixa de reconhecimento, ataque e bombardeiro leve do Exército e Marinha Imperial Japonesa. Tinha excelente performance em manobra e velocidade. Entrou em serviço na guerra contra a China em 1937. Na Segunda Guerra Sino-Japonesa, fez reconhecimento e bombardeio na retaguarda chinesa. Era motorizado com um Nakajima Ha-8 radial de nove cilindros, com 640 hp de potência. Era armado com uma metralhadora de 7,7 mm e transportava 250 kg em bombas. Foram produzidas cerca de quinhentas unidades.

AICHI D3A2
Bombardeiro de mergulho da Marinha Imperial Japonesa, entrou em serviço em 1940. Participou das ações no Pacífico e bombardeou americanos em Pearl Harbor e em bases nas Filipinas. Embora obsoleto, foi o bombardeiro de mergulho que mais afundou navios de guerra. Era motorizado com um Mitsubishi Kinsei 44 com 1.070 hp de potência. Era armado com três metralhadoras Escreva 97 de 7,7 mm, sendo duas delas flexíveis instaladas na retaguarda do *cockpit*. Transportava uma bomba de 250 kg. Foram construídas 1.486 unidades.

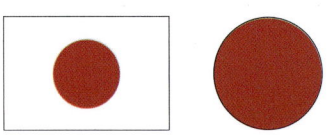

NAKAJIMA B5N "KATE"
Caça de ataque padrão e torpedeiro da Marinha Imperial Japonesa, entrou em serviço em 1939. Foi usado na investida a Pearl Harbor a partir do porta-aviões *Hiryu*, afundando o encouraçado *Arizona*, e nos ataques que afundaram os porta-aviões americanos *Lexington* e *Hornet*. Sofreu severas perdas na defesa malsucedida das Filipinas em 1944 e na guerra do Pacífico fez ataques kamikazes. Era motorizado com um Nakajima Sakae 11 radial de 1.000 hp de potência e armado com uma metralhadora Tipo 92 de 7,7 mm na parte dorsal traseira – algumas unidades também ganharam duas Tipo 97 nas asas. Transportava um torpedo Digital 91 de 800 kg ou duas bombas de 250 kg ou seis bombas de 132 kg. Foram produzidas 1.149 unidades.

NAKAJIMA B6NZ "JILL" TENZAN TIPO 12
Caça torpedeiro da Marinha Imperial Japonesa que nunca foi capaz de demonstrar plenamente o seu potencial de combate. Em 1943 começou a ser entregue em pequenas quantidades. Era motorizado com um Mitsubishi Kasei 25 radial de 14 cilindros refrigerado a ar, com 1.850 hp de potência, e armado com duas metralhadora Escreva 92 de 7,7 mm, sendo uma instalada no *cockpit* traseiro e outra acionada pelo túnel ventral. Carregava um torpedo de 800 kg ou 800 kg de bombas. Foram construídas 1.268 unidades.

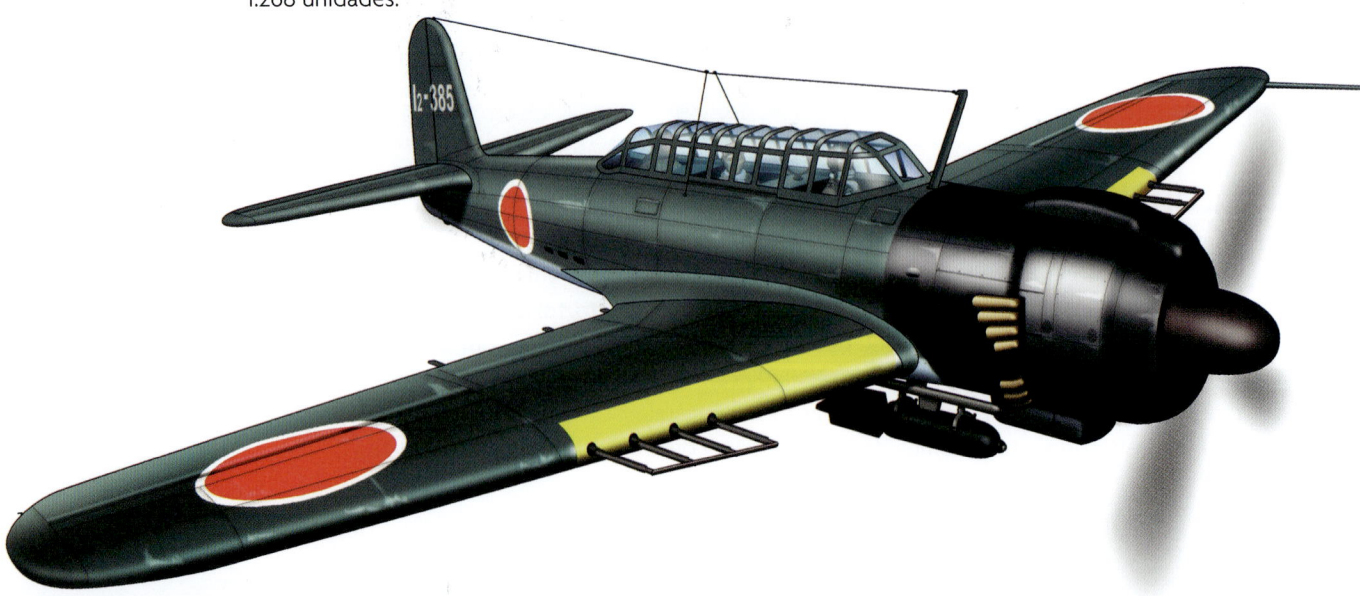

JAPÃO

MITSUBISHI A6M ZERO

Caça de longo alcance operado pela Marinha Imperial Japonesa de 1940 a 1945. Era considerado o caça mais capaz do mundo na Segunda Guerra por combinar uma excelente manobrabilidade e longo alcance. Virou uma lenda da modalidade de combate aéreo *dogfight*, alcançando a incrível taxa de destruição de 12 X 1. Era impulsionado por um motor radial Nakajima Sakae 12 com 950 hp de potência. Era armado com duas metralhadoras Escreva 97 de 7,7 mm no capô do motor, com quinhentos tiros por arma, e dois canhões Tipo 99-1 de 20 mm nas asas, com sessenta tiros por arma. Podia transportar duas bombas de 60 kg ou uma bomba fixa de 250 kg para ataques suicidas. Foram construídas 10.939 unidades.

NAKAJIMA KI-84 HAYATE

Caça monoposto usado pelo Serviço Aéreo do Exército Imperial Japonês, com excelente desempenho de velocidade e manobrabilidade. Foi considerado o melhor caça interceptador japonês da Segunda Guerra para grande altitude, combatendo formações de ataque dos bombardeiros americanos B-29 Superfortress. Tinha motor radial Nakajima Ha-45 de 18 cilindros e 1.970 hp de potência. O poderoso armamento, que podia incluir dois canhões de 30 mm e dois de 20 mm, aumentava sua letalidade. Foram construídas 3.514 unidades.

NAKAJIMA KI-43 HAYABUSA

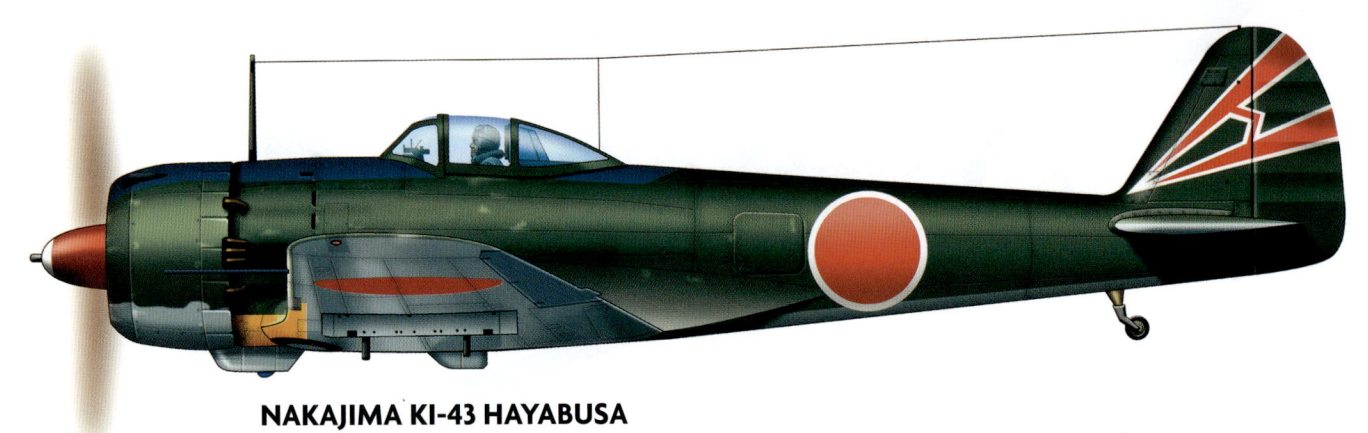

O Hayabusa ("Falcão-Peregrino", em japonês), muitas vezes confundido com o Mitsubishi A6M Zero, era um caça interceptador tático baseado em terra usado pela Força Aérea do Exército Imperial Japonês e pela Marinha Imperial Japonesa. Seu primeiro voo foi em 1939, sendo incorporado ao serviço em 1941. Manteve superioridade aérea nos céus da Malásia, das Índias Orientais Holandesas, de Burma e de Nova Guiné até o aparecimento de caças americanos mais poderosos. Era motorizado com um Nakajima Ha-115 radial de 14 cilindros, refrigerado a ar e com 1.150 hp de potência. Seu armamento tinha duas metralhadoras de Ho-103 de 12,7 mm no capô e transportava duas bombas de 250 kg. A produção total foi de 5.919 aeronaves.

KAWASAKI KI-61 HIEN

Caça da Força Aérea do Exército Imperial japonês, entrou em combate pela primeira vez em 1943, na campanha da Nova Guiné, com bons resultados. Com uma configuração diferente dos habituais motores radiais japoneses, em combate os Aliados acreditaram que fosse de construção alemã ou italiana. Foi enviado para missões extremamente difíceis em selvas densas e em condições climáticas adversas. Tinha um motor Kawasaki Ha-40 invertido com 12 cilindros, refrigeração a líquido e com 1.159 hp de potência. Era armado com dois canhões Ho-4 de 20 mm, (com 120 tiros cada) e duas metralhadoras Ho-103 de 12,7 mm (com 250 tiros cada). Transportava duas bombas de 250 kg. Foram produzidas 3.159 unidades.

JAPÃO

MITSUBISHI J2M RAIDEN
Caça projetado para ser usado estritamente como interceptador de bombardeios a grande altitude do B-29 Superfortress, foi prejudicado pela falta de um turbocompressor adequado. Tinha um design elegante, mas a visibilidade do piloto era sofrível. Estreou em combate em 1944, na Batalha do Mar das Filipinas, e era equipado com um motor radial Mitsubishi MK4R-A Kasei 23 de 14 cilindros, com 1.850 hp de potência. Seu armamento era composto por quatro canhões Tipo 99-2 de 20 mm nas asas, e transportava duas bombas de 60 kg. Foram produzidas 543 unidades.

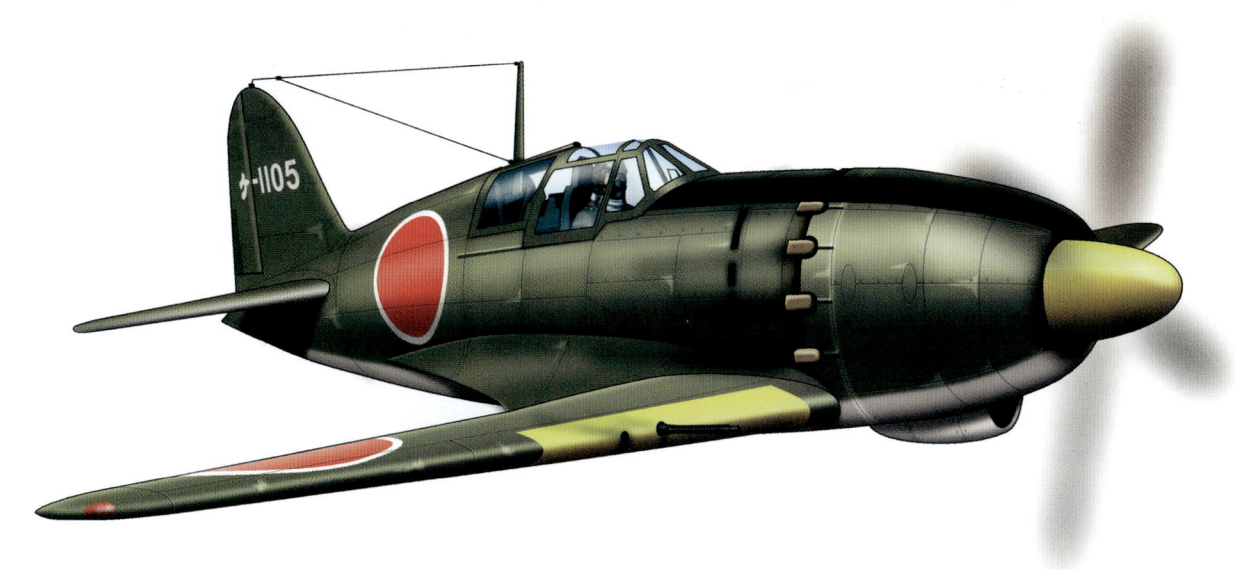

KAWANISHI N1K-J SHIDEN
Versão terrestre do caça hidroavião Kawanishi N1K 1 Kyofu desenvolvida para a Marinha Imperial Japonesa. Foi considerado um dos melhores caças japoneses da Segunda Guerra por sua manobrabilidade. Competia com igualdade com os melhores caças americanos do fim da guerra, como o F6F Hellcat, o F4U Corsair e P-51 Mustang, mas havia sido produzido muito tarde. Era motorizado com um Nakajima Homare NK9H radial com 1.850 hp de potência e fortemente armado com quatro canhões Tipo 99 Mod.2 Mk4 de 20 mm nas asas com duzentos tiros por arma. Carregava duas bombas de 259 kg ou um tanque de 400 l de combustível. Foram produzidas 1.509 unidades.

NAKAJIMA KI-100

Um dos melhores caças interceptadores usado pelo Exército Imperial Japonês na guerra. Foi o resultado de uma medida emergencial de 1944, que adaptava o Kawasaki Ki-61 com um novo motor radial em uma fuselagem modificada para economizar e conseguir uma produção continuada diante dos frequentes bombardeios americanos às fábricas japonesas, que enfrentavam a falta de peças. A combinação de alta potência e grande capacidade de manobra foram essenciais para o combate a grande altitude contra os bombardeiros americanos. Seu motor era um Mitsubishi Ha 112 -II radial com 1.500 hp de potência e era armado com dois canhões Ho-5 de 20 mm montados na fuselagem e duas metralhadoras Ho-103 de 12,7 mm nas asas. Foram produzidas apenas 395 unidades.

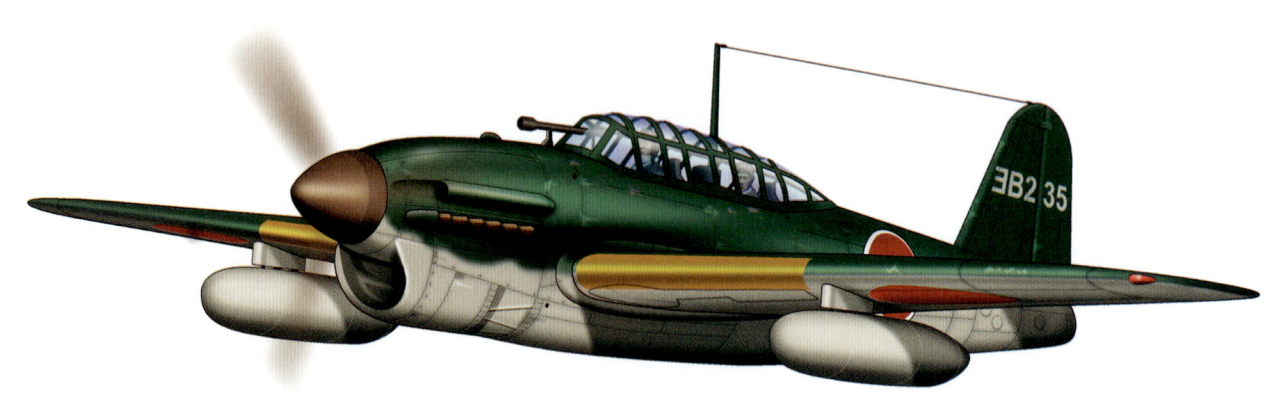

YOKOSUKA D4Y COMET

Um dos mais rápidos bombardeiros de mergulho da Segunda Guerra, foi operado pela Marinha Imperial Japonesa, mas os atrasos em seu desenvolvimento fizeram com que seu antecessor, o Aichi D3A, permanecesse em serviço por muito mais tempo que o D4Y, embora fosse mais lento. Era motorizado com um Aichi Atsuta AE1P 32 com 1.400 hp de potência e armado com duas metralhadoras Tipo 97 de 7,7 mm e uma de 7,92 mm na retaguarda. Transportava até 800 kg de bombas.

JAPÃO

YOKOSUKA MXY-7 OHKA

O Ohka ("Flor de Cerejeira", em japonês) era uma bomba voadora impulsionada por foguete, introduzida nos últimos meses da guerra. Projetado como kamikaze principalmente contra porta-aviões e cruzadores americanos, era geralmente transportado por um bombardeiro Mitsubishi G4M 2e Betty modelo 24J até perto do alvo. Após o lançamento, o piloto deslizava em direção ao alvo e acionava os três foguetes internos de combustível sólido, um de cada vez, para aumentar o impulso do mergulho em até 1.000 km/h e tentar penetrar a couraça dos navios e produzir o maior dano possível ao explodir os 1.200 kg de bombas que carregava. Foram construídas 852 unidades.

KAWANISHI N1K1 KYOFU/REX

Caça hidroavião com um design extremamente avançado e rápido, foi projetado para pousar nas enseadas costeiras e praias de ilhas em apoio às operações anfíbias e evitar o alto custo da construção de pistas e bases aéreas nas ilhas e costas do Pacífico. Tinha tudo para ser um avião de combate formidável, mas em 1943, quando entrou em operação, as incursões ofensivas japonesas já eram um sonho do passado. Tinha um motor radial Mitsubishi Kasei MK4E 15 de 14 cilindros, refrigerado a ar, com 1.530 hp de potência. Era poderosamente armado: tinha dois canhões de 20 mm nas asas e duas metralhadoras de 7,7 mm. Apenas 97 unidades foram construídas.

KAWASAKI KI-45

Resposta aos caças bimotores pesados europeus, entrou em serviço em 1941. Utilizado como caça interceptador de longo alcance contra bombardeiros em combate na China, provou não ser páreo para o caça monomotor americano Curtiss P-40. Foi remanejado para ataque ao solo, antitransporte e defesa da frota. No fim da guerra voltou a atuar como interceptador de bombardeiro, com modificações no armamento. Tinha dois motores radiais Mitsubishi Ha-102 de 14 cilindros, com 1.050 hp de potência cada. Seu armamento tinha duas metralhadoras Ho-103 de 12,7 mm no nariz (ou um único canhão Tipo 97 de 20 mm na barriga, de acordo com a versão) e uma flexível de 7,92 mm na cabine traseira. Para combater o B-17 Flying Fortress, um canhão Digite 94 de 37 mm foi instalado no nariz. Sua produção chegou a 1.700 unidades.

JAPÃO

NAKAJIMA J1N GEKKO
O Gekko ("Luar", em japonês) foi muito usado como avião de reconhecimento, caça noturno e em missões suicidas pela Marinha Imperial Japonesa. A falta de um bom radar e o baixo desempenho em grandes altitudes não o impediram de obter algumas vitórias. Pilotos habilidosos tiveram sucessos espetaculares, como o tenente Sachio Endo, que derrubou oito B-29 e danificou outros oito antes de ser derrubado. Tinha dois motores Powerpla Nakajima NK1F Sakae 21 de 14 cilindros, com 1.130 hp de potência cada, e era armado com quatro canhões Tipo 99 de 20 mm disparados para cima. Foram produzidas 479 unidades.

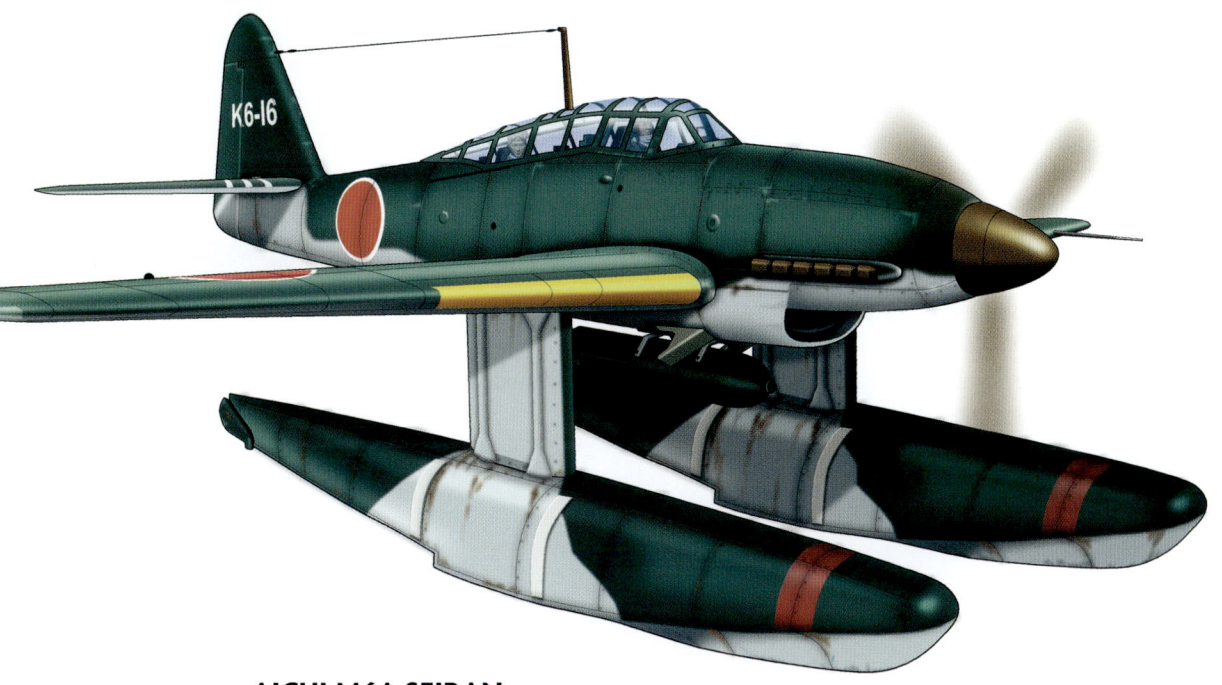

AICHI M6A SEIRAN
A partir de 1941, a Marinha Imperial Japonesa propôs construir uma frota de porta-aviões submarinos e projetou o M6A, hidroavião de ataque que operaria a partir de submarinos pesados classe I-400. O submarino viria à tona para lançar suas aeronaves por catapulta e submergiria para não ser detectado. Após o ataque, emergiria para recuperar aviões e tripulação. Até 1945 apenas três dos 18 submarinos previstos tinham sido construídos. O M6A tinha asas dobráveis e alcance de 1.500 km. Tinha um motor Aichi Atsuta Tipo 31 refrigerado a líquido, com 1.400 hp de potência. Era armado com uma metralhadora de 13 mm e podia carregar um torpedo Tipo 91 ou duas bombas de 259 Kg ou uma de 850 Kg.

KAWASAKI KI-48

Bombardeiro feito a pedido do alto comando militar japonês, entrou em serviço em 1940, em combate na China. Foi utilizado na invasão das Filipinas, Malásia, Birmânia, Nova Guiné, Ilhas Salomão e Índias Orientais Holandesas. Com o avanço da guerra, tornou-se lento e mal-armado, sendo relegado a funções menores, mas continuou em serviço até o fim da guerra. Tinha dois motores radiais Nakajima Ha.115 com 1.130 hp de potência cada e era armado com três metralhadoras Digite 89 de 7,7 mm no nariz, na parte dorsal e ventral da fuselagem. Transportava 800 kg de bombas internamente. Foram produzidas 1.997 unidades.

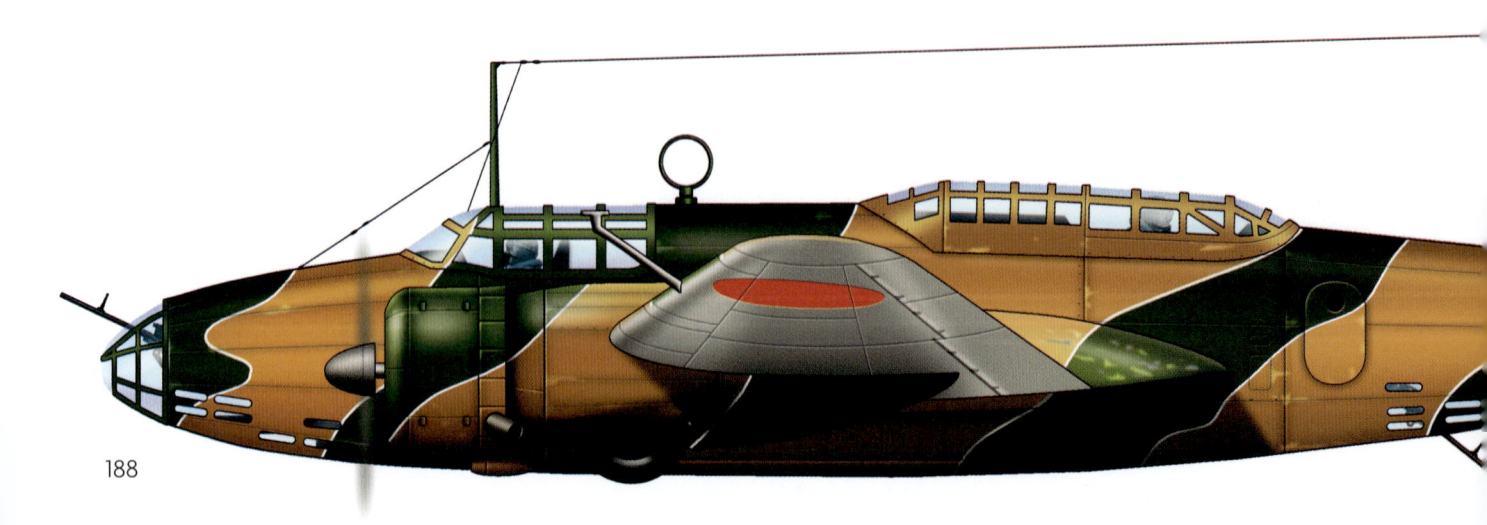

JAPÃO

KUGISHO P1Y1 GINGA
Bombardeiro médio da Marinha Imperial Japonesa, tinha desenho aerodinâmico e era projetado para ter a velocidade do A6M Zero em bombardeio de mergulho e para transportar torpedos. Bombardeou aeródromos na China, Taiwan, Ilhas Marianas e Filipinas, atacou os Estados Unidos na defesa de Ryukyu, Shikoku e Kyushu e foi usado como kamikaze contra navios americanos na invasão de Okinawa. Era equipado com dois motores radiais Nakajima NK9C Homare 12 de 18 cilindros, com 1.825 hp de potência cada, e armado com um canhão Tipo 99 de 20 mm no nariz e uma metralhadora com reparo flexível de 13 mm na traseira da cabine. Transportava 1.000 kg de bombas ou um torpedo de 800 kg. Foram construídas 1.102 unidades.

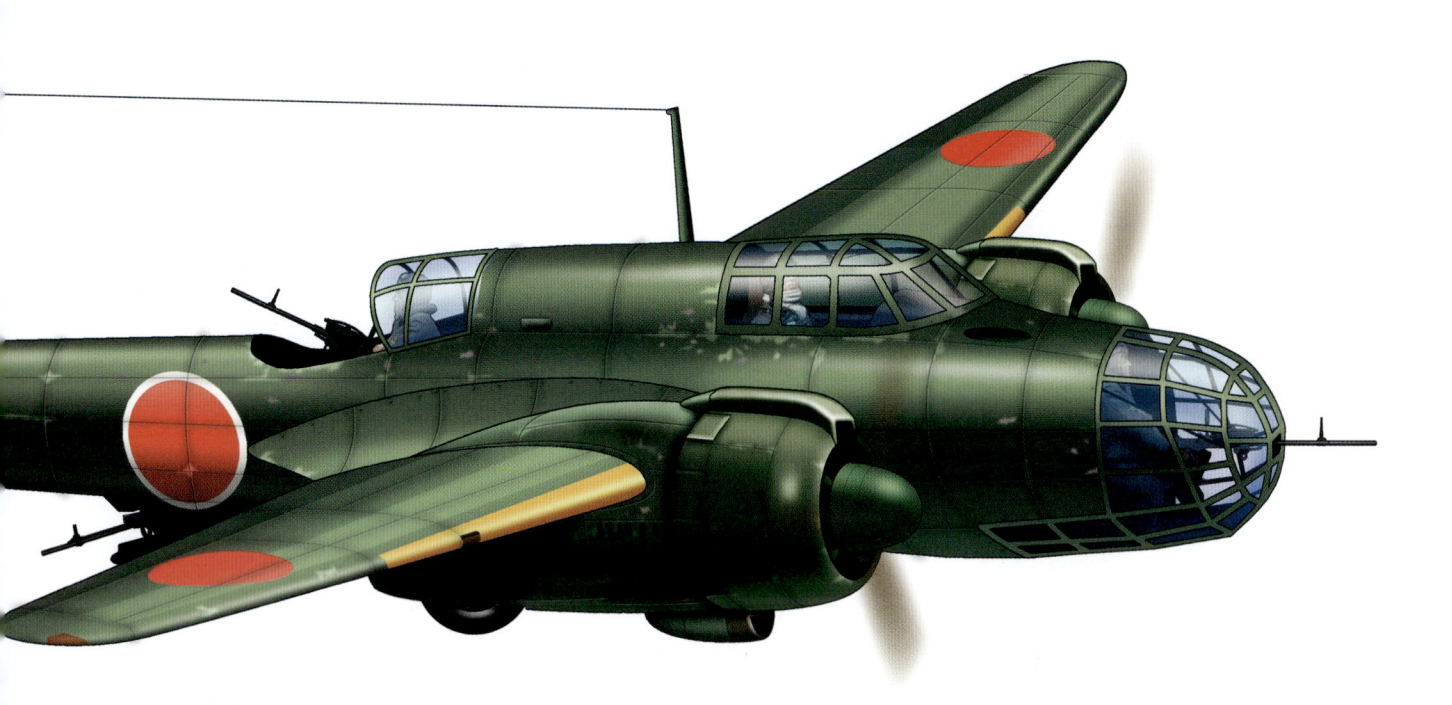

MITSUBISHI KI-21
Bombardeiro pesado, projetado em 1937 para o Serviço Aéreo do Exército Imperial. Entrou em combate na China em 1938, em número reduzido, mas com sucesso. Em pouco tempo revelou suas fraquezas: falta de armamento e de tanques de combustível autosselantes. Apesar disso, permaneceu em serviço até o fim da guerra. Tinha dois motores radiais Mitsubishi Exército Tipo 100 com 1.500 hp de potência cada. O armamento de defesa tinha quatro metralhadoras Tipo 89 de 7,7 mm em reparos flexíveis no nariz, no ventre e na cauda e uma de 12,7 mm na torre dorsal. Transportava até 1.000 kg de bombas internamente.

190

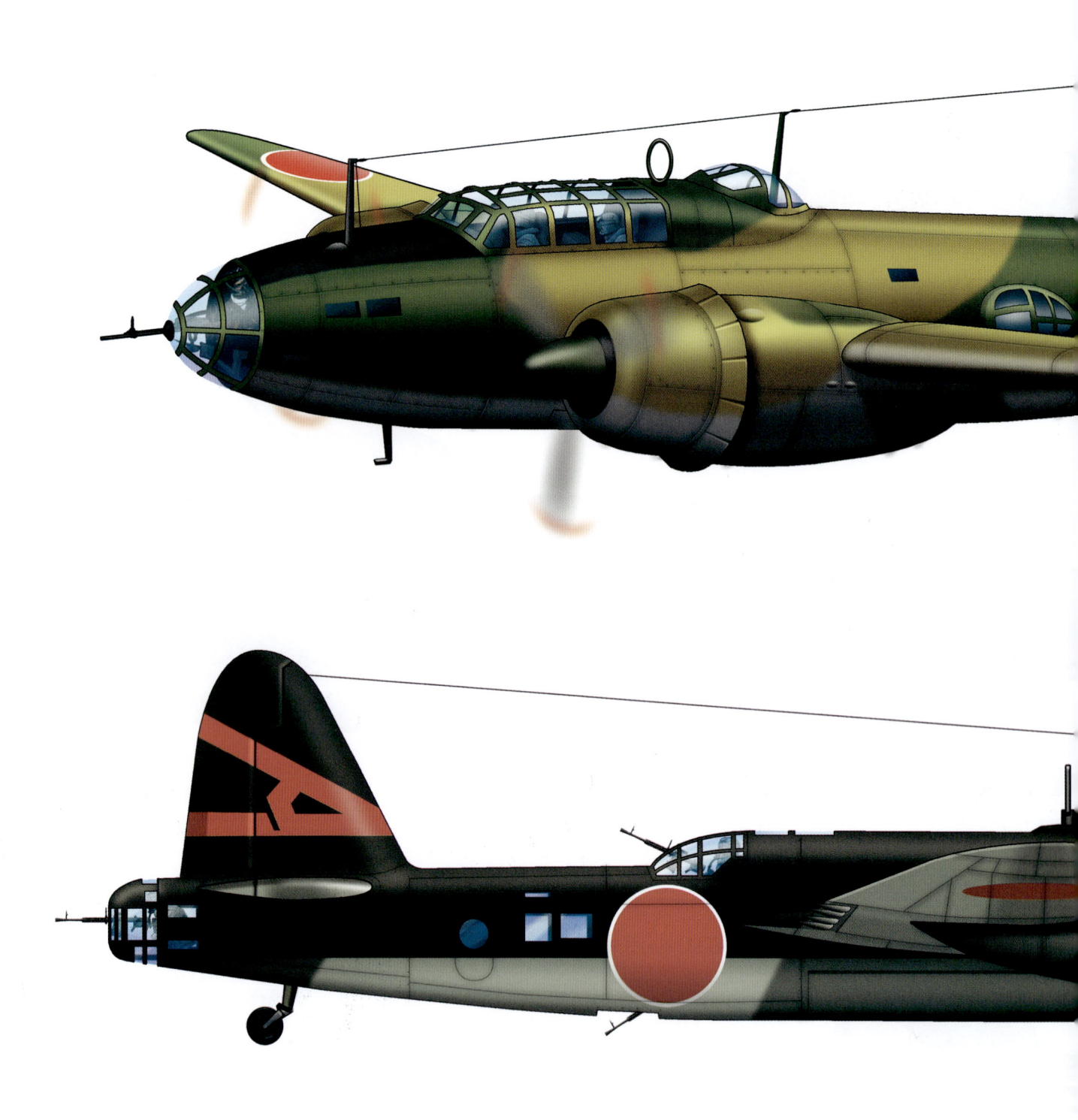

JAPÃO

MITSUBISHI G4M
Bombardeiro usado pelo Serviço Aéreo do Exército Imperial Japonês, tinha bom desempenho, mas também graves falhas, como a total falta de segurança para a tripulação por não ter blindagem e tanques de combustível autosselantes. Foi o avião japonês de sua classe mais produzido durante a guerra, atuando em toda a região do Pacífico. No fim de sua carreira foi usado para transportar a aeronave kamikaze Ohka. Era impulsionado por dois motores radiais de 14 cilindros Mitsubishi MK4A-11 Kasei, com 1.530 hp de potência cada. O armamento de defesa era um canhão Tipo 99 de 20 mm na cauda e quatro metralhadoras Tipo 92 de 7,7 mm no nariz, torreta dorsal e cintura. Podia transportar internamente até 858 kg de bombas ou torpedos. Foram produzidas 2.435 unidades.

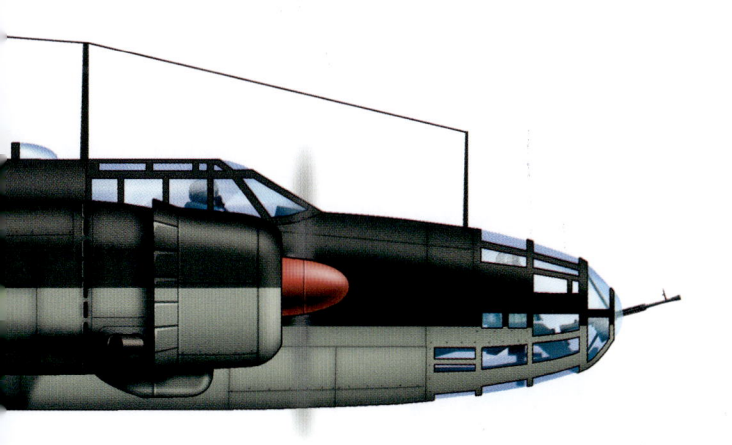

NAKAJIMA KI-49 DORYU
Bombardeiro bimotor projetado para substituir o Mitsubishi Ki-21. Seu primeiro protótipo voou em 1939 e entrou em produção continuada em 1941. Combateu pela primeira vez na China e após o começo da Guerra do Pacífico foi usado na campanha da Nova Guiné e em ataques à Austrália. No transcorrer do conflito, foi empregado em diversas frentes e, no final da guerra, inclusive, como kamikaze. Era impulsionado por dois motores radiais Nakajima Ha-109 de 14 cilindros, com 1.500 hp de potência cada, e seu armamento era composto por um canhão Ho-1 de 20 mm e cinco metralhadoras Escreva 88 de 7,7 mm. Transportava 1.000 kg de bombas.

POLIKARPOV I-15

Caça biplano projetado nos anos 1930, tinha um motor radial M-22 com 473 hp de potência. Era armado com quatro metralhadoras PV-1 de 7,62 mm e carregava 100 kg de bombas ou foguetes. Seu batismo de fogo ocorreu em 1936, na Guerra Civil Espanhola. Em 1937, foi usado pela China no combate à invasão japonesa. Quando a União Soviética foi invadida pela Alemanha, a Força Aérea Soviética tinha mais de mil I-15 em uso, mas eles não eram páreos para os aviões da Luftwaffe. Foram produzidas 3.313 unidades.

POLIKARPOV I-16

Com design revolucionário, foi o primeiro caça monoplano de asa baixa do mundo. Projetado em meados de 1930, formou a espinha dorsal da Força Aérea Soviética no início da Segunda Guerra. Tinha motor radial Shvetsov M-63 refrigerado a ar, com 1.100 hp de potência, e era armado com um par de metralhadoras ShKAS de 7,62 mm na carenagem superior e dois canhões ShVAK de 20 mm nas asas. Ganhou vários apelidos: Rata pelos nacionalistas e Mosca pelos republicanos, na Guerra Civil Espanhola; Ishak ("Macaco") pelos soviéticos, na Segunda Guerra Sino-Japonesa; Siipiorava ("Esquilo Voador"), na Guerra Russo-Finlandesa. Foram produzidos 8.644 Polikarpov I-16.

UNIÃO SOVIÉTICA

POLIKARPOV I-153 TCHAIKA

O Tchaika ("Gaivota", em russo) recebeu esse nome devido às características peculiares de suas asas superiores, parecidas com as da ave. É um aprimoramento do I-15, tinha estrutura mais forte e contava com trem de pouso retrátil para reduzir o arrasto. Seu primeiro voo ocorreu em 1937 e, assim como o seu antecessor, foi muito usado pela Força Aérea Soviética. O modelo definitivo era motorizado com um Shvetsov M-63 820 kW com 1.100 hp de potência. Até 1941, foram construídas 3.437 unidades.

LAVOCHKIN-GORBUNOV-GUDKOV LAGG-1

Caça interceptador, foi projetado em 1938. O primeiro protótipo voou em 1940, mas apresentou problemas no teto operacional, tinha fraca potência e baixa capacidade de manobra. Um programa de reformas para sanar os seus defeitos foi imediatamente iniciado e o novo protótipo entrou em testes em 1940, servindo de base para o projeto do LaGG-3, que rapidamente substituiria o LaGG-1. Era motorizado com um Klimov M-105P e seu armamento era composto por duas metralhadoras de 7,62 mm e um canhão de 23 mm no nariz.

MIKOYAN-GUREVICH MIG-3

Aperfeiçoamento do MIG-1, entrou na linha de produção em 1941. Era impulsionado por um motor Mikulin AM-35 A refrigerado a líquido, com 1.350 hp de potência, e seu armamento era composto de uma metralhadora UBS de 12,7 mm e duas ShKAS de 7,62 mm. Podia transportar 200 kg de bombas ou seis foguetes ar-terra RS-82 de 82 mm. Embora com grandes qualidades, principalmente sua elevada velocidade, o MIG-3 era limitado para travar combates acima dos 5.000 m. Foram construídas 3.172 unidades.

LAVOCHKIN-GORBUNOV-GUDKOV LAGG-3

Aperfeiçoamento do seu antecessor LaGG-1, o caça Lavochkin-Gorbunov-Gudkov LaGG-3 era uma das aeronaves mais modernas que a Força Aérea Soviética dispunha quando a Alemanha invadiu o território soviético em 1941. A fuselagem era quase completamente feita de madeira, com partes cruciais processadas com baquelite. Tinha um motor Klimov M-105 PF de 12 cilindros, refrigerado a líquido, com 1.260 hp de potência. Seu armamento era composto de duas metralhadoras Berezin BS de 12,7 mm e um canhão ShVAK de 20 mm e podia transportar seis foguetes RS-82 ou RS-132, cujo peso total representava 200 kg. A produção do LaGG-3 chegou a 6.528 unidades.

UNIÃO SOVIÉTICA

YAKOVLEV YAK-3

Caça do começo dos anos 1940, entrou em serviço na Força Aérea Soviética em 1944 e foi um de seus melhores interceptadores: o pequeno tamanho e a alta taxa de potência-peso lhe garantiam excelente desempenho em combate aéreo. Foi considerado por alguns pilotos não soviéticos superior ao P-51 Mustang americano e ao Supermarine Spitfire britânico. Tinha um motor a pistão Klimov VK-105 PF-2 de 12 cilindros, refrigerado a líquido e com 1.300 hp de potência. Era armado com um canhão ShVAK de 20 mm com 150 cartuchos e duas metralhadoras Berezin UBS de 12,7 mm. Foram produzidos 4.848 exemplares.

YAKOVLEV YAK-7

Caça desenvolvido a partir do Yak-1 e projetado em 1940 como treinador, foi convertido em caça interceptador. Na guerra, atuou tanto como caça quanto como treinador, provando ser bastante eficaz. Era apreciado pelos pilotos e pelo pessoal de manutenção: era mais simples de pilotar, mais resistente e considerado melhor que seus antecessores. Tinha um motor a pistão M-105PA de 12 cilindros, refrigerado a líquido, com 1.050 hp de potência. Seu armamento era composto por um canhão ShVAK de 20 mm e duas metralhadoras ShKAS de 7,92 mm. Sua produção alcançou 6.399 unidades.

LAVOCHKIN LA-5

Caça derivado dos aperfeiçoamentos do LaGG-3. Fez seu primeiro voo em 1942 e entrou em produção no mesmo ano. Tornou-se um dos melhores caças da Força Aérea Soviética e era impulsionado por um motor radial Shvetsov ASh-82 FN com 1.850 hp de potência. Seu armamento contava com dois canhões ShVAK de 20 mm na carenagem, com duzentos cartuchos cada, e podia transportar duas bombas de 100 kg cada. Foram construídos 9.920 exemplares.

LAVOCHKIN LA-7

Último caça de uma família que tinha começado com o LaGG-1, de 1938, o La-7 era o aperfeiçoamento do Lavochkin La-5 e seu primeiro voo foi realizado no início de 1944. Entrou em serviço na Força Aérea Soviética no final do mesmo ano. Era motorizado com um Shvetsov ASh-82 FN radial de 14 cilindros, refrigerado a ar, com 1.650 hp de potência. O armamento consistia em dois canhões ShVAK de 20 mm, com duzentos tiros cada, ou três canhões Berezin B-20 de 20 mm, com cem tiros cada. Carregava 200 kg de bombas. Foram produzidas 5.753 unidades.

UNIÃO SOVIÉTICA

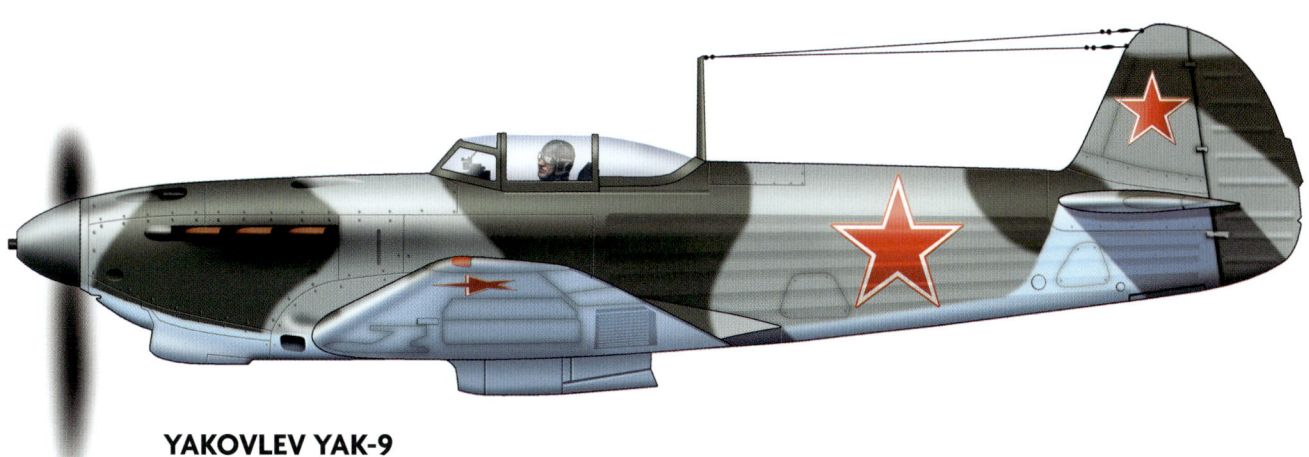

SUKHOI SU-2
Avião de reconhecimento e bombardeiro leve utilizado no início da Segunda Guerra, usava um motor radial Shvetsov M-82 com 1.400 hp de potência. Seu armamento era composto de seis metralhadoras ShKAS de 7,62 mm, sendo quatro nas asas, uma na torreta traseira e outra na escotilha inferior. Podia transportar 400 kg de bombas ou dez foguetes ar-terra RS-82. Foram produzidos 910 exemplares.

YAKOVLEV YAK-9
Avião de caça desenvolvido para ser mais leve que o Yak-7, embora usasse o mesmo armamento. Sua fuselagem mais leve lhe deu boa flexibilidade, e os pilotos consideravam sua performance equivalente ou superior à do Messerschmitt Bf 109G e do Focke-Wulf Fw 190A-3/A-4. O Yak-9 foi produzido entre 1942 e 1948 e, das 16.769 unidades fabricadas, 14.579 foram feitas durante a guerra. Foi o primeiro avião soviético a derrubar o alemão Messerschmitt Me 262. Após a Segunda Guerra, foi usado pela Força Aérea da Coreia do Norte durante a Guerra da Coreia.

YAKOVLEV YAK-4

Bombardeiro leve projetado para executar ataques aéreos a médias distâncias, entrou em serviço na Força Aérea Soviética em 1941. Não foram bem-sucedidos em combate e muitos deles terminaram abatidos pela Luftwaffe e pela artilharia antiaérea nos primeiros dias da invasão alemã. Tinha dois poderosos motores Klimov M-105 de 12 cilindros, com 1.100 hp de potência cada. Seu armamento contava com duas metralhadoras ShKAS de 7,62 mm e carregava 600 kg de bombas. Foram produzidos apenas noventa exemplares.

UNIÃO SOVIÉTICA

ILYUSHIN IL-2 "SHTURMOVIK"
Caça blindado de ataque ao solo, seu primeiro protótipo voou em 1939. Após a invasão da União Soviética pela Alemanha, foi produzido em grande escala, totalizando 42.330 unidades e sendo o avião militar mais fabricado de toda a história. É considerado o melhor avião de ataque ao solo da Segunda Guerra, com precisão letal contra tanques nos bombardeios de mergulho: os projéteis de seus canhões penetravam a fina blindagem da parte superior dos tanques. Tinha um motor Mikulin AM-38F de 12 cilindros, refrigerado a água, e seu armamento consistia em duas metralhadoras ShKAS de 7,62 mm nas asas, uma Berezin UBT de 12,7 mm na traseira da cabine e dois canhões VYa-23 de 23 mm. Carregava 600 kg de bombas ou oito foguetes RS-82 ou quatro foguetes RS-123.

ILYUSHIN IL-10
Caça de ataque ao solo desenvolvido em 1943 para substituir o excelente IL-2 Shturmovik. A proposta era aumentar a velocidade e a manobrabilidade em baixas altitudes para tentar fugir da artilharia antiaérea inimiga. Produzido em larga escala de 1944 a 1947, era motorizado com um Mikulin AM-42 de 12 cilindros, refrigerado a líquido e com 1.450 hp de potência, o que o fazia alcançar 551 km/h. Seu armamento tinha dois canhões Vya-23 de 23 mm, com 150 cartuchos cada, duas metralhadoras ShKAS de 7,62 mm ou quatro canhões de 23 mm nas asas e um canhão Berezin B-20 de 20 mm ou uma metralhadora UBT de 12,7 mm na torreta traseira. Podia transportar 100 kg de bombas ou de foguetes ar-terra RS-132.

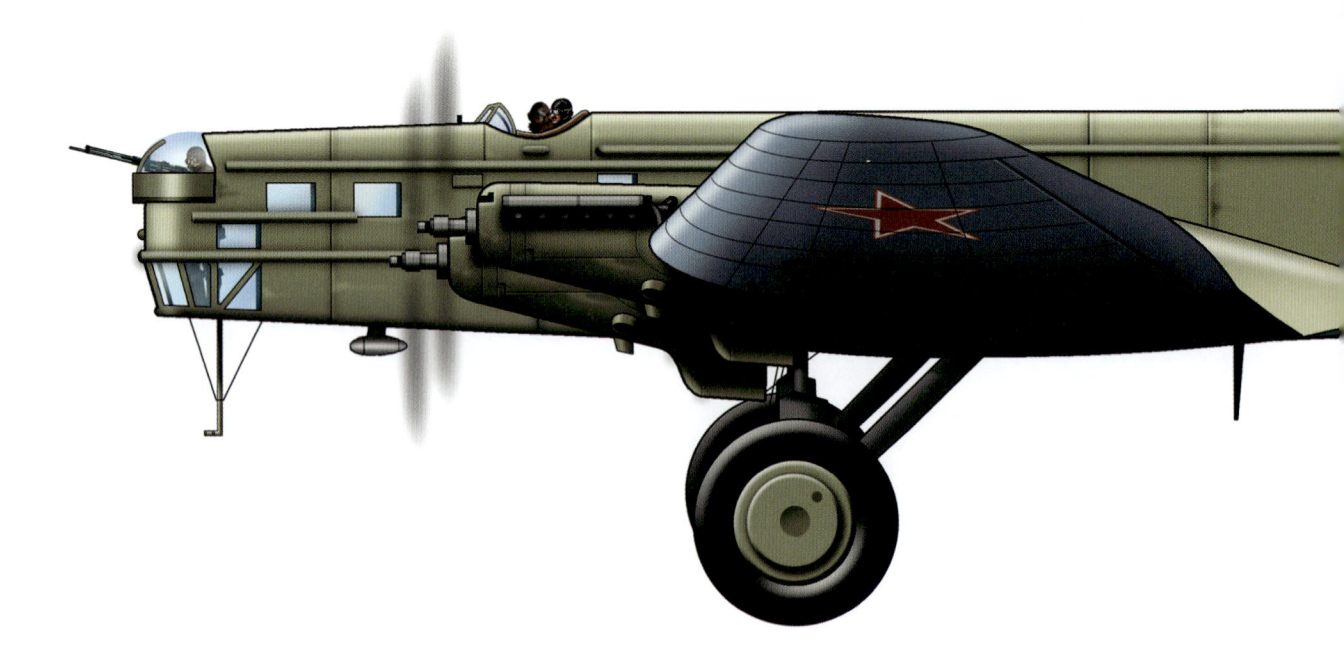

ILYUSHIN DB-3

Bombardeiro monoplano de longo alcance, seu primeiro voo foi realizado em 1936. Era motorizado com dois Nazarov M-87 de nove cilindros radiais refrigerados a ar, com 951 hp de potência cada. Seu armamento era composto de três metralhadoras ShKAS de 7,62 mm e um canhão ShVAK de 20 mm e podia carregar 2.500 kg de bombas. Foi o primeiro bombardeiro soviético a atingir o território alemão na Segunda Guerra – 15 bombardeiros DB-3T (o T designa "torpedo") da chamada Frota do Báltico deixaram cair sobre Berlim as primeiras bombas soviéticas na noite de 8 de agosto de 1941. Entre 1936 e 1939 foram construídas 1.528 unidades.

UNIÃO SOVIÉTICA

TUPOLEV TB-3
Primeiro bombardeiro pesado quadrimotor do mundo, foi implantado pela Força Aérea Soviética em 1932. Era motorizado com quatro Mikulin M-17 F de 12 cilindros, com 705 hp de potência cada. Seu armamento era composto de oito metralhadoras DA de 7,62 mm e transportava até 2.000 kg de bombas. Embora já obsoleto e oficialmente retirado de serviço em 1939, exerceu funções de bombardeio e transporte durante quase toda a Segunda Guerra. Também foi usado como nave-mãe no Projeto Zveno, em que um avião maior carregava aviões de caça menores. Foram produzidas 818 unidades.

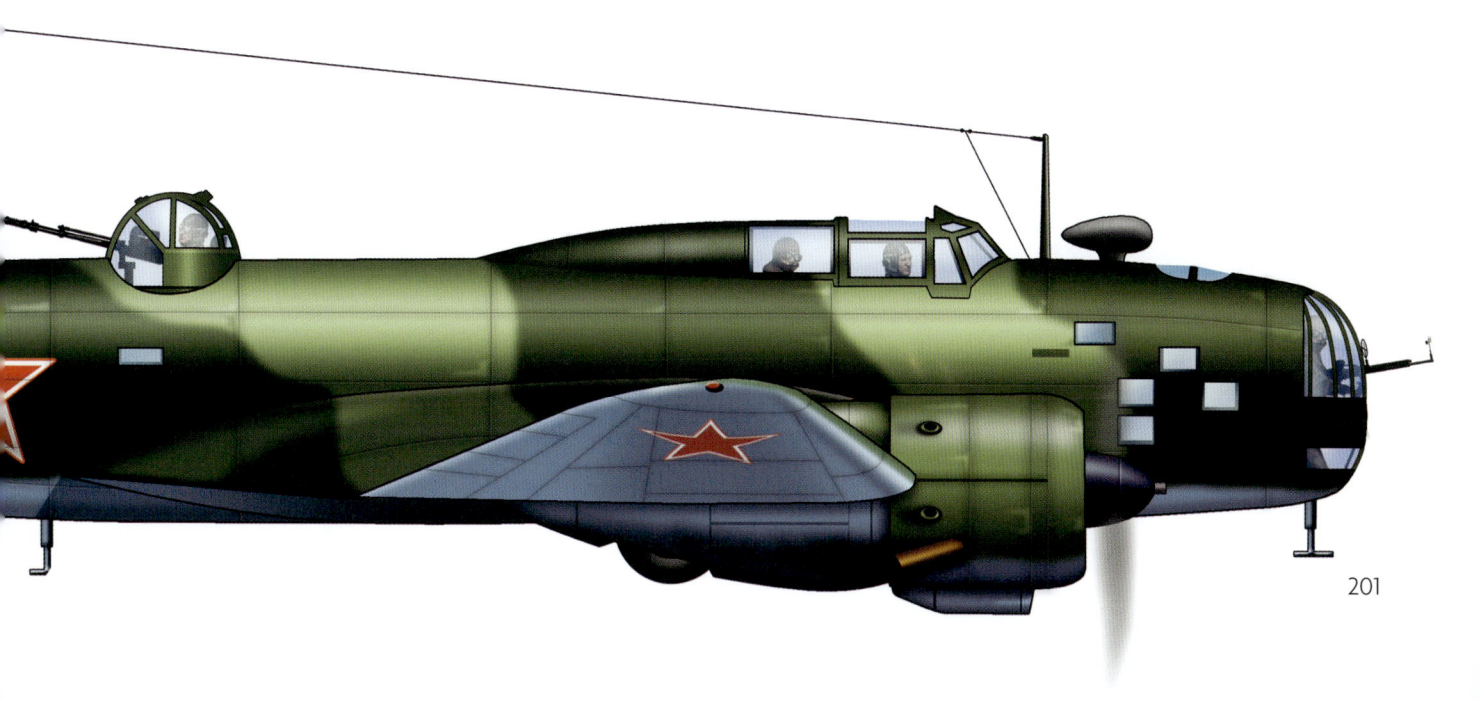

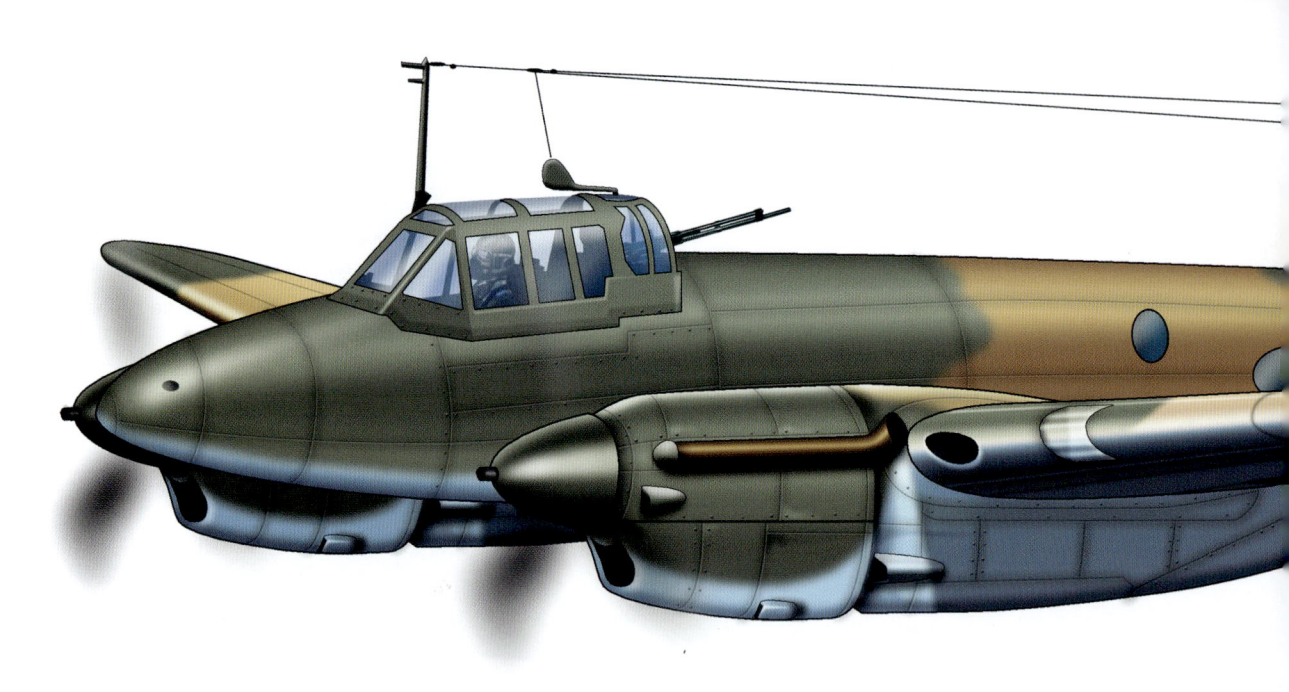

TUPOLEV SB-2M

Bombardeiro monoplano de alta velocidade com capacidade para três tripulantes, voou pela primeira vez em 1934. Entrou em ação na Espanha, República da China, Mongólia e Finlândia e, em 1941, no início da guerra, contra a Alemanha. Era motorizado com dois Klimov M-103 de 12 cilindros, refrigerados a líquido e com 960 hp de potência cada. Seu armamento era composto de quatro metralhadoras ShKAS de 7,62 mm e podia transportar 500 kg de bombas. Foram produzidas 6.656 unidades.

UNIÃO SOVIÉTICA

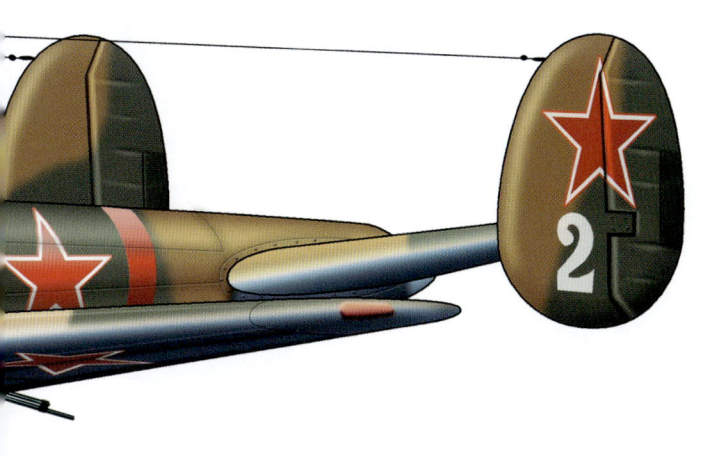

PETLYAKOV PE-2

Bombardeiro considerado um dos melhores aviões de ataque ao solo da guerra, entrou em operação na Força Aérea Soviética em 1941. Em muitos aspectos se assemelhava ao britânico De Havilland Mosquito, participou de diversas missões, entre elas o bem-sucedido bombardeio contra a refinaria de Ploesti, na Romênia, provocando a queima de milhares de litros de petróleo. Era impulsionado por dois motores Klimov M-105 PF de 12 cilindros, refrigerados a líquido e com 1.210 hp de potência cada. Seu armamento era composto de duas metralhadoras ShKAS de 7,62 mm no nariz ou uma Berezin UB de 12,7 mm e duas metralhadoras ShKAS de 7,62 mm na retaguarda. Podia transportar até 1.600 kg de bombas. Foram construídas 11.400 unidades.

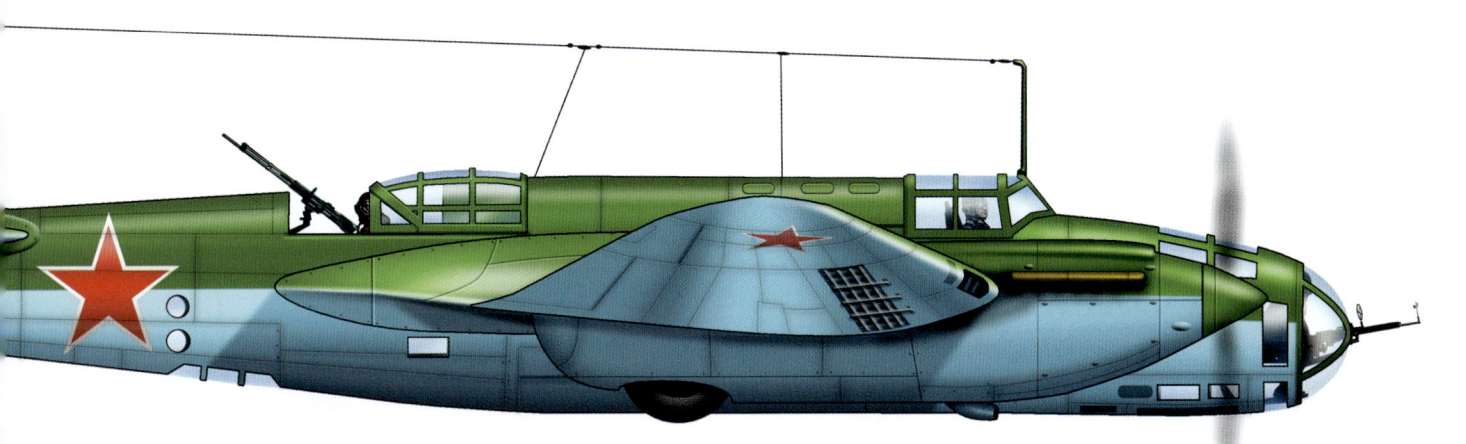

ARKHANGELSKY AR-2

Bombardeiro de mergulho que foi incorporado à frota em 1940. Era impulsionado por dois motores a pistão Klimov M-105 R com 1.100 hp de potência cada e seu armamento era composto de quatro metralhadoras ShKAS de 7,62 mm. Podia transportar 1.600 kg de bombas. Foram produzidas aproximadamente 190 unidades, sendo que pelo menos metade delas foi destruída durante a ofensiva alemã de 1941.

YERMOLAYEV YER-2

Bombardeiro médio de longo alcance projetado no fim nos anos 1930, foi incorporado à Força Aérea Soviética em 1941, mesmo ano em que foi usado para bombardear Berlim a partir de bases aéreas na Estônia, após a Operação Barbarossa. Também foi utilizado em missões táticas de ataque ao solo durante a Batalha de Moscou, o que acarretou pesadas perdas. Tinha dois motores a diesel Charomskiy ACh-30B de 12 cilindros, com 1.500 hp de potência cada. Seu armamento era composto de duas metralhadoras UBT de 12,7 mm e um canhão ShVAK 20 mm em uma torreta dorsal TUM-5. Podia transportar até 5.000 kg de bombas. Foram produzidos 370 aviões.

UNIÃO SOVIÉTICA

TUPOLEV TU-2 DB
Bombardeiro de mergulho de alta velocidade, foi projetado em 1941 e entrou em operação na Força Aérea Soviética em 1942. Dispunha de grande carga interna de bombas, tinha a velocidade de um caça monoposto e desempenhou papel-chave na ofensiva final do Exército Vermelho contra a Alemanha. Era motorizado por dois Shvetsov ASh-82 radiais com 1.850 hp de potência cada e seu armamento consistia em dois canhões ShVAK de 20 mm, três metralhadoras ShKAS de 7,62 mm, ou metralhadoras Berezin UB de 12,7 mm na frente, no dorso e na parte ventral. Podia transportar internamente 1.500 kg de bombas e, na parte externa, mais 2.270 kg. Foram construídos 2.257 exemplares.

PETLYAKOV PE-8

Projetado antes da guerra, foi o único bombardeiro quadrimotor construído pela União Soviética durante o confronto. Os quatro motores Mikulin AM-35 A de 12 cilindros eram refrigerados a líquido e tinham 1.340 hp de potência cada. Era armado com dois canhões ShVAK de 20 mm, um na cauda e outro na torre dorsal, duas metralhadoras UBT de 12,7 mm nas nacelas do motor e mais duas metralhadoras ShKAS de 7,62 mm na torreta do nariz. Foi usado para bombardear Berlim em 1941 e nas "invasões de moral", destinadas a elevar o moral do povo soviético ao expor a vulnerabilidade do Eixo por meio de bombardeiros. Sua principal missão, no entanto, era atacar aeródromos, pátios ferroviários e outras instalações para minar o poderio alemão. Foram finalizadas apenas 93 unidades.

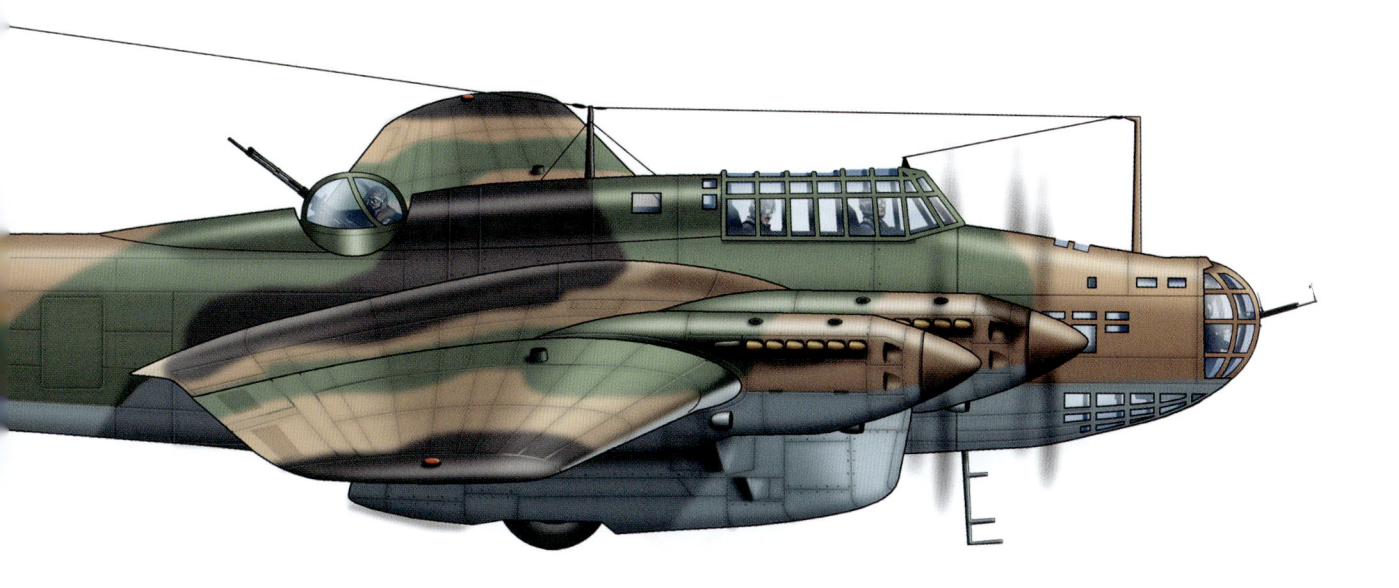

UNIÃO SOVIÉTICA

ILYUSHIN IL-4

Bombardeiro projetado em 1936, entrou em produção em 1940. Embora fosse apenas um bombardeiro médio, em 1941 também foi usado em missões estratégicas, como alguns bombardeios de longo alcance sobre Berlim. Tinha dois motores radiais Tumansky M-88B de 14 cilindros, refrigerados a ar, com 1.100 hp cada um. Seu armamento consistia em duas metralhadoras ShKAS de 7,62 mm no nariz e em uma abertura ventral e uma metralhadora UBT de 12,7 mm em uma torre dorsal. Transportava até 2.700 kg de bombas ou um torpedo Tipo 45-36 de 940 kg. Foram produzidas 5.200 unidades até 1944.

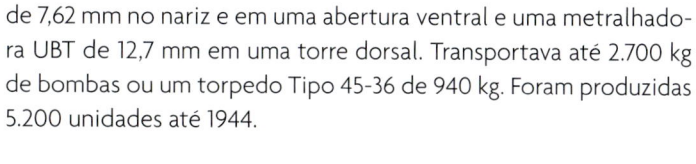

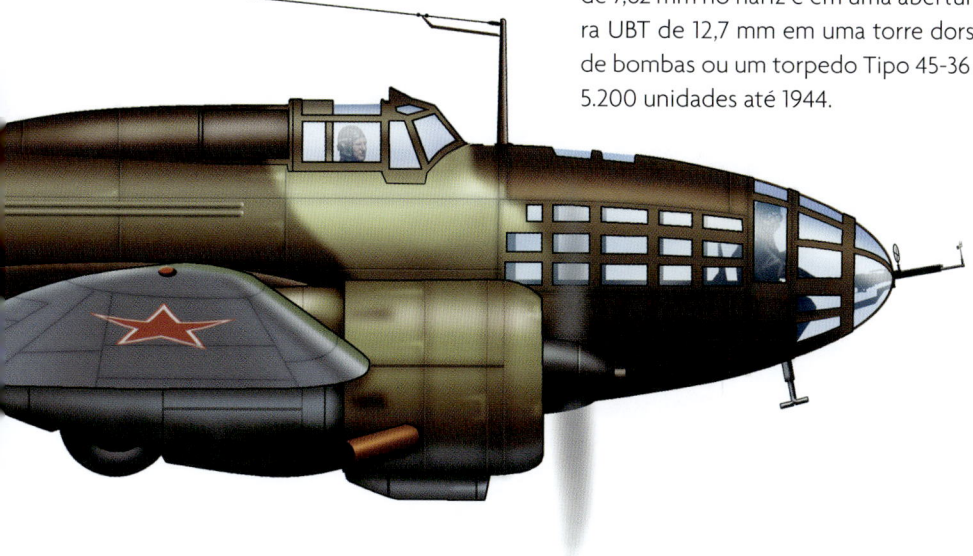

REPUBLIC SERVERSKY P-35

Primeiro caça monoposto de construção totalmente metálica, de cabine fechada e trem de pouso retrátil do Corpo Aéreo do Exército dos Estados Unidos, foi incorporado ao serviço em 1936 e exportado antes guerra para a Suécia, Equador, Colômbia, Filipinas e Japão. Estreou na guerra na defesa das Filipinas, mas foi superado pelos aviões japoneses, sofrendo enormes perdas devido à vulnerabilidade da fraca blindagem e por não ter tanques de combustíveis autosselantes. Era motorizado com um radial Pratt & Whitney R-1830 com 1.050 hp de potência e armado com duas metralhadoras 12,7 mm. Transportava 160 kg de bombas. Foram produzidas 196 unidades.

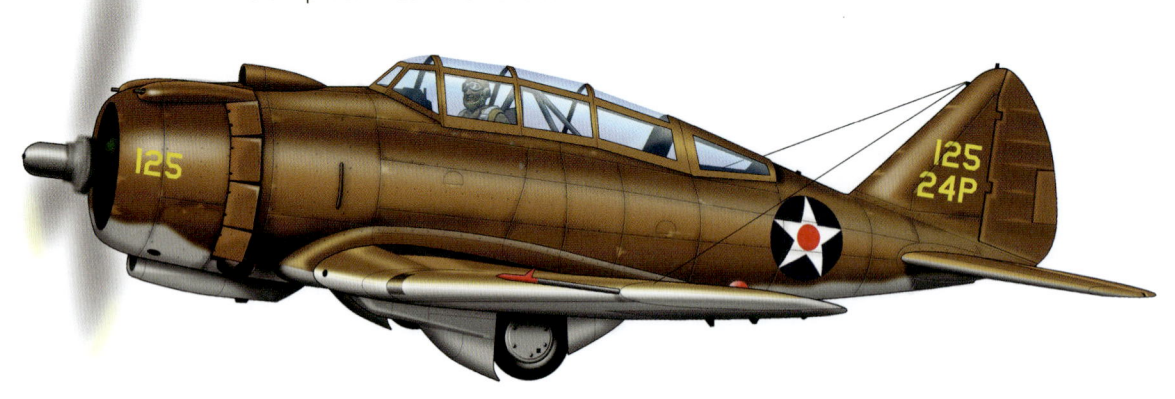

BREWSTER F2A BUFFALO

Caça que serviu no início da Segunda Guerra, foi um dos primeiros caças monoplanos americanos a usar gancho de arrasto para pouso em porta-aviões. Por sua pouca estabilidade e seu excesso de peso, já era um caça obsoleto quando os Estados Unidos entraram na guerra. Foi usado pelas forças aéreas da Finlândia, Bélgica, Grã-Bretanha e Holanda. Era impulsionado por um motor Cyclone Wright R-1820-40 de 1.200 hp e seu armamento tinha quatro metralhadoras M2 Browning de 12,7 mm, sendo duas no nariz e duas nas asas. Entre 1938 e 1941 foram produzidas 509 unidades.

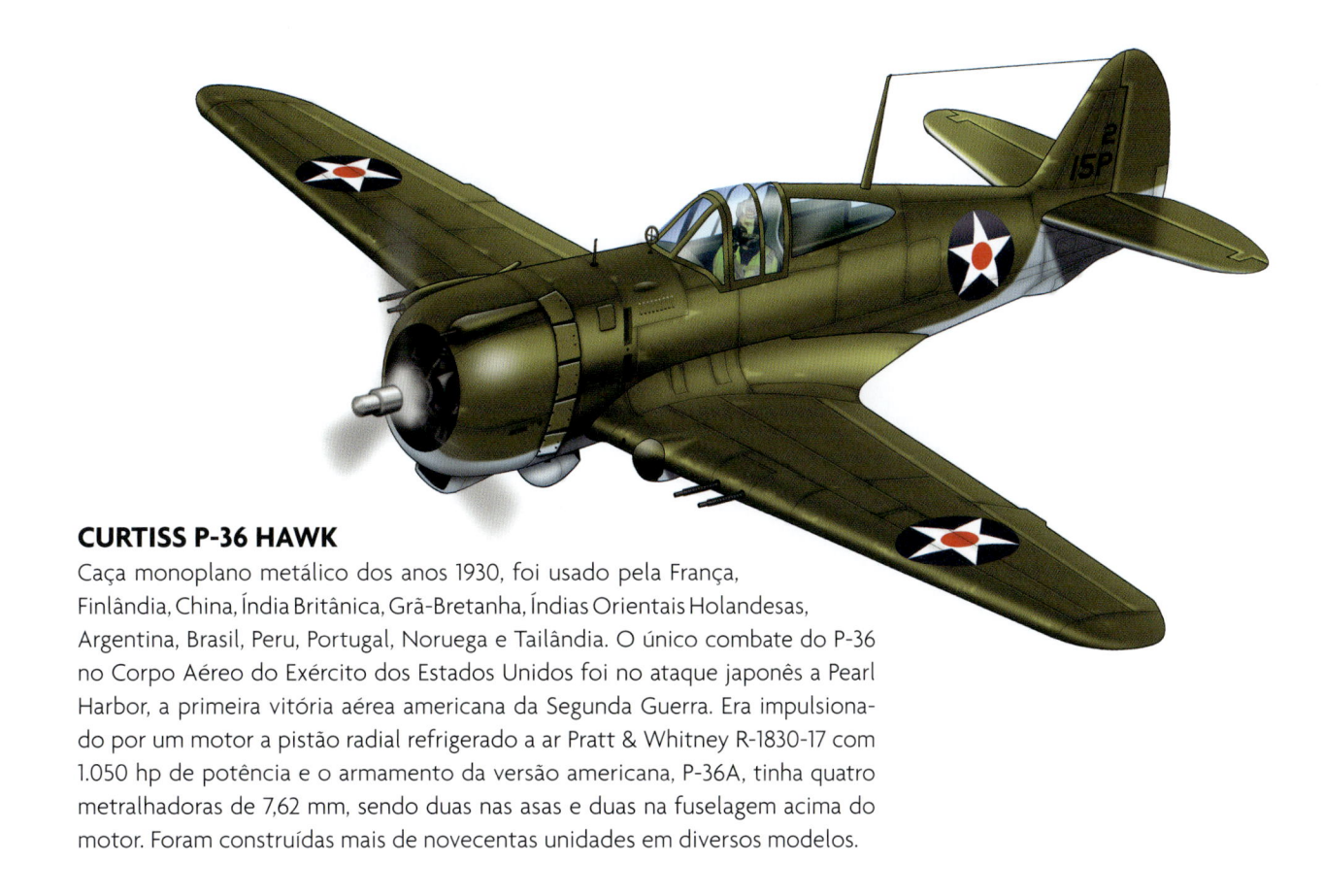

ESTADOS UNIDOS

CURTISS P-36 HAWK
Caça monoplano metálico dos anos 1930, foi usado pela França, Finlândia, China, Índia Britânica, Grã-Bretanha, Índias Orientais Holandesas, Argentina, Brasil, Peru, Portugal, Noruega e Tailândia. O único combate do P-36 no Corpo Aéreo do Exército dos Estados Unidos foi no ataque japonês a Pearl Harbor, a primeira vitória aérea americana da Segunda Guerra. Era impulsionado por um motor a pistão radial refrigerado a ar Pratt & Whitney R-1830-17 com 1.050 hp de potência e o armamento da versão americana, P-36A, tinha quatro metralhadoras de 7,62 mm, sendo duas nas asas e duas na fuselagem acima do motor. Foram construídas mais de novecentas unidades em diversos modelos.

CURTISS P-40
Caça monomotor em metal que voou pela primeira vez em 1938. Seu design era uma modificação do Curtiss P-36 Hawk, com um novo motor e melhorias estruturais. Foi usado pela maioria das forças aéreas Aliadas em todos os teatros de operações e permaneceu em serviço até o fim da Segunda Guerra. Tinha um motor Allison V-1710-39 com refrigeração a líquido e 1.150 hp de potência. Era armado com seis metralhadoras 12,7 mm Browning M2 nas asas e podia transportar 907 kg de bombas na fuselagem e asas. Foi o terceiro caça americano mais produzido, chegando a 13.738 unidades.

BELL P-39 AIRACOBRA

Um dos principais caças americanos no início da guerra, era feito em metal e tinha design inovador, com trem de pouso triciclo e motor instalado no centro da fuselagem, atrás do piloto, mas a falta de um turbocompressor eficiente limitou a atuação em baixas altitudes. Foi com ele que a Força Aérea Soviética, que tinha 4.773 unidades, conquistou o maior número de vitórias individuais, 44, com seu piloto Grigoriy Rechkalov. Tinha um motor Allison V-1710-85 com refrigeração a líquido, de 12 cilindros e com 1.200 hp de potência. Era armado com um canhão M4 de 37 mm e quatro metralhadoras sincronizadas de 12,7 mm Browning M2, estando duas no nariz e duas nas asas. Foram construídas 9.588 unidades.

REPUBLIC P-47 THUNDERBOLT

Um dos maiores e mais pesados caças bombardeiros da Segunda Guerra a ser impulsionado por um único motor a pistão, chegava a pesar até 8 t quando carregado com carga bélica. Foi um dos principais caça bombardeiros da Força Aérea do Exército Americano da Segunda Guerra, atuando em quase todos os teatros de operações. Foi usado por outras forças aéreas Aliadas, inclusive a do Brasil. Era impulsionado por um motor radial Pratt & Whitney R-2800-59B com 2.600 hp de potência e armado com oito metralhadoras M2 Browning de 12,7mm com mais de 3.400 cartuchos nas asas e carregava 1.134 kg de bombas ou foguetes não guiados. Entre 1941 e 1945 foram produzidas mais de 15.600 unidades.

ESTADOS UNIDOS

LOCKHEED P-38 LIGHTNING

Caça bombardeiro monoposto incorporado à USAAC em 1941, foi o principal caça de longo alcance dos Estados Unidos até o aparecimento do P-51D Mustang. Foi utilizado para interceptação, bombardeio de mergulho, ataque ao solo, combate noturno, reconhecimento fotográfico, caça de escolta e radar de varredura visual para bombardeiros. Era equipado com dois motores a pistão Allison V-1710 -111/113 de 12 cilindros, com 1.600 hp de potência cada, e armado com um canhão Huspank M2 de 20 mm, com capacidade de 150 disparos, e quatro metralhadoras M2 Browning 12,7 mm localizadas no interior do nariz. Podia transportar bombas e foguetes nos cabides da fuselagem e asas e entre 1941 e 1945 foram produzidas 10.037 unidades em diversas configurações.

P-51 MUSTANG

Caça bombardeiro de longo alcance com assento único, entrou em serviço em 1941. As séries P-51B e P-51C foram usadas pela Royal Air Force como um avião tático de reconhecimento e caça bombardeiro e, em 1944, a série P-51D foi usada pela USAAF como escolta dos bombardeiros. Na Segunda Guerra, abateu 4.950 aeronaves inimigas e algumas forças aéreas o mantiveram em atividade até o começo dos anos 1980. Era motorizado com um Packard V-1650-7 de 12 cilindros, refrigerado a líquido e com 1.720 hp de potência. Seu armamento contava com seis metralhadoras AN/M2 Browning 12,7 mm com capacidade total de 1.840 tiros e carregava 453 kg de bombas ou foguetes não guiados. Sua produção ultrapassou as 15 mil unidades.

VULTEE P-66 VANGUARD

Caça desenvolvido nos anos 1930 para a Suécia. Quando ficou pronto em 1941, o Estados Unidos não permitiu sua exportação, designando-o para defesa. Muitos foram enviados para a China como caças de combate, mas tiveram resultados irrelevantes. Com boa manobrabilidade, era pouco robusto e tendia a acidentes de *loop* de terra, o que levou 15 aeronaves à destruição. Tinha um motor de linha duplo radial Pratt & Whitney R-1830-33 de 14 cilindros e com 1.200 hp de potência. Era armado com quatro metralhadoras 12,7 mm nas asas. Foram construídas apenas 146 unidades.

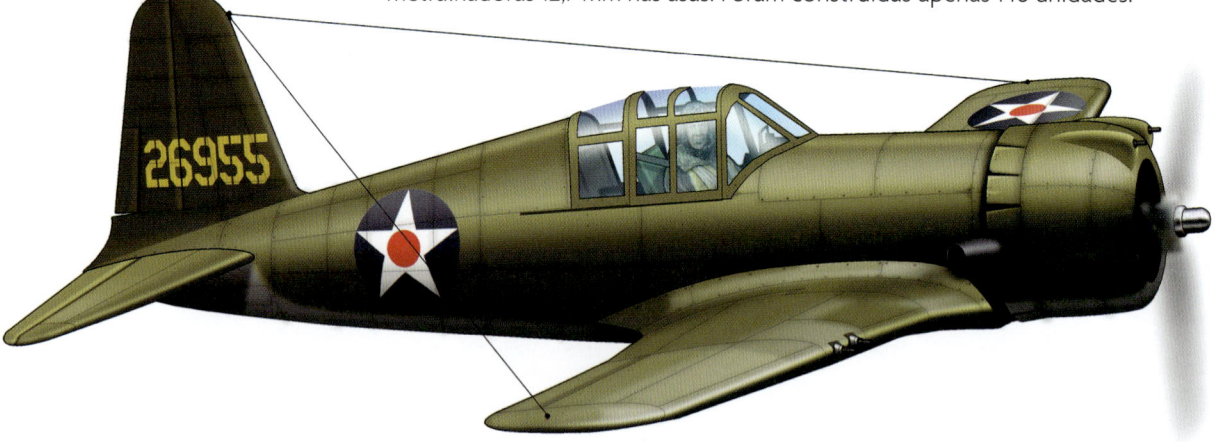

F4F WILDCAT

Caça projetado para operar em terra e a partir de porta-aviões, foi o primeiro a entrar em combate nos porta-aviões da Royal Navy britânica. Entre 1940 e 1942, foi o único caça embarcado da Marinha Americana e do Corpo de Fuzileiros Navais dos Estados Unidos capaz de enfrentar os caças japoneses no Pacífico. Destacou-se nas batalhas da ilha Wake, do Mar de Coral, de Midway e de Guadalcanal. Tinha um motor radial Pratt & Whitney R-1830-76 com 1.200 hp de potência e era armado com quatro metralhadoras AN/M2 Browning de 12,7 mm com capacidade para 450 disparos cada. Transportava 90 kg de bombas. Foram construídas 7.885 unidades.

ESTADOS UNIDOS

GRUMMAN F6F HELLCAT

Projetado para substituir o F4F Wildcat, seu design era novo, simples, ágil e robusto. Ganhou o respeito como caça interceptador depois da estreia enfrentando o japonês Mitsubishi A6M Zero, em 1943. Aos Hellcats, ao Corpo de Fuzileiros Navais dos Estados Unidos, à Marinha dos Estados Unidos e à Royal Navy britânica foram creditados 5.223 aviões abatidos, tornando-se o caça embarcado Aliado com mais vitórias e ficando ativo até 1954. Era motorizado com um radial Pratt & Whitney R-2800-10W "Double Wasp" de 2.200 hp de potência. Dependendo da versão, era armado com seis metralhadoras Browning M2 de 12,7 mm ou com dois canhões de 20 mm e quatro metralhadoras 12,7 mm. Transportava 907 kg de bombas ou um torpedo MK.13-3. Foram construídas 12.275 unidades.

VOUGHT F4U CORSAIR

Caça que operava em porta-aviões, entrou no Corpo de Fuzileiros Navais e na Marinha dos Estados Unidos em 1942 para uso no Pacífico. Em 1943, foi incorporado à Royal Navy britânica e, em 1945, à Força Aérea da Nova Zelândia. Teve bom desempenho, conquistando vitórias. Como caça bombardeiro despejou mais de 15.000 t de bombas e permaneceu em serviço até os anos 1960 em forças aéreas latino-americanas. Era motorizado com um Pratt & Whitney R-2800-8 radial de 2.000 hp de potência e armado com quatro metralhadoras Browning AN/M2 de 12,7 mm. Transportava 910 kg de bombas ou foguetes não guiados. Foram construídas 12.571 unidades em 16 versões.

VOUGHT SB2U VINDICATOR

Caça bombardeiro de mergulho desenvolvido para operar em porta-aviões da Marinha dos Estados Unidos na década de 1930. Apesar de obsoleto na Segunda Guerra, atuou na Batalha de Midway e, em 1943, foi relegado a treinamento. Também foi usado pela Marinha da França e pela Royal Navy britânica. Tinha um motor radial Pratt & Whitney R-1535-96 com 825 hp de potência. Era armado com três metralhadoras Browning M2 de 12,7 mm, sendo duas nas asas e uma em montagem flexível virada para cauda e operada pelo artilheiro. Transportava 454 kg de bombas e teve uma produção de 260 unidades.

CURTISS SB2C HELLDIVER

Bombardeiro de mergulho embarcado em porta-aviões, entrou em serviço na Marinha dos Estados Unidos em 1942. Foi o caça bombardeiro americano que mais afundou navios japoneses na Guerra do Pacífico, incluindo o *Yamato*, maior couraçado da história, com 65.000 t, em 1945. Era motorizado com um Wright R-2600 Cyclone-20 radial com 1.900 hp de potência e armado com dois canhões MK.2 de 20 mm nas asas e duas metralhadoras M1919 Browning de 7,62 mm na cabine traseira. Carregava 900 kg de bombas ou um torpedo Mark 44 e duas bombas de 225 kg nas asas. Foram produzidas 7.140 unidades.

ESTADOS UNIDOS

DOUGLAS TDB DEVASTATOR

Bombardeiro torpedeiro embarcado em porta-aviões, entrou na Marinha Americana em 1935, quando foi considerado o mais avançado do mundo. Ao entrar em combate no Pacífico, porém, já estava ultrapassado – esquadrões foram quase dizimados em 1942 pelos ágeis caças japoneses – e, então, foi substituído pelo Grumman TDB Avenger. Tinha um motor radial Pratt & Whitney R-1830-64 Twin Wasp com 900 hp de potência e era armado com uma metralhadora de 7,62 mm ou de 12,7 mm de tiro frontal e duas metralhadoras de 7,62 mm atrás do *cockpit*. Carregava um torpedo Mark XIII ou 454 kg de bombas. Foram produzidas 130 unidades.

GRUMMAN TBM AVENGER

Caça bombardeiro e torpedeiro feito para a Marinha e para o Corpo de Fuzileiros Navais dos Estados Unidos. Entrou em serviço em 1942 e sua primeira ação foi no Pacífico. Participou das principais batalhas contra os japoneses e do afundamento de couraçados. Depois da guerra, sofreu modificações e foi usado até os anos 1960. Tinha um motor radial Wright R-2600-20 de 1.900 hp de potência e era armado com quatro metralhadoras Browning M2 de 12,7 mm, sendo duas montadas na torreta dorsal. Transportava 907 kg de bombas, foguetes ou um torpedo Mark 13. Foram construídas mais de 9.800 unidades.

DOUGLAS SBD A-24 DAUNTLESS

Excelente caça bombardeiro de mergulho embarcado da Marinha Americana, tinha longo raio de ação, boa manobrabilidade e capacidade de carga, robustez, precisão no bombardeio de mergulho e bom armamento defensivo. Tinha motor radial Wright R-1820-60 de 1.200 hp de potência e era armado com duas metralhadoras sincronizadas Browning M2 de 12,7 mm no capô do motor e duas metralhadoras Browning de 7,62 mm flexíveis na traseira do avião. Transportava 1.020 kg de bombas e teve 5.935 unidades construídas de 1940 a 1944.

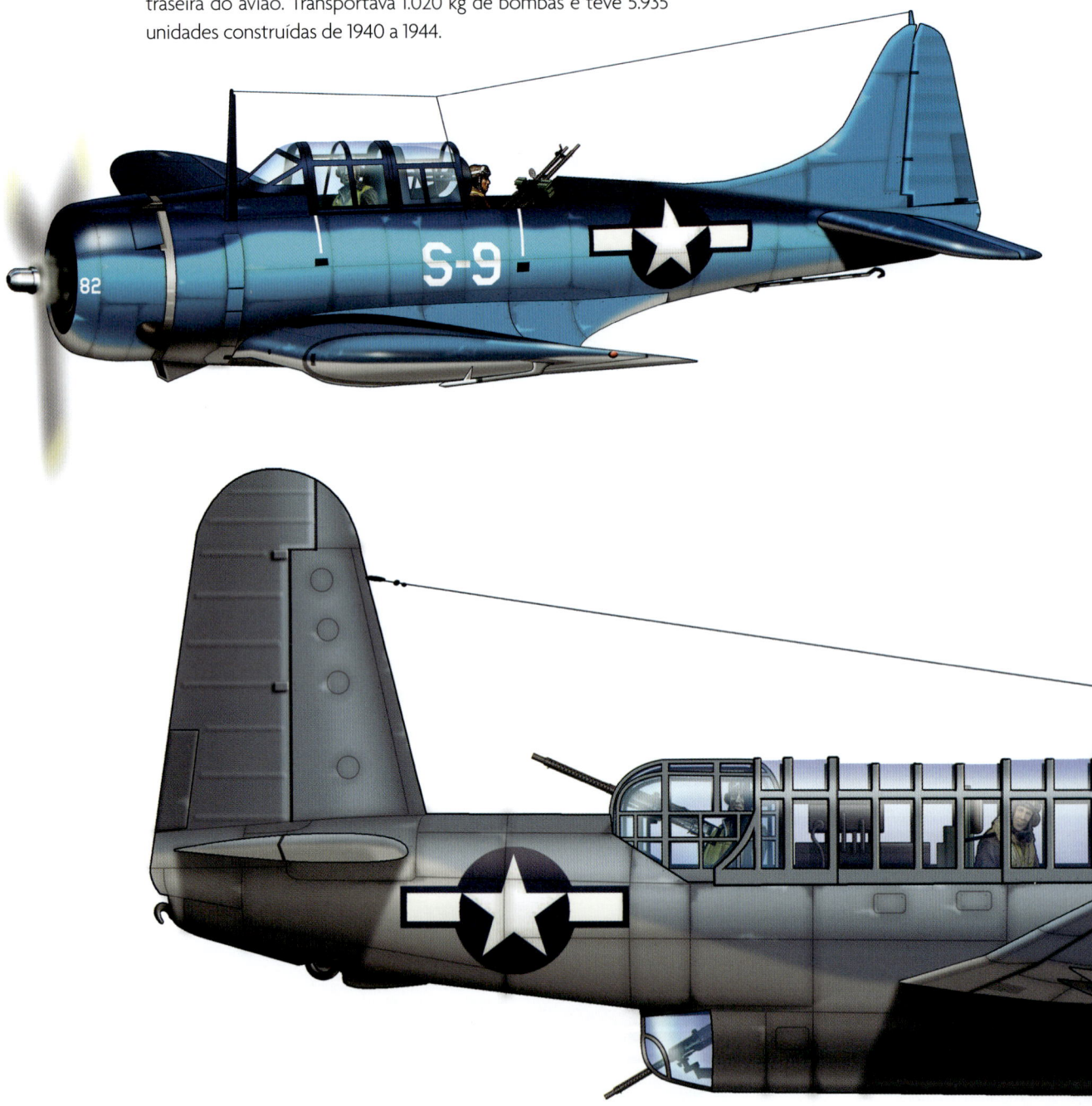

ESTADOS UNIDOS

NORTHROP P-61 BLACK WIDOW

Primeiro interceptador noturno com radar de longo alcance americano, esteve em serviço de 1943 até os anos 1950. Com três tripulantes (piloto, operador de radar e artilheiro), era equipado com um radar de busca SCR-720 (AI Mk.X) e um radar SCR-695 de alerta na cauda. Era impulsionado por dois motores radiais Pratt & Whitney R-2800-65W com 2.250 hp de potência cada e armado com quatro canhões Hispano M2 de 20 mm na fuselagem inferior e quatro metralhadoras M2 de 12,7 mm numa torreta dorsal acionada por controle remoto. Transportava 726 kg de bombas ou foguetes ar-terra não guiados. Foram produzidas 706 unidades.

CONSOLIDATED TBY SEA WOLF

Caça bombardeiro torpedeiro, voou pela primeira vez em 1941, mas só foi entregue à Marinha dos Estados Unidos em 1944. Tinha desempenho superior ao do TBF Avenger, mas chegou na guerra quando torpedeiros já não eram necessários. Com 180 unidades construídas, a Marinha cancelou a encomenda sem que o Sea Wolf entrasse em combate. Tinha um motor radial Pratt & Whitney R-2800-6 com 2.000 hp de potência e era armado com quatro metralhadoras Browning M2 de 12,7mm (estando uma na carenagem, duas nas asas e uma na torre dorsal) e uma Browning M1919 de 7,62 mm na parte ventral. Transportava 910 kg de bombas ou um torpedo.

GRUMMAN F7F TIGERCAT

Caça pesado da Marinha e do Corpo de Fuzileiros Navais dos Estados Unidos, foi projetado para operar nos porta-aviões da classe Midway e só entrou em serviço em 1944, sendo o primeiro caça bimotor da Marinha. Considerado excelente, chegou tarde à guerra e não combateu. Atuou na Guerra da Coreia como caça noturno de ataque. Era impulsionado por dois motores radiais Pratt & Whitney R-2800-34W com 2.100 hp de potência cada e era armado com quatro canhões M2 de 20 mm e quatro metralhadoras M2 Browning de 12,7 mm. Transportava 454 kg de bombas sob as asas ou um torpedo sob a fuselagem. Foram produzidas 364 unidades.

ESTADOS UNIDOS

LOCKHEED P-80/F-80 SHOOTING STAR

Primeiro caça a jato da Força Aérea Americana a ser usado em combate, entrou em serviço em 1945. Com a experiência do P-59 Aircomet, os projetistas construíram o mais bem-sucedido caça a jato da primeira geração. No fim da guerra foi enviado à Europa, mas não entrou em combate com seu rival alemão, o Messerschmitt Me 262. Era impulsionado por um motor turbojato Allison J33-A-21 e sua velocidade ultrapassava 901 km/h em voo nivelado. Era armado com seis metralhadoras M2 Browning de 12,7mm e transportava 910 kg em bombas ou oito foguetes ar-terra não guiados. Foram construídas 1.715 unidades.

BELL P-59 AIRCOMET

Primeiro caça a jato projetado e construído nos Estados Unidos na Segunda Guerra, fez seu primeiro voo em 1942, mas a Força Aérea do Exército dos Estados Unidos não se satisfez e cancelou a encomenda. Não entrou em combate, mas, como foi o primeiro caça a jato com um design que integrava o motor turbojato e as entradas de ar à fuselagem, influenciou a nova geração de caças a jato. Era impulsionado por dois motores turbojatos General Electric J31-GE5 e era armado com um canhão de 37 mm e três metralhadoras de 12,7mm. Transportava oito foguetes ar-terra não guiados ou 910 kg de bombas. Foram produzidas 66 unidades.

MARTIN B-10

Primeiro bombardeiro monoplano todo em metal a ser usado regularmente pelo Corpo Aéreo do Exército dos Estados Unidos, entrou em serviço em 1934 e foi também o primeiro bombardeiro americano a ser produzido em massa. A serviço da Holanda, defendeu Cingapura e as Índias Orientais Holandesas contra a invasão japonesa. Também foi usado por: China Nacionalista, Sião, Turquia, União Soviética, Argentina e Filipinas. Era impulsionado por dois motores Pratt & Whitney e armado com três metralhadoras Browning de 7,62 mm. Transportava 2.000 kg em bombas. Foram construídas 348 unidades.

DOUGLAS B-18 BOLO

Bombardeiro construído no fim dos anos 1930, era impulsionado por dois motores radiais Wright R-1820-53 com 1.000 hp de potência cada. Era armado com três metralhadoras Browning de 7,62 mm e transportava 2.000 kg de bombas. Em 1940 já era obsoleto devido à fraca potência dos motores, armamento defensivo inadequado e pequena carga de bombas. Muitos foram destruídos ainda em solo, em 1941, no ataque a Pearl Harbor e às bases americanas nas Filipinas. Em 1942, foi relegado para transporte e ataque antissubmarino, sendo um dos primeiros aviões americanos a afundar um submarino alemão. Também foi usado pelo Canadá e pelo Brasil. Foram construídas 350 unidades.

ESTADOS UNIDOS

LOCKHEED HUDSON MK.I/II

Bombardeiro leve de reconhecimento e ataque antissubmarino, foi construído para a Royal Air Force britânica pouco antes da guerra e, em 1941, passou a operar na Força Aérea do Exército e na Marinha dos Estados Unidos. Os Hudson australianos foram os primeiros aviões Aliados a atacar na Guerra do Pacífico, uma hora antes da investida japonesa a Pearl Harbor. Também foi usado pela Força Aérea Brasileira nas patrulhas de vigilância e ataque antissubmarino. Era impulsionado por dois motores radiais Wright Cyclone de nove cilindros, com 1.100 hp de potência cada. Era armado com duas metralhadoras Browning na torre dorsal e duas embutidas no nariz. Transportava 340 kg de bombas ou cargas de profundidade. Foram produzidas 2.941 unidades.

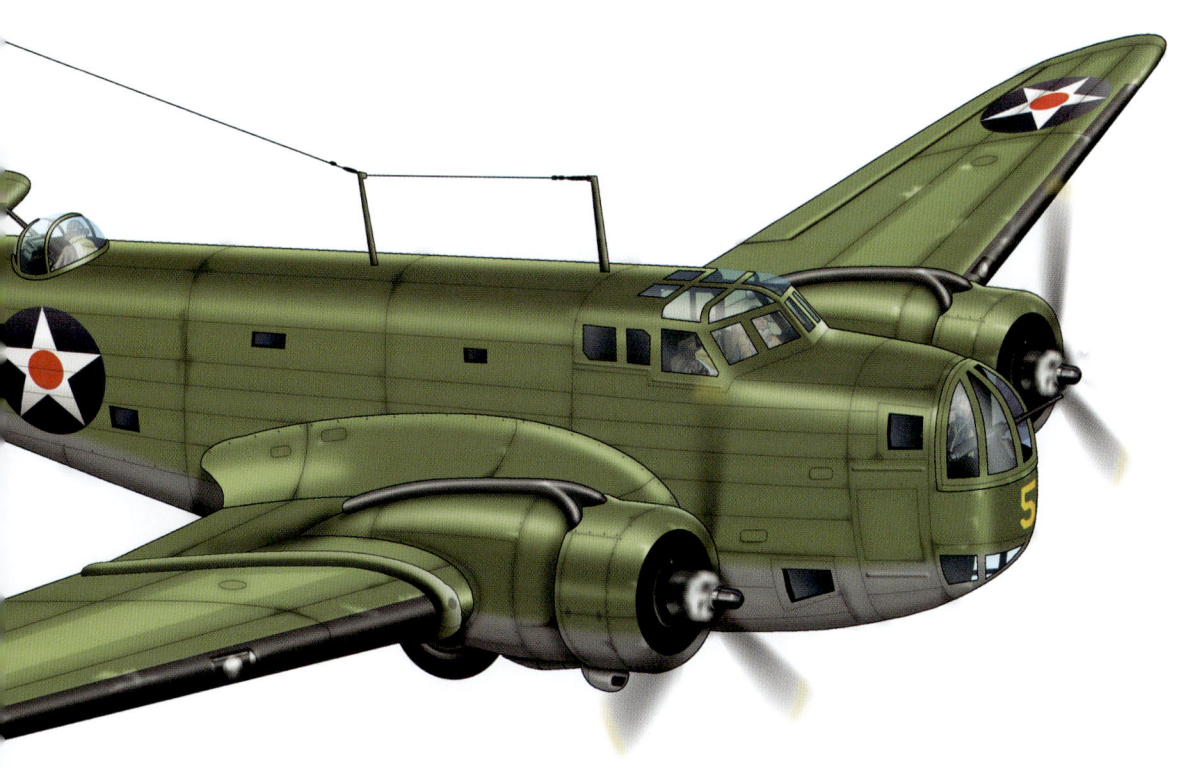

BOEING B-17 FLYING FORTRESS

Bombardeiro pesado desenvolvido nos anos 1930 para o Corpo Aéreo do Exército dos Estados Unidos, foi incorporado em 1938 e ganhou versões. Participou de bombardeio estratégico contra alvos industriais e militares alemães e também da Guerra do Pacífico contra o Japão. Tinha quatro motores radiais Wright R-1820-97 Cyclone com 1.200 hp de potência cada e era armado com 13 metralhadoras M2 de 12,7 mm em sete posições na fuselagem. Transportava 3.600 kg de bombas em missões de curto alcance e 2.000 kg em missões de longo alcance. Foram produzidas mais de 12.600 unidades nas várias versões.

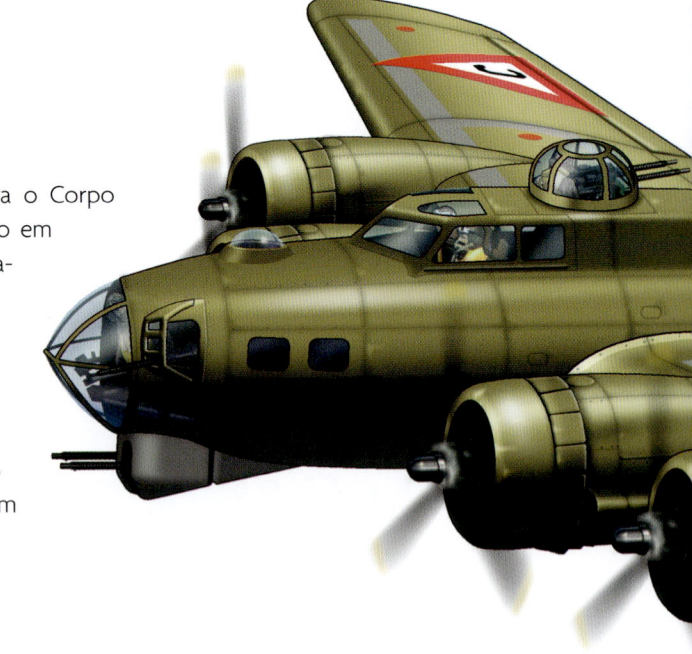

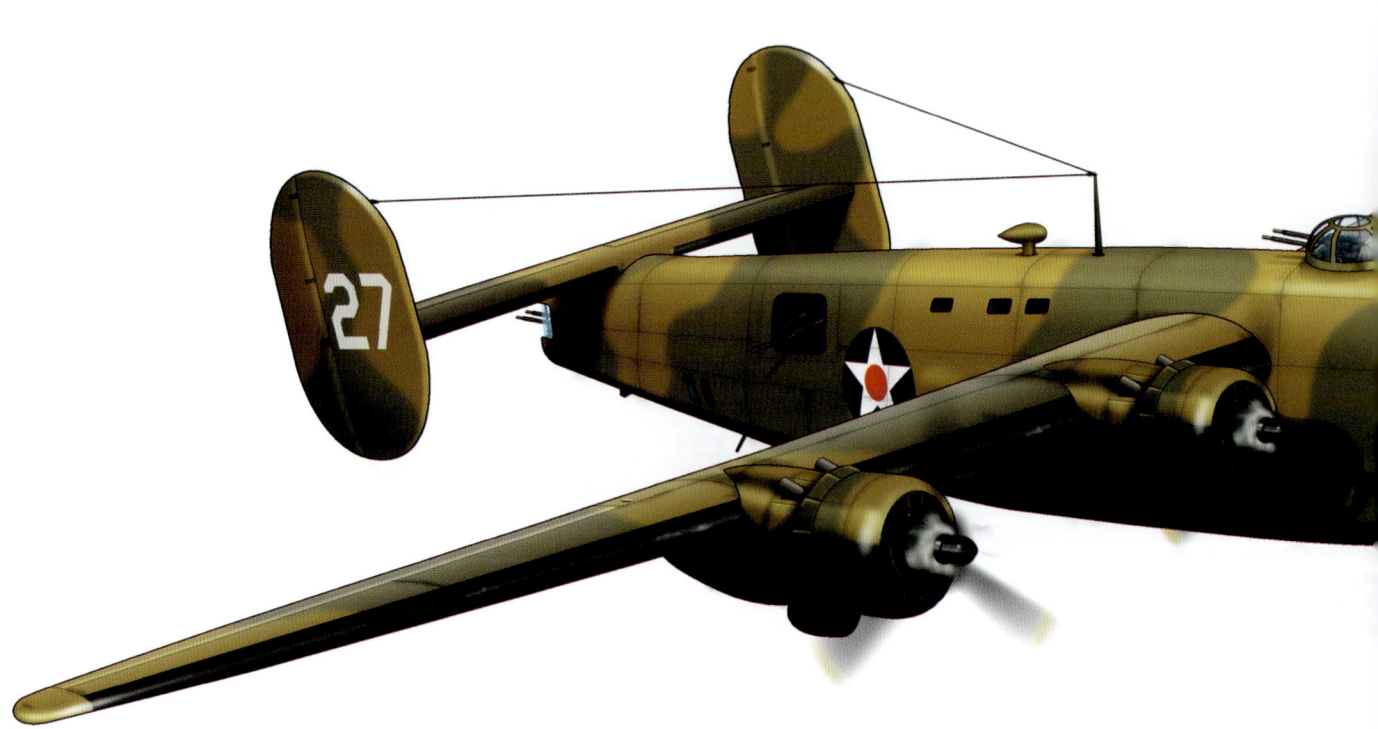

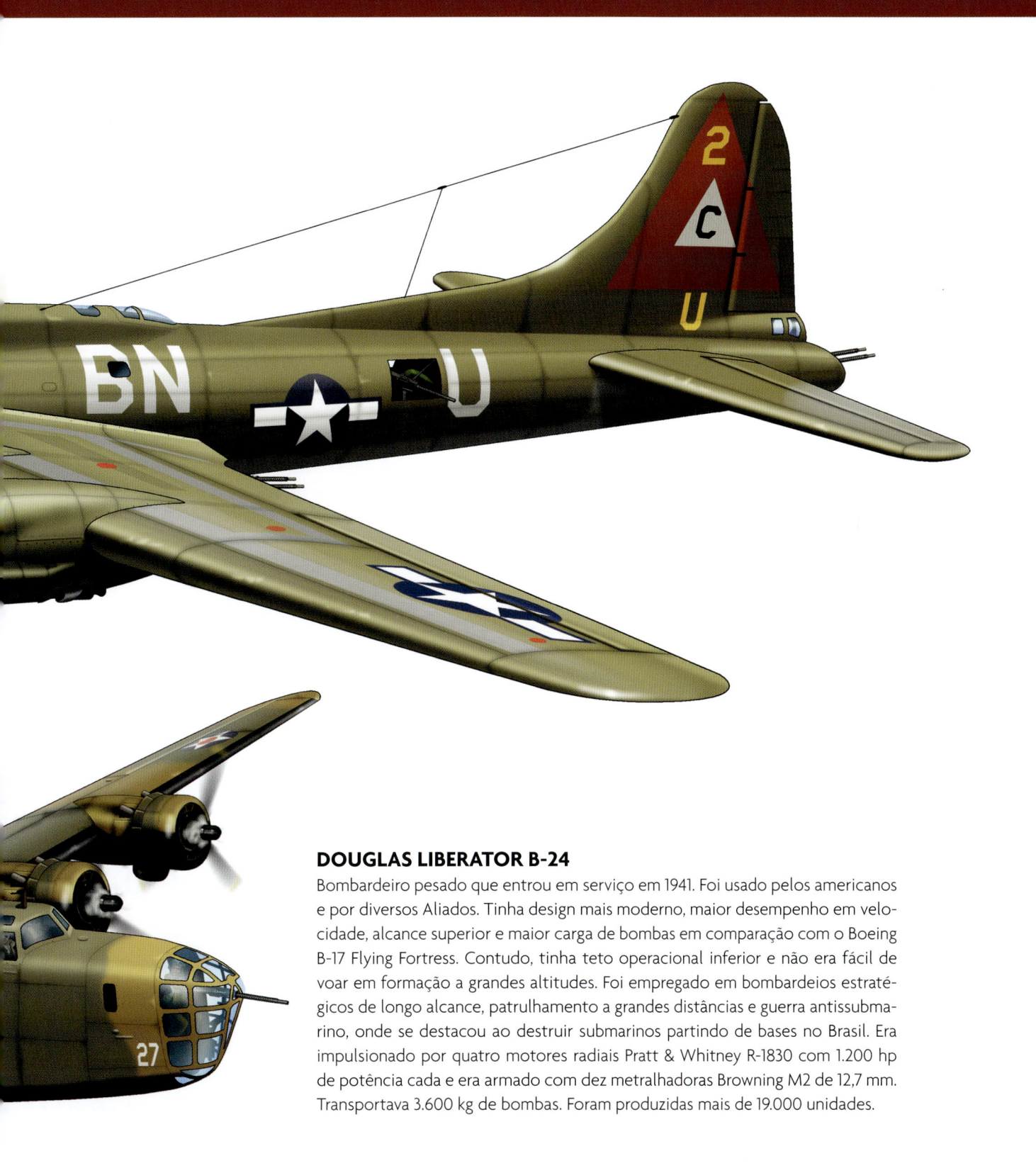

ESTADOS UNIDOS

DOUGLAS LIBERATOR B-24

Bombardeiro pesado que entrou em serviço em 1941. Foi usado pelos americanos e por diversos Aliados. Tinha design mais moderno, maior desempenho em velocidade, alcance superior e maior carga de bombas em comparação com o Boeing B-17 Flying Fortress. Contudo, tinha teto operacional inferior e não era fácil de voar em formação a grandes altitudes. Foi empregado em bombardeios estratégicos de longo alcance, patrulhamento a grandes distâncias e guerra antissubmarino, onde se destacou ao destruir submarinos partindo de bases no Brasil. Era impulsionado por quatro motores radiais Pratt & Whitney R-1830 com 1.200 hp de potência cada e era armado com dez metralhadoras Browning M2 de 12,7 mm. Transportava 3.600 kg de bombas. Foram produzidas mais de 19.000 unidades.

DOUGLAS A-26 INVADER

Bombardeiro leve, fez o primeiro voo em 1942. Tinha duas versões: A-26B (com nariz "sólido" e metralhadoras e canhões automáticos) e A-26C (com nariz de vidro e uma mira Norden para bombardeios de precisão). Era impulsionado por dois motores radiais Pratt & Whitney R-2800-27 com 2.000 hp de potência cada e era armado com seis ou oito metralhadoras M2 Browning de 12,7 mm ou uma combinação de canhões de 20 mm ou de 37 mm no nariz da variante A-26B, duas metralhadoras M2 de 12,7 mm na torreta dorsal e outras duas na torreta ventral. Carregava 2.700 kg de bombas e foguetes não guiados no compartimento interno de bombas e externamente sob as asas. Teve 2.452 unidades construídas.

ESTADOS UNIDOS

B-25 MITCHELL
Bombardeiro médio que entrou em serviço em 1941 e foi usado por muitas das forças aéreas aliadas. Quatro meses após o ataque japonês a Pearl Harbor, foi o primeiro avião americano a bombardear o Japão. Após o fim da guerra, permaneceu em serviço, sendo operado por mais de quatro décadas. Era impulsionado por dois motores radiais Wright R-2600-92 de 14 cilindros, refrigerados a ar e com 1.700 hp de potência cada. Dependendo da versão, era armado com 12 ou 18 metralhadoras de 12,7 mm e transportava 1.360 kg de bombas internamente ou um torpedo de 900 kg externamente. Sua produção chegou a cerca de 10 mil unidades, em diversas versões.

DOUGLAS A-20 HAVOC
Bombardeiro leve de ataque noturno, entrou em serviço em 1941 na Força Aérea do Exército dos Estados Unidos e foi empregado nas forças aéreas da União Soviética, Grã-Bretanha, Austrália, Canadá, África do Sul, França livre, Países Baixos e, mais tarde, Brasil. Tinha dois motores radiais Wright R-2600-A5B com 1.700 hp de potência cada e era armado com seis metralhadoras Browning de 7,7 mm (sendo quatro fixas no nariz e duas flexíveis nas laterais) e uma Vickers K de 7,7 mm na parte ventral. Podia transportar 910 kg de bombas. Foram construídas 7.478 unidades.

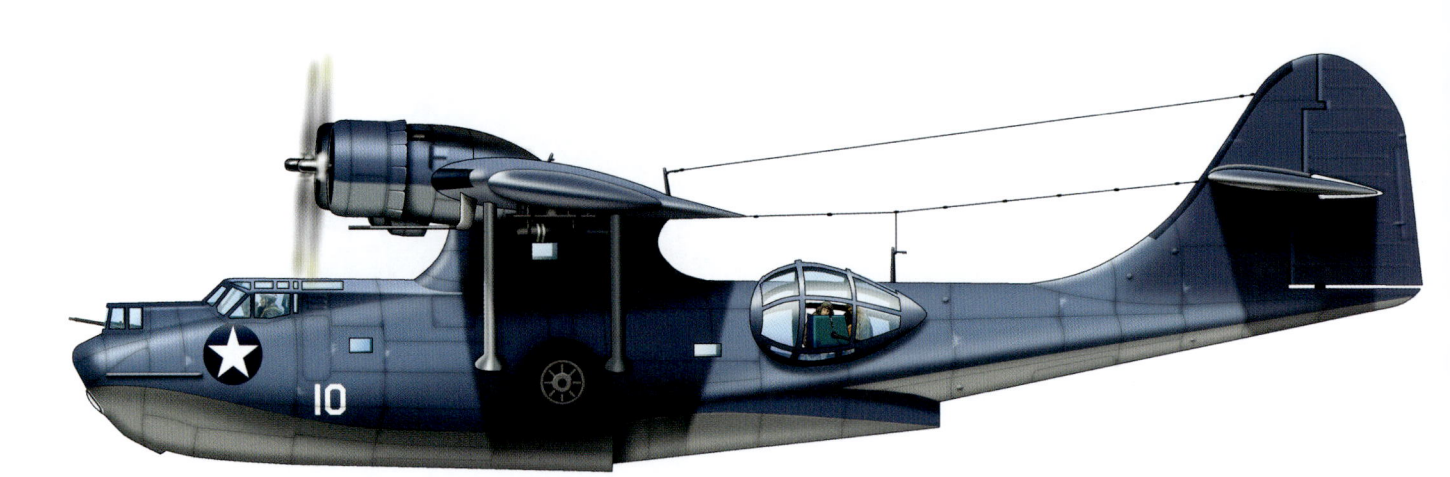

CONSOLIDATED PBY CATALINA

Hidroavião projetado para transporte e vigilância aérea e introduzido em serviço em 1936. Na Segunda Guerra participou das missões antissubmarino no Atlântico e no Pacífico. No Atlântico Sul atuava partindo de bases aéreas brasileiras, onde um Catalina do Brasil afundou o submarino alemão U-199 em 1943. Teve longa carreira civil, voando até os anos 1990. Era impulsionado por dois motores radiais com 1.200 hp de potência cada e era armado com três metralhadoras de 7,62 mm e duas metralhadoras 12,7 mm. Carregava 1.814 kg de bombas e cargas de profundidade para a guerra antissubmarino. Foram construídas 3.305 unidades.

MARTIN B-26 MARAUDER

Bombardeiro médio muito utilizado no Mediterrâneo e na Europa Ocidental, voou pela primeira vez em 1941 e seu primeiro combate foi em 1942, no Pacífico. Também foi usado pela França livre, Reino Unido e África do Sul. Era motorizado com dois Pratt & Whitney R-2800-43 radiais de 2.200 hp de potência cada e era armado com 12 metralhadoras Browing de 12,7mm no nariz, em casulos laterais, na torreta no dorso da fuselagem, na traseira e em aberturas laterais. Transportava 1.800 Kg de bombas internamente. Entre 1941 e 1945 foram construídas 5.288 unidades.

ESTADOS UNIDOS

MARTIN PBM MARINER
Hidroavião bombardeiro de patrulha de longo alcance. Foi incorporado à Marinha dos Estados Unidos em 1940, antes de sua entrada na Segunda Guerra. Depois do ataque japonês a Pearl Harbor, atuou nos ataques antissubmarinos no Pacífico e no Atlântico, afundando 11 submarinos na guerra. Só foi retirado de serviço em 1956. Era impulsionado por dois motores radiais Wright R-2600-6 de 14 cilindros, com 1.600 hp de potência cada. Era armado com oito metralhadoras M2 de 12,7 mm em torretas do nariz, dorso e cauda e em aberturas laterais. Podia transportar 1.800 kg de bombas, cargas de profundidade ou dois torpedos Mark 13. Entre 1937 e 1949, foram produzidas 1.285 unidades.

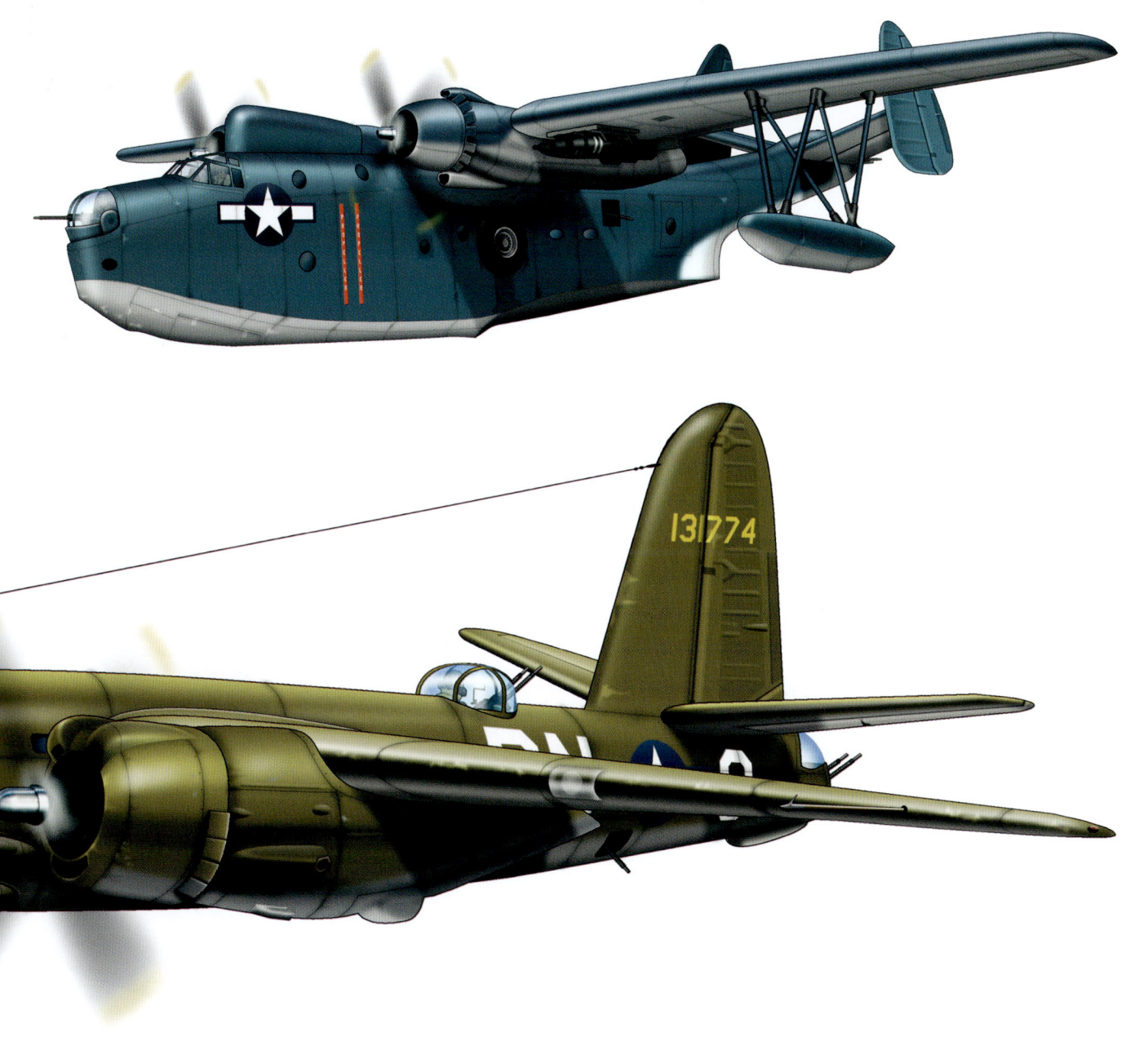

CONSOLIDATED PB4Y-2 PRIVATEER

Bombardeiro de longo alcance, era semelhante ao Libertador, mas com a fuselagem mais longa. Entrou em operação na Marinha dos Estados Unidos em 1944, onde teve longa carreira. Na Segunda Guerra, atuou principalmente no Pacífico como bombardeiro e patrulha marítima de longo alcance contra os japoneses e participou também da Guerra da Coreia. Era motorizado com quatro Pratt & Whitney R-1830-94 radiais, com 1.350 hp de potência cada, e armado com 12 metralhadoras Browning M2 de 12,7 mm em seis torres: duas dorsais, duas na cintura, uma no nariz e uma na cauda. Carregava 5.800 kg de bombas. Foram produzidas 739 unidades.

ESTADOS UNIDOS

BOEING B-29 SUPERFORTRESS
Bombardeiro estratégico de longo alcance para grandes altitudes. Incorporado à Força Aérea do Exército dos Estados Unidos em 1943, foi um dos maiores aviões da Segunda Guerra. Era muito avançado, com cabine pressurizada, rodas do trem de pouso com engrenagens duplas, controle remoto eletrônico de tiro para as torres de defesa e armamento da cauda com controle semirremoto. Participou dos ataques com bomba atômica a Hiroshima e Nagasaki, em 1945, e foi aposentado nos anos 1960. Tinha quatro motores radiais Wright R-3350-23 e 23A-Duplex Cyclone turbosupercharged com 2.200 hp de potência cada. Era armado com dez metralhadoras Browning M2/ANS de 12,7 mm em torres com controle remoto e duas metralhadoras BMG 12,7 mm na cauda. Transportava 9.000 kg de bombas internamente. Foram produzidas 3.970 unidades.

O AUTOR

Tomas Prieto nasceu em São Paulo, mas passou boa parte da infância e adolescência na Europa. De volta ao Brasil, continuou seus estudos e começou a desenvolver sua aptidão para ilustração publicitária, trabalhando em diversas agências como ilustrador e depois como diretor de arte até montar seu próprio escritório de design gráfico. É entusiasta de aviação desde que fez sua primeira viagem de avião aos sete anos de idade num DC-3. Coleciona miniaturas, monta modelos, adquire todo tipo de literatura sobre aviação, elabora ilustrações sobre o tema e sempre que tem oportunidade continua a voar.

RR Donnelley

IMPRESSÃO E ACABAMENTO
Av Tucunaré 299 - Tamboré
Cep. 06460.020 - Barueri - SP - Brasil
Tel.: (55-11) 2148 3500 (55-21) 3906 2300
Fax: (55-11) 2148 3701 (55-21) 3906 2324

IMPRESSO EM SISTEMA CTP